高等职业教育汽车类专业校企合作"互联网+"创新型教材

汽车构造与原理（底盘）

丛书主编　范爱民　王兆海　蔡兴旺

主　　编　范爱民　阮少宁

副 主 编　赵良红

参　　编　张华伟　陈先亮

机械工业出版社

本书包括汽车底盘概述、汽车传动系统、汽车行驶系统、汽车转向系统、汽车制动系统五个项目，主要通过典型车型介绍汽车底盘的构造原理与检修。本书配套有实训工单，便于学生进行技能训练。

本书可以作为高等职业教育本科、专科学校，高等教育本科院校汽车类专业学生的教材，还可以作为汽车技术培训教材以及相关技术人员的参考书。

本书配有视频及测试题，可扫书中二维码观看及答题。

为了便于读者自主学习、提高学习效率，本书配备了视频资源，可方便教师授课和学生学习。

本书配有电子课件、试卷及答案等，凡使用本书作为教材的教师可登录机械工业出版社教育服务网（www.cmpedu.com）注册后免费下载。咨询电话：010-88379375。

图书在版编目（CIP）数据

汽车构造与原理. 底盘 / 范爱民，阮少宁主编.
北京 ：机械工业出版社，2024. 10. -- （高等职业教育汽车类专业校企合作"互联网+"创新型教材）. -- ISBN 978-7-111-76958-3

Ⅰ. U463
中国国家版本馆 CIP 数据核字第 2024BD1509 号

机械工业出版社（北京市百万庄大街 22 号　邮政编码 100037）
策划编辑：葛晓慧　　　　　　责任编辑：葛晓慧
责任校对：韩佳欣　李 杉　　封面设计：王　旭
责任印制：常天培
固安县铭成印刷有限公司印刷
2025 年 1 月第 1 版第 1 次印刷
210mm×285mm · 13.75 印张 · 401 千字
标准书号：ISBN 978-7-111-76958-3
定价：58.00 元

电话服务　　　　　　　　　网络服务
客服电话：010-88361066　　机　工　官　网：www.cmpbook.com
　　　　　010-88379833　　机　工　官　博：weibo.com/cmp1952
　　　　　010-68326294　　金　书　网：www.golden-book.com
封底无防伪标均为盗版　　　机工教育服务网：www.cmpedu.com

序

　　教材是教学过程的主要载体，加强教材建设是深化教学改革的有效途径，是推进人才培养模式改革的重要条件，也是保障教学基本质量、培养高端技能型人才和技术应用型人才的重要基础。

　　为深入贯彻党的二十大精神以及教育部和国家教材委员会等发布的一系列文件精神，推进高等职业教育汽车类专业的高质量发展，适应新时期汽车行业的快速发展和汽车产业转型升级需要，实现"专业设置与产业需求对接、课程内容与职业标准对接、教学过程与生产过程对接"，在市场调研和专家论证的基础上，我们组织了"高等职业教育汽车类专业校企合作'互联网+'创新型教材"选题15种，并组建由优秀高职院校名师和一线企业专家组成的编写委员会，以校企合作形式，共同编写了本套教材。

一、编写依据、指导思想和编写原则

1. 编写依据

　　以教育部《"十四五"职业教育规划教材建设实施方案》（教职成厅〔2021〕3号）文件精神和2023年《高等职业教育（专科）专业目录》为依据。结合汽车行业发展，重点开发新能源汽车、智能控制技术、智能网联汽车等战略性新兴领域教材。

2. 指导思想

　　本套教材采用"一主线三融合四服务"构建思路。"一主线"，即以能力培养目标为主线；"三融合"，即融合职业技能等级证书标准，融合知识、能力及素质培养，融合线上线下+课内课外学习；"四服务"，即内容体系为认识规律服务，理论基础为技术应用服务，媒体资源为教学（自主学习）服务，教学模式为教学目标达成服务，实施课程体系改革并系统建设立体化教材。

3. 编写原则

　　以"必需、够用"为编写原则，以企业需求为基本依据，兼顾行业升级需要和环境保护的要求，突出新能源汽车等新知识、新技术、新工艺和新方法。

二、教材特色

　　从企业实际出发，以培养技术应用型技术人才为主要目标，在总结多年教学经验的基础上，充分吸取先进职教理念和方法，形成如下特点：

1. 突出"校企合作，产教融合"

　　以企业需求和岗位需要为依据，加强校企合作，产教融合。对接汽车职业技能等级证书标准和岗位要求，助力三教改革，服务于职业教育职业技能等级证书的认定工作。

2. 体现新编写模式、新技术、新能源

　　体现教改思路，创新编写模式。结合产业转型升级需要，及时融入产业发展的新技术、新工艺、新规范，包括智能网联汽车、新能源汽车技术、汽车智能制造技术等，依托企业开发适应新兴产业、新职业和新岗位要求的特色教材。

3. 体现"互联网+职业教育"

围绕"互联网+职业教育"发展需求，探索配套资源开发、信息技术应用，统筹推进新形态一体化教材。配套多种形式的数字化教学资源，为教学组织提供较大的选择空间。

4. 坚持"立德树人、以人为本"的编写理念，落实党的二十大精神进教材

教材以学生为中心，突出能力本位，并自然融入素质培养内容。将理论知识与实践操作紧密结合、知识迁移与能力拓展有机统一，既有助于学生对专业知识和专业技能的掌握，也有助于培养学生吃苦耐劳、精益求精的工匠精神，团队协作精神和创新创意能力。

三、教材编写队伍

本系列教材由广东交通职业技术学院、深圳职业技术大学、顺德职业技术学院、哈尔滨工业大学（威海）、韶关学院、广东机电职业技术学院、广州科技贸易职业学院、东莞职业技术学院、广州珠江职业技术学院、广州华商职职业学院、河源职业技术学院、广东农工商职业技术学院等10多所职业院校，广州丰田汽车特约维修有限公司、深圳深业汽车集团、柯柏文（深圳）科技有限公司、南京奥吉汽车研究院、深圳风向标教育资源股份有限公司等企业组织编写，编写团队包括院校院/校长、专业名师、学科带头人、骨干教师和企业高管、企业专家、技术骨干，结合高职院校"双高计划"、一流专业等建设项目，充分体现了"产教结合，校企合作"的开发特色，有利于教材反映最新的技术和最新的教学成果。

高等职业教育汽车类专业校企合作"互联网+"创新型教材

编写委员会

前言

　　本书在编写过程中将汽车产业发展的新技术、新工艺、新规范纳入教材内容，反映典型岗位（群）职业能力要求。为了加强学生综合素质的培养，本书坚持"立德树人、以人为本"的编写理念，在素养目标要求中突出安全意识、企业要求、工匠精神、职业道德等素质重点。

　　本书为校企"双元"合作开发教材，吸收行业企业技术人员、能工巧匠深度参与教材编写，以"一主线三融合四服务"构建思路，内容紧密结合汽车工业发展实际，以项目为导向，以实际工作情景为引领，以企业实际需求为目标，将专业技能、职业素养与企业文化深度融合，注重思想性、科学性和前瞻性。本书配套了实训任务工单，实训内容对接1+X证书技能考核要求和汽车技能竞赛要求，把相关的技能题目与实训任务相结合，使实训与考证、竞赛、就业紧密结合，旨在有效激发学生的学习积极性，提高学生的实践操作技能。

　　本书提供大量教学资源（含课件、微课视频、动画、思考题、测验题等）供扫码和下载，下载地址为 www.cmpedu.com（注册后可下载），方便教师授课和学生课外学习。

　　本书由范爱民和阮少宁任主编。本书编写人员分工：范爱民编写项目一、项目三的学习模块四、项目四和项目五，并负责统稿，阮少宁审阅全书内容并制作视频资源，赵良红编写项目二的学习模块三和项目三的学习模块一、学习模块二，张华伟编写项目二的学习模块一、学习模块二，项目三的学习模块三，陈先亮编写项目二的学习模块四。

　　本书在编写及课件制作过程中，得到广州丰田汽车特约维修有限公司、比亚迪汽车工业有限公司、深圳风向标教育资源公司、顺德职业技术学院、深圳职业技术大学、广东松山职业技术学院、东莞职业技术学院等单位和个人的大力支持与帮助，书中检索了大量汽车网站及汽车教材、论文资料和众多优酷视频，在此一并对相关作者谨表深深的谢意。

编　者

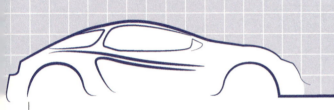

二维码索引

目录

项目
一

汽车底盘概述

知识目标	能力目标	素养目标
1）能解释汽车底盘的概念、作用与结构 2）能描述汽车车身的结构类型和结构特点 3）能描述轻量化车身的结构特点与发展方向	1）能识别不同车辆的车身结构类型与特点 2）能找出汽车底盘各总成安装位置 3）能指出不同车型车身结构名称	1）能利用信息化平台查询资料，完成学习任务，解释汽车轻量化车身等新技术 2）通过完成小组任务，学会积极主动沟通交流，培养团队协作精神

知识提升

一、底盘的定义

底盘（Chassis）是指车辆的一个组合体，主要由汽车传动系统、行驶系统、转向系统和制动系统组成，如图1-1所示。其作用是支承和安装汽车发动机及其各部件、总成，形成汽车的整体造型，并接收发动机的动力，使汽车产生运动并按驾驶人的操控而正常行驶。

1. 传动系统

传动系统将发动机发出的动力传给驱动车轮，并实现减速增矩等功能。传动系统包括变速器、传动轴、差速器以及半轴等，如图1-2所示。

图1-1　轿车底盘的结构

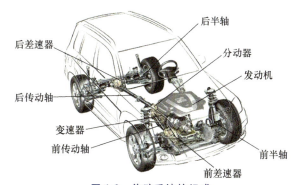

图1-2　传动系统的组成

2. 行驶系统

行驶系统产生驱动力并承受各个方向的力，对全车起支承作用，保证汽车的正常行驶。行驶系统包括车轮与轮胎和悬架等，如图1-3所示。

3. 转向系统

转向系统保证汽车能够按照驾驶人选定的方向行驶。转向系统包括转向操纵机构、转向器和转向传动机构，如图1-4所示。

图1-3　行驶系统的组成

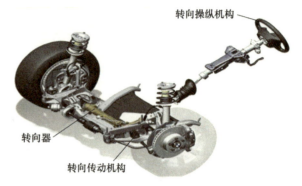

图1-4　转向系统的组成

4. 制动系统

制动系统的功用是使汽车减速、停车并能保证可靠地驻停。汽车制动系统一般包括行车制动系统和驻车制动系统等两套相互独立的制动系统，每套制动系统都包括制动器和制动传动机构。现代汽车的行车制动系统一般都装配有防抱死制动系统（ABS），如图1-5所示。

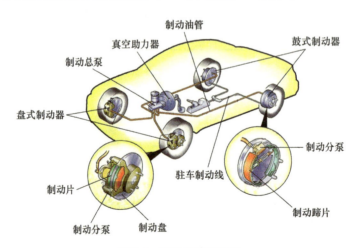

图1-5　制动系统的组成

现代汽车中电子控制技术的应用越来越广泛，在底盘中普遍采用了电子控制自动变速器（EAT或ECT）、电子控制防滑差速器（EDL）、电子控制制动防抱死系统（ABS）、电子制动力分配系统（EBD）、电子控制悬架系统（EMS）、电子控制转向系统（EPS）等。

二、车身结构的类型

汽车车身作为车辆的重要组成部分，对整车的安全性、动力性、经济性、舒适性及操控性有着重要的影响，同时汽车的个性化也是通过车身设计表现出来的。

车身结构包括车身壳体、车前板制件、车门、车窗、车身外部装饰件和内部装饰件、座椅以及通风、暖气、空调装置等。在货车和专用汽车上还包括货厢和其他装备。

车身壳体按照受力情况可分为非承载式、半承载式和承载式（或称为全承载式）三种。

1. 非承载式车身

非承载式车身由车架与车身组成，如图 1-6 所示。车架是安装在汽车前、后轴上的梁式结构，是汽车各个部件装配的基体，它承受着各个方向的力和力矩，因此必须具有足够的强度、刚性和韧性。车身内部的载荷作用在车架上，车身本身不受力，主要起"罩子"的作用，能够增加舒适性。车架是单独制造的，制造工艺比车身简单。

图 1-6 非承载式车身的组成

非承载式车身的缺点：车架不仅增加了整车高度和重量，也增大了整车风阻系数。货车车身和早期轿车均采用非承载式车身结构。

车架结构有边梁式、中梁式、综合式三种形式。

（1）边梁式车架 边梁式车架是由两根位于两边的纵梁和若干根横梁用焊接或铆接的方法连接而成的坚固刚性车架，如图 1-7 所示。边梁式车架结构简单，便于安装车身总成，其横梁可用来承受各种载荷，支承汽车上的主要部件。广泛应用在货车、大客车和特种汽车上。

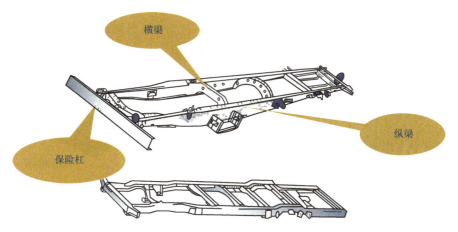

图 1-7 边梁式车架

（2）中梁式车架 中梁式车架由一根位于中央贯穿前后的纵梁和若干根横向悬伸托架组成。中梁前段悬伸托架用以安装发动机，如图 1-8 所示。纵梁的断面一般做成管形，传动轴从纵梁内孔穿过。后面悬伸出来的托架（图中未画出）用以布置车身及其他的总成，如驱动桥。

中梁式车架有较大的扭转刚度并使车轮有较大的运动空间，便于安装独立悬架和获得大的转向角。但是制造工艺复杂，精度要求高，维护和修理不便，因此被应用于某些高越野性车上。

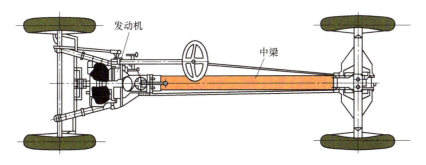

图 1-8 中梁式车架

（3）综合式车架 车架前部是边梁式，而后部是中梁式，这种车架称为综合式车架，如图 1-9 所示。它同时具有边梁式和中梁式车架的特点，这种车架主要应用在赛车和特种车上。

2. 半承载式车身

半承载式车身是一种介于非承载式车身与承载式车身之间的结构形式，拥有独立完整的车架，并且车架与车身刚性连接，因此车身壳体可以承受部分载荷，半承载式车身一般用于大客车上，如图1-10所示。

图1-9　综合式车架

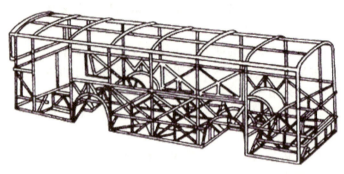

图1-10　大客车半承载式车身

3. 承载式车身

承载式车身将整个车身与车架融为一体，将车辆主要部件固定在车身上，所有的力也都由车身来承受，图1-11所示为典型的承载式轿车车身结构。车身由侧围、地板、顶盖、后围等焊接形成一个稳固的整体，取消了车架，且整车采用薄钢板材料，使重量明显减轻，同时降低了整车高度，空气阻力系数明显减小，扩大了车内使用空间。

承载式车身将全车所有部件包括悬架、车身和乘员连成一体，具有很好的操控反应，且传递的振动和噪声都较小，重量轻，可利用空间大，重心低，而且冲压成形的制造方式十分适合现代

图1-11　典型的承载式轿车车身结构

化的大批量生产，因此不仅轿车广泛使用承载式车身，许多针对良好道路环境设计的越野车也采用了承载式车身结构。承载式车身由钢（较先进的是铝）经冲压和焊接而成，对设计和生产工艺的要求都很高，制造难度大，且抗扭性和承载能力相对较弱，所以在越野车和货车领域还是普遍使用非承载式车身。

（1）普通承载式车身结构

1）普通承载式车身的结构要求。

①车身应对驾驶人提供便利的工作条件，对乘员提供舒适的乘坐条件，保护他们免受汽车行驶时的振动、噪声、废气的侵袭以及外界恶劣气候的影响，并保证完好无损地运载货物且装卸方便。

②车身应保证汽车具有合理的外部形状，在汽车行驶时能有效地引导周围的气流，以减少空气阻力和燃料消耗。

③承载式车身在碰撞中应具备吸能效果，对车内乘员形成保护。

④汽车车身是一件精致的综合艺术品，应以其明晰的雕塑形体、优雅的装饰件和内部覆饰材料以及悦目的色彩使人获得美的感受，点缀人们的生活环境。

2）普通承载式车身的组成。车身结构按照功能可以大致分为车身覆盖件和车身结构件两部分，主要包括车身壳体、车门、车窗、车前板制件、车身内外装饰件和车身附件、座椅以及通风、暖气、冷气、空气调节装置等，如图1-12所示。在货车和专用汽车上还包括车厢和其他装备。

（2）多材料组合轻量化承载式车身　汽车轻量化已成为世界汽车发展的潮流，汽车轻量化大致可

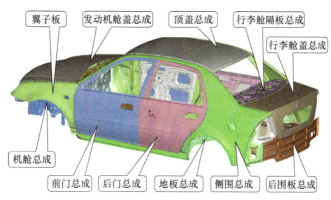

图 1-12　承载式车身的车身覆盖件和车身结构件

以分为车身轻量化、发动机轻量化、底盘轻量化三类。其目的均是在保证性能的前提下通过使用更轻材料降低车重，从而实现节能环保的功能。

　　汽车车身轻量化主要包括轻量化的材料使用和轻量化的结构设计两个方面。前者是车身轻量化的主流，即采用轻量化的金属和非金属材料，主要是采用高强度钢材、铝镁合金、钛合金、工程塑料、碳纤维、新型玻璃、陶瓷和各种复合材料，来改造和替代车身材料；后者是利用"以结构换强度"的结构优化设计和有限元分析等方法，通过改进汽车结构，使部件薄壁化、中空化、小型化、模块化及复合化等，以减小车身骨架和车身蒙皮的质量来达到轻量化目的。实际上两者是紧密相连的，往往采用轻量化材料结合轻量化结构设计，在性能不降低的前提下获得车身的轻量化。

　　1）奥迪 A8 轻量化承载式车身。德国奥迪 A8L 型高级轿车承载式车身结构将铝、钢、镁和碳纤维增强复合材料（CFK）四种不同的轻结构材质结合在一起混合使用，如图 1-13 所示，这种智能型复合材质构件车身与钢车身相比，重量减轻 30%~50%，油耗减少 5%~8%。

　　2）宝马 7 系轻量化承载式车身。全新宝马 7 系上首次实现量产的碳纤维、钢、铝智能轻量化车身结构，在全新宝马 7 系的车体框架中，碳纤维增强复合材料被用于加固车顶横梁结构以及 B 柱和 C 柱、底部侧围、中央通道和后部支承，如图 1-14 所示。相比上一代车型，全新宝马 7 系最大减重达 130kg，成为大型豪华汽车市场智能轻量化结构的领导者。通过整体的智能轻量化结构设计，降低了车辆重心，并使前后车桥载荷以 50∶50 的比例完美分配，使这款大型豪华轿车拥有更加优异的操控表现，进一步扩大了其在动态驾驶性能领域的优势地位。

铝板材　热成形高强度钢材　镁合金
挤压铝　钢材
铸造铝　碳纤维增强塑料

图 1-13　奥迪 A8 轻量化承载式车身结构

碳纤维横梁

图 1-14　宝马 7 系轻量化承载式车身结构

　　3）丰田 GOA 车身。GOA 是世界顶级水平安全设计（Global Outstanding Assessment）的缩写，它是丰田公司的设计专利。GOA 车身位于车前后的可溃缩车体，不仅能应对撞击事故，还能全方位加强座舱防护，缓和二次撞击，有利于驾驶人逃生或被救，只有满足这个标准的车身才能被称为 GOA 车身。GOA 车身在设计时着重加固乘客舱部分，削弱汽车头部和尾部。当汽车碰撞时，头部或尾部被压扁变形并同时吸收碰撞能量，而乘客舱不发生变形，以便保证乘员安全，如图 1-15 所示。

另外，出于对行人保护的考虑，GOA 车身对某些机构进行了特殊的设计，可以降低对行人的伤害程度。比如，为了降低对行人头部的伤害，在发动机舱盖、刮水器周围的风窗玻璃处都采用了容易破碎或变形的缓冲结构；为了降低碰撞时对行人腿部的伤害，保险杠也采用了同样的缓冲结构。

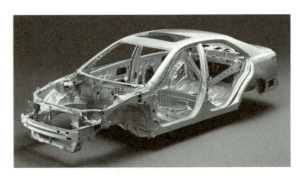

图 1-15　丰田 GOA 承载式车身结构

4）日产的 Zone Body 车身。日产的 Zone Body 是指区域车身技术，其核心设计思想是快速将撞击能量分散。该车身技术将车身划分为几个相对独立的区域，并辅助几条负荷通道，以保证车辆无论在哪个角度发生撞击，均能迅速分散冲撞力，最大限度地降低撞击力传递给乘客，并且最大限度减少车体变形，以保护乘客安全，如图 1-16 所示。

底部增加了两根超高强度钢条大大提升了整车安全性能

图 1-16　日产 Zone Body 车身结构

5）特斯拉汽车车身。特斯拉 Model S 和 Model X 都采用了全铝车身结构，重量相较传统钢车身更轻，以尽可能地弥补沉重蓄电池组所增加的重量，提高性能并增加续航，全面实现汽车的减重、节能、减排，如图 1-17 所示。但全铝车身的成本昂贵，不仅是制造加工的成本，发生事故车身受损后的维修成本也要高出许多，因此全铝车身一般只会被应用于最新一代的高端豪华车上。

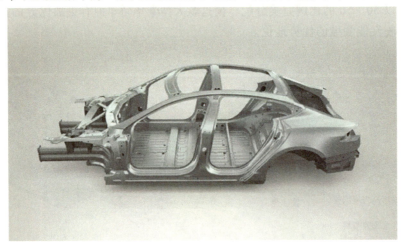

图 1-17　特斯拉 Model S 和 Model X 全铝车身结构

为了降低车辆成本，特斯拉 Model 3 采用了多材料组合轻量化车身。车身主要由铝材（图中灰色部分）、低碳钢（图中蓝色部分）、高强度钢（图中黄色部分）、超高强度钢（图中红色部分）四种材料组成，如图 1-18 所示。铝制结构主要集中在车尾，为平衡后轴电动机的重量；超高强度钢集中于乘客舱，形成了数个 H 形防撞结构；车头使用高强度钢材制成，以抵御常见的追尾事故。车头纵向防撞梁两侧还有一段弧形超高强度钢结构，这可能是用来应对诸如 25% 偏置之类的小重叠面碰撞事故。

车身底部安装整车动力蓄电池，为了安全和防撞采用了高强度钢（图中黄色部分）和超高强度钢（图中红色部分），如图 1-19 所示。

图 1-18 特斯拉 Model 3 多材料组合轻量化车身结构　　　**图 1-19** 特斯拉 Model 3 车身底部结构

三、车身结构

承载式车身结构主要由地板、骨架、内外蒙皮等组焊成刚性框架结构，大致可以分成发动机舱、乘员舱和行李舱三大部分，主要的受力部件就是"四梁六柱"，即两个前纵梁、车门防撞梁、车顶纵梁、两个 A 柱、两个 B 柱、两个 C 柱，如图 1-20 所示。由此可以看出，汽车的 A 柱、B 柱、C 柱是承载式车身乘员舱的重要组成部分，也是汽车上主要的受力部件，因此对它的要求是极高的。

1. 前纵梁

前纵梁是车身前部主要受力部件，承受车身纵向力并传递给地板等其他部件；是动力总成、悬架支承、散热器支架等的基体。车身结构设计时为便于力的传递，车前端两根纵梁与前地板焊在一起，如图 1-21 所示（图中蓝色部分）。

2. 车门防撞梁

车门防撞梁将车身碰撞时产生的力借助于门槛

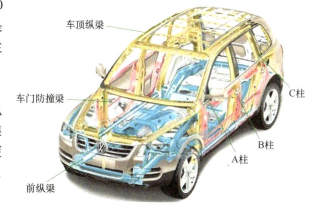

图 1-20 车身整体结构

梁传递到车身底部结构的构件上，从而提高安全性。合理确定车身侧围各构件的分块方式，考虑各构件的材料选择、材料利用率、冲压成形、装焊工艺性以及装配精度。为保证侧围结构的弯曲和扭转刚度，结构设计中应设置加强板、加强门框或车门安装部位的刚度。

3. A 柱（前支柱）

A 柱是汽车前风窗玻璃与前车门两侧之间的连接柱，其作用是支承车顶盖，安装前风窗玻璃、前车门、仪表板，是支承和稳定车身结构的主要钢梁，支架承受并传递垂直力和纵向力，其断面形状和尺寸的设计要满足构件的承载刚性和强度。A 柱主要由外板、内板和加强板等组成，其质量关系到汽车正面碰撞对驾驶舱变形的影响。

4. B 柱（中支柱）

B 柱是汽车前后门之间的立柱，一般由 B 柱内板、外板以及加强板焊接而成，其作用是支承车顶盖，承受前、后车门的支承力，承受并传递垂直力和侧向力，是车身承载框架的重要组成部分，在车辆发生严重事故（特别是侧碰）时，B 柱对保护乘员舱的完整性起到很大的作用。B 柱质量的好坏，直接影响事故中车体对外力的传递和撞击能量的吸收，关系汽车侧面碰撞带来的危害。

5. C 柱（后支柱）

C 柱在后座头枕的两侧，由外板、内板和加强板组成，常具有较大的断面形状，在其上设计出车内通风的气流出口。其作用是支承车顶盖、安装后风窗玻璃、安装后车门锁，承受并传递垂直力和纵向力，直接关系汽车侧后方碰撞带来的变形与危害。

6. 车身 D 柱

车身 D 柱位于车身后部车顶和车厢直接的连接处，主要用于旅行汽车、MPV 或 SUV 等车型中，在普通轿车中较少应用。D 柱是支承汽车行李舱和车身的主要钢梁。

7. 车顶纵梁

车顶纵梁一般由顶盖纵梁的内、外板冲压件焊接而成，用于形成门上框支承和固定顶盖。

8. 发动机舱

发动机舱也叫作车身前舱，一般由左右纵梁、左右前轮罩、前照灯支架、散热器上下横梁、前围板总成和前减振器安装座组成，如图 1-21 所示。

9. 车身侧围

车身侧围一般由侧围外板、侧围内板、B 柱内板、上边梁加强板、B 柱加强板、油箱口盒、后柱和后轮罩板等组成，如图 1-22 所示。

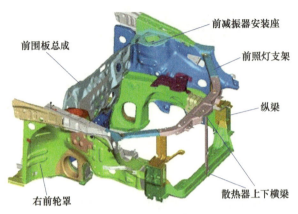

图 1-21　发动机舱的结构

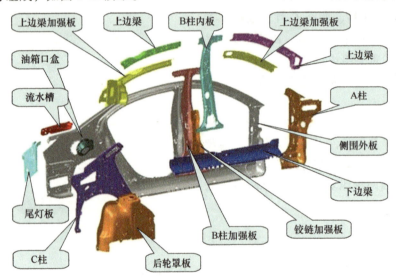

图 1-22　车身侧围的结构

 **思考题** ·

1. 汽车底盘的中文、英文含义范围有何不同？
2. 现代汽车底盘中广泛应用哪些电子控制技术？
3. 汽车底盘有哪几部分组成？其作用是什么？
4. 承载式车身与非承载式车身各有何优缺点？其主要应用在哪些车型上？
5. 车身轻量化主要采用哪些技术？

 **测试题** ·

测试题

项目二 **汽车传动系统**

学习目标

知识目标	能力目标	素养目标
1）能描述汽车传动系统的组成与功用 2）能解释离合器的功用、结构和工作原理 3）能解释手动变速器的功用、结构和工作原理 4）能解释自动变速器的类型、结构和工作原理 5）能解释传动机构的功用、结构和工作原理	1）能进行离合器总成的拆装，会检查与调整离合器踏板自由行程 2）能进行手动变速器总成的拆装，会分析同步器原理 3）能进行自动变速器总成的拆装，会分析自动变速器的档位原理 4）能进行传动轴、主减速器和差速器总成的拆装与检查，会检查调整半轴和车轮轴承 5）能分析汽车传动系统常见故障原因	1）能自主学习汽车新知识、新技术，学会使用汽车维修手册 2）通过完成实训工作任务，培养规范操作意识、精益求精的工匠精神 3）学会分析问题和解决问题的方法，培养团队合作精神，遵守职业道德

学习模块一 离 合 器

情景导入

　　一辆奥迪 A6（C8）轿车进店维修，车主抱怨汽车起步时离合器踏板接近完全放松汽车方能起步；离合器接合后，发动机动力不能完全传给驱动轮，出现汽车起步困难、油耗上升、加速缓慢，还有脱档现象，请分析、排除故障。假如你是维修技师，需要完成检修任务、回答客户提出的问题。

知识提升

一、离合器的功用与分类

　　离合器安装在发动机与变速器之间，是汽车传动系统中直接与发动机相联系的总成件，如图 2-1

所示。通常，离合器与发动机曲轴的飞轮组装在一起，是发动机与汽车传动系统之间切断和传递动力的部件。汽车从起步到正常行驶的整个过程中，驾驶人可根据需要操纵离合器，使发动机和传动系统暂时分离或逐渐接合，以切断或传递发动机向传动系统输出的动力。

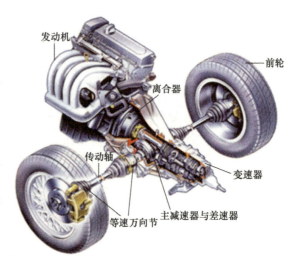

图 2-1　桑塔纳 2000 传动系统示意图

1. 离合器的功用

1）使发动机与传动系统逐渐接合，以保证汽车平稳起步。

2）切断发动机的动力传递，保证变速器换档平顺。

3）限制所传递的转矩，防止传动系统过载。

2. 对离合器的要求

1）可靠地传递发动机的最大转矩，又能防止传动系统过载。

2）接合柔和，保证汽车平稳起步，减少冲击。

3）分离彻底，保证变速器换档平顺和发动机起动顺利。

4）从动部分的转动惯量小，减轻换档时变速器齿轮间的冲击。

5）通风散热良好，以防止离合器温度过高。

6）操纵轻便省力，以减轻驾驶人的疲劳。

3. 摩擦式离合器的分类

（1）按从动盘的数目分类

1）单片离合器：只有一个从动盘。轿车、客车和部分中、小型货车多采用单片离合器，因为发动机的最大转矩一般不是很大，单片离合器就可以满足动力传递的要求。

2）双片离合器：有两个从动盘，摩擦面数目多，可传递的转矩大。双片离合器由于增加了一个从动盘，使其在其他条件不变的情况下，比单片离合器所能传递的转矩增大一倍（由于一个从动盘是两个摩擦面传递动力，而两个从动盘是四个摩擦面传递动力），多用于重型车辆上。

（2）按压紧弹簧的结构形式分类

1）螺旋弹簧离合器：压紧装置是常见的螺旋弹簧，周布弹簧离合器和中央弹簧离合器采用螺旋弹簧，分别沿压盘的圆周和中央布置。

2）膜片弹簧离合器：压紧装置是膜片弹簧，膜片弹簧离合器在各种类型的汽车上应用非常广泛。

二、离合器的工作原理

摩擦式离合器的基本结构如图 2-2 所示，其工作原理可分为工作、分离和接合三个过程。

（1）工作过程　当离合器盖还未固定在飞轮上时，膜片弹簧不受力，处于自由状态。飞轮与离合器盖端面之间有间隙，如图 2-3a 所示。当用螺钉将离合器盖紧固在飞轮上时，离合器盖靠向飞轮，消除间隙，外支承环压紧膜片弹簧，使之发生弹性变形，产生预压缩变形所

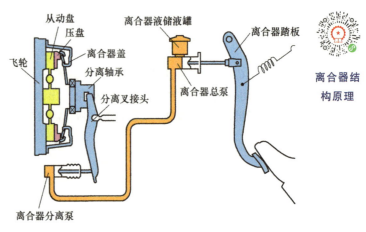

离合器结构原理

图 2-2　摩擦式离合器的基本结构

形成的对压盘的压力使离合器的主、从动部分压紧，离合器处于接合状态，如图2-3b所示。发动机动力通过与曲轴连为一体的飞轮、离合器盖和压盘传给从动盘，随后又经从动盘花键轴套输送给变速器的输入轴。

（2）分离过程　踩下离合器踏板，通过操纵机构，使分离套筒克服压紧弹簧作用力右移，带动从动盘右移，使从动盘与飞轮、压盘之间存有间隙，离合器实现分离，切断发动机动力传递，如图2-3c所示。

（3）接合过程　接合过程操纵机构的移动是分离过程的逆过程，驾驶人松开离合器踏板，在回位弹簧作用下踏板恢复到原位，在压紧弹簧的作用下，从动盘逐渐与飞轮端面接触压紧，离合器恢复传递动力功能。

工作过程中注意事项如下：

（1）配合换档　先踩下离合器踏板，切断发动机动力，变速器齿轮不再传递转矩，容易退出原档位齿轮，也容易挂上新档位。

（2）过载保护　当汽车紧急制动时，传动系统将产生很大的惯性力矩，并通过花键轴作用在离合器从动盘上，超出从动盘所能传递的最大转矩，则从动盘打滑，避免传动系统与发动机产生扭转，从而保证行车安全。

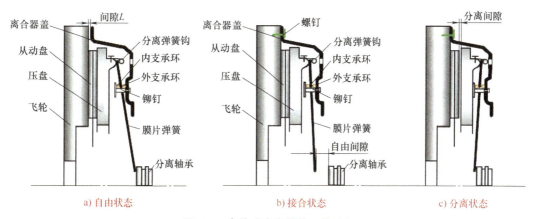

a) 自由状态　　　　　　　　b) 接合状态　　　　　　　　c) 分离状态

图2-3　摩擦式离合器的工作过程

三、离合器的构造

1. 摩擦式离合器的构造

摩擦式离合器由主动部分、从动部分、压紧装置和离合器操纵机构四部分组成。

（1）主动部分　离合器主动部分包括飞轮、离合器盖和压盘等，如图2-4所示。离合器盖通过螺钉与飞轮固定，与压盘之间通过四组传动钢带来传递转矩，一端用铆钉铆在离合器盖上，另一端则用螺钉与压盘连接，因此，压盘能随飞轮一起旋转，两者一起带动从动盘转动。在离合器分离和接合过程中，弹性传动片能产生弯曲变形，以保证压盘可沿轴线进行平行移动。

（2）从动部分　离合器从动部分主要由从动盘组件组成，简称从动盘，从动盘有带与不带扭转减振器两种结构形式。

1）不带扭转减振器的从动盘。不带扭转减振器的从动盘由前、后摩擦片，从动盘钢片，弹簧钢片和从动盘毂等组成，如图2-5所示。

从动盘钢片直接铆接在从动盘毂上。为了提高接合的柔和性，在从动盘钢片与摩擦片之间加铆波浪形弹簧钢片，使从动盘具有一定的轴向弹性。为了获得足够的摩擦力矩，

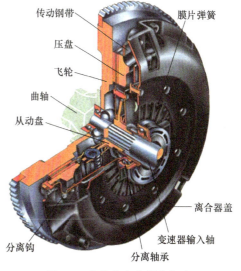

图2-4　摩擦式离合器的构造

在从动盘钢片上铆接前、后两片摩擦片，它通常
用石棉合成物制成，具有较大的摩擦系数，良好
的耐磨性、耐热性和适当的弹性。这种从动盘结
构简单，重量较轻，多用在双片离合器中。

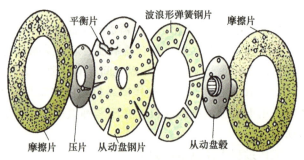

图 2-5　不带扭转减振器的从动盘

2）带扭转减振器的从动盘。由于发动机传
到汽车传动系统中的转矩的周期性变化，使传动
系统中产生扭转振动。如果这一振动的频率与传
动系统的某一固有频率相重合，将发生共振和产
生噪声，这对传动系统零件的使用寿命有很大影
响。此外，在不分离离合器的情况下进行紧急制动或猛烈接合离合器时，瞬间就会给传动系统造成很
大的冲击载荷。为了减少共振和冲击载荷，现大多数汽车在离合器从动盘中安装有扭转减振器。

这种从动盘外缘部分（即铆装摩擦片的部分）的结构原理基本与前述相同，只是在中心部分装有
扭转减振器，如图 2-6 所示。扭转减振器由减振器盘、减振弹簧、碟形垫圈、摩擦板和摩擦垫圈组成，
从动盘本体与从动盘毂之间通过减振器传递转矩。

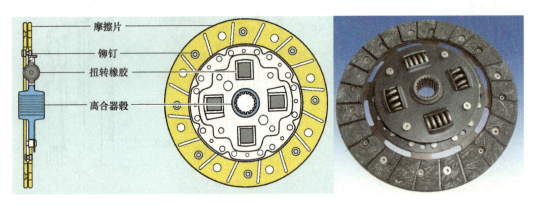

图 2-6　带扭转减振器的从动盘

带扭转减振器的从动盘的工作原理图如图 2-7 所示。从动盘不工作时（图 2-7a），从动盘本体、从
动盘毂及减振器盘三者的窗孔是相互重合的。从动盘工作时（图 2-7b），由摩擦片传递的转矩首先通
过波形片传到从动盘本体和减振器盘上，再经六个减振弹簧传给从动盘毂，这时弹簧被压缩，起缓和
冲击的作用。传动系统中的扭转振动将导致从动盘本体及减振器盘与从动盘毂之间的相对扭转，装于
其间的摩擦垫圈和摩擦板都是阻尼组件，相对往复扭转的结果，使阻尼组件两侧面产生摩擦，从而吸
收了扭转振动能量，使振动迅速衰减。弹簧的最大变形量为止动销与盘毂上小窗口之间的周向间隙，
碟形垫圈能够在阻尼组件磨损后仍保持一定的轴向预紧力。

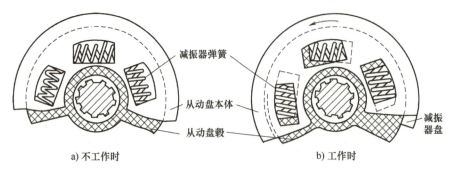

a）不工作时　　　　　　　　　　　　b）工作时

图 2-7　带扭转减振器的从动盘的工作原理图

有些汽车离合器从动盘上采用两组或两组以上不同刚度的减振器弹簧，并将装弹簧的窗孔长度做
成尺寸不一，使弹簧起作用的时间不一致，以获得变刚度特性，从而使其振动频率不断变化，避免传

动系统的共振。另外，少数减振器中采用橡胶弹性组件，可同时起缓冲和减振的作用。

（3）压紧装置　离合器压紧装置有螺旋弹簧压紧装置和膜片弹簧压紧装置两种。

1）螺旋弹簧压紧装置。图 2-8 所示为螺旋弹簧压紧装置，由 16 个沿圆周分布的螺旋压紧弹簧组成，位于压盘和离合器盖之间。在压紧弹簧压力的作用下，压盘将从动盘压紧并使其与飞轮紧密接触，离合器处于接合状态。

2）膜片弹簧压紧装置。图 2-9 所示为膜片弹簧压紧装置。其结构特点是压紧弹簧是用薄弹簧钢板制成的带有锥度的膜片弹簧，靠中心部分开有若干条径向切口，末端接近外缘处加工成圆孔，形成 18 根弹性杠杆。支承铆钉穿过膜片弹簧末端圆孔铆在离合器盖上。膜片弹簧外缘抵靠在压盘的环形凸起上。膜片弹簧两侧有支承环，作为膜片弹簧的支点，转矩通过传动片由离合器盖传至压盘。

图 2-8　螺旋弹簧压紧装置

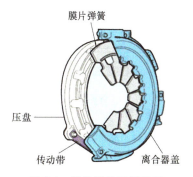

图 2-9　膜片弹簧压紧装置

（4）离合器操纵机构　离合器操纵机构是驾驶人借以使离合器分离和接合的一套机构。它起始于离合器踏板，终止于飞轮壳内的分离轴承。

离合器操纵机构的结构形式应根据对操纵机构的要求、车型、整车结构和生产条件等因素确定。按照分离离合器所用传动装置的形式区分有机械式、液压式和助力器式，现代轿车普遍使用真空助力液压操纵机构，如图 2-10 所示。在中、重型汽车上，为了既减小踏板力，又不致因传动装置的传动比过大而加大踏板行程，一般采用气压助力液压操纵机构。

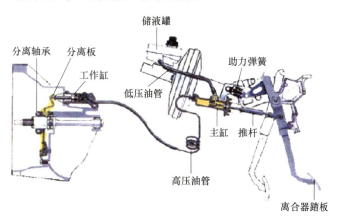

图 2-10　离合器液压操纵机构

1）离合器主缸。离合器主缸的构造如图 2-11 所示。主缸体通过进油阀与储液罐相通，主缸体内装有活塞，活塞中部较细，使活塞左方的主缸内腔形成油室，活塞上装有皮碗。当离合器踏板处于初始位置时，活塞左端的进油阀与储液罐相通，主缸内腔与储液罐连通；当踩下离合器踏板时，进油阀在连杆移动下关闭，主缸内腔形成密闭的工作腔，在活塞向左推动下产生的油压从室 A 通过油管进入离合器工作缸。

2）离合器工作缸。离合器工作缸内装有柱塞、皮碗、推杆和锥形弹簧等，缸体上还设有放气螺塞。当管路内有空气存在而影响离合器操纵时，可拧松放气螺塞放气。

踩下离合器踏板时，来自主缸的油液使工作缸油压升高。在油压的作用下，工作缸柱塞右移，使推杆推动分离叉，从而带动分离轴承压紧离合器弹簧分离杠杆，使离合器分离。离合器工作缸有自调式和可调式两种，如图 2-12 所示。

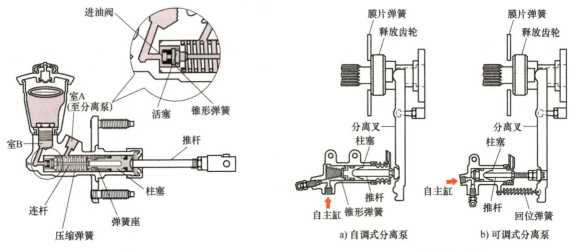

图 2-11　离合器主缸的构造

a) 自调式分离泵　　b) 可调式分离泵

图 2-12　离合器工作缸

通过调节推杆接头（图 2-11）在踏板臂上的连接位置，可以调节推杆在缸内的位置，即关闭进油阀的时刻，从而调整踏板的自由行程。

3）离合器分离轴承。离合器分离轴承如图 2-13 所示，它是一个平面推力轴承，可以在花键轴上移动，其一端靠到膜片弹簧（或分离杠杆）的圆面，踩下离合器踏板时，分离轴承前移，推压膜片弹簧（或分离杠杆），拉动压盘，使离合器分离。

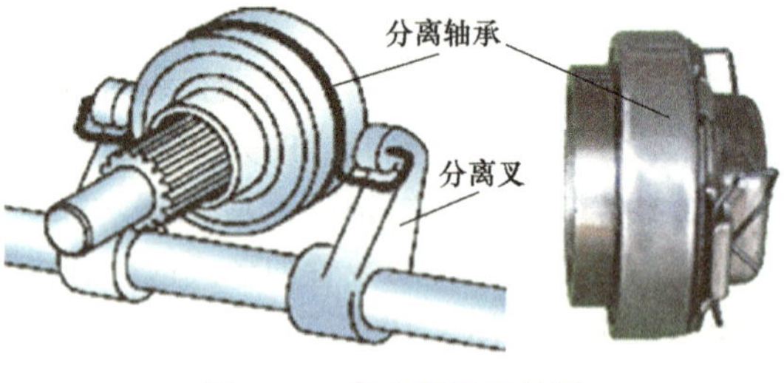

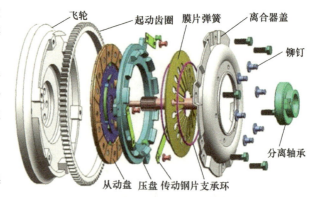

图 2-13　离合器分离轴承

2. 膜片弹簧离合器

膜片弹簧离合器由离合器盖、压盘、膜片弹簧、支承环、铆钉和传动钢片等组成，如图 2-14 所示。膜片弹簧的轴向尺寸较小而径向尺寸较大，这就有利于在提高离合器转矩容量的情况下减小离合器的轴向尺寸。膜片弹簧离合器不需要专门的分离杠杆，具有结构简单且紧凑，而且零件数量少，重量轻，操纵轻便，使用寿命长，维修、维护方便等特点。

由于上述优点，膜片弹簧离合器在汽车上得到广泛应用，不仅在轿车上已全部采用了该离合器，而且在轻型和中型货车上，甚至在重型货车上也得到了应用。

图 2-14　膜片弹簧离合器

3. 离合器自由间隙和离合器踏板自由行程

驾驶人在踩下离合器踏板后，需要先消除操纵机构中的机械、液压间隙和离合器分离间隙，然后才能分离离合器。为消除这些间隙所需要的离合器踏板行程，称为离合器踏板自由行程。通常，汽车每行驶一定距离都要调整离合器分离间隙、踏板高度和自由行程，调整方法按照维修手册进行。有些汽车装有自动调节装置，无须人工调整。

离合器的自由间隙：离合器在正常接合状态下，分离杠杆内端与分离轴承之间的间隙，如图 2-15a 所示（如果没有自由间隙，会导致离合器打滑）。

离合器踏板自由行程：消除离合器自由间隙和分离机构、操纵机构零件的弹性变形所需要离合器

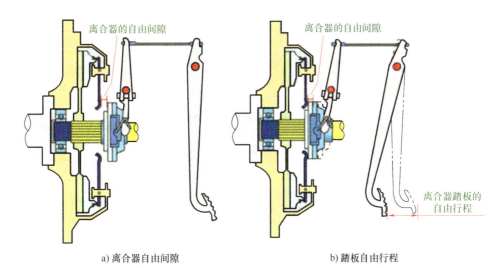

a) 离合器自由间隙　　　　　　　　　　　b) 踏板自由行程

图 2-15　离合器自由间隙和离合器踏板自由行程

踏板的行程，如图 2-15b 所示。

四、离合器常见故障

离合器靠主、从动部分产生的摩擦力来传递转矩，其摩擦力的大小取决于压紧力的数值和工作表面材料的性质。结构一定的离合器，虽然压紧力的数值和工作表面的材料性质是一定的，但是随着使用次数的增加或使用不当，压紧力会逐渐变小，工作表面的摩擦系数也会减小，同时，离合器的其他零件也会发生磨损或损坏。这样，离合器靠主、从动部分产生的摩擦力就会减弱，或者摩擦力不均匀，使离合器在传递转矩过程中出现发抖、打滑和分离不彻底等故障，影响汽车的正常使用。离合器常见故障与故障原因见表 2-1。

表 2-1　离合器常见故障与故障原因

常见故障	故障现象	故障可能的原因	故障的排除方法
离合器打滑	汽车加速无力、动力下降、油耗增加，严重时产生焦煳味或冒烟等	1）分离拨叉与分离轴承等卡滞回位不良 2）离合器从动盘摩擦片严重磨损、烧蚀、硬化，或关联零部件接合面过度磨损 3）离合器摩擦片表面沾油 4）离合器膜片弹簧变软、断裂 5）离合器压紧力不足或盖总成零部件松动	1）更换从动盘总成，检修离合器压盘及飞轮工作表面的磨损状况 2）清洁离合器盖总成及变速器壳体内异物 3）更换从动盘总成，检查油污来源并修复 4）更换膜片弹簧 5）检查离合器盖总成、各零部件是否断裂及是否严重磨损，检修或更换
离合器分离不彻底	汽车挂档困难，挂档时有齿轮撞击声	1）离合器分泵行程不足，或踏板自由行程过大 2）液压系统漏油、渗油或油量不足 3）膜片弹簧分离杠杆内端不同面、支承环断裂 4）离合器从动盘摩擦片过厚或翘曲变形	1）按规定调整自由行程，使其符合要求 2）检查液压操纵系统中是否存有空气或漏油现象，并修复 3）检查、调整分离杠杆 4）检查从动盘，发现原因及时更换
离合器抖动	汽车用低速档起步时，离合器不能平稳接合且产生抖动，严重时甚至整车出现抖动的现象	1）离合器压盘或从动盘翘曲变形 2）分离拨叉偏磨或分离杠杆接触部位不同面 3）离合器总成接合面沾油 4）从动盘减振器弹簧断裂或松动 5）摩擦片磨损（铆钉外露）或膜片弹簧损坏等	1）检查压盘和从动盘，维修或更换 2）检查、调整分离杠杆 3）查找并修复油污来源，更换沾油总成 4）更换从动盘总成 5）更换从动盘总成，更换离合器盖总成

（续）

常见故障	故障现象	故障可能的原因	故障的排除方法
离合器异响	操纵离合器时，有不正常响声	离合器分离时异响：可能是离合器分离轴承损坏，或缺少润滑脂	更换损坏的分离轴承
		离合器接合时异响： 1）摩擦片磨损（铆钉外露）或膜片弹簧损坏等 2）从动盘减振弹簧断裂、铆钉或从动盘毂松动	1）更换从动盘总成，或更换离合器盖总成 2）更换从动盘总成
		离合器分离及接合过程中异响：分离机构各接触部位缺油、磨损	检修或更换损坏的零部件，或涂抹润滑脂

1. 为什么需要离合器？离合器有哪些类型？
2. 描述摩擦式离合器的基本组成和工作原理。
3. 离合器为什么需要踏板自由行程？如何测量？
4. 描述离合器打滑对车辆的影响。其故障原因有哪些？

测试题

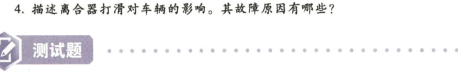

学习模块二　手动变速器

情景导入

　　一辆福特福克斯轿车进店维修，车主抱怨汽车在行驶过程中变速杆会自动跳回空档位置，有时发生在急加速时，有时发生在突然减速时，还有时发生在道路颠簸汽车抖动时，假如你是维修技师，需要完成检修任务，请分析、排除故障，并回答客户提出的问题。

知识提升

一、手动变速器的功用

　　手动变速器（Manual Transmission，MT）又称为机械式变速器，是一种变速装置，用来改变发动机传到驱动轮上的转速和转矩，在原地起步、爬坡、转弯和加速等各种工况下，使汽车获得不同的牵引力和速度，同时使发动机工作在较为有利的工况范围内。

1. 变速器的功用

　　1）改变传动比，扩大驱动轮转矩和转速的变化范围，以适应经常变化的行驶条件。

　　2）在汽车发动机旋转方向不变的前提下，利用倒档实现汽车倒退行驶。

　　3）在发动机不熄火的情况下，利用空档中断动力传递，有利于发动机的起动、暖机和怠速，便于换档或汽车滑行、暂时停车等使用工况。

　　4）通过变速器将发动机动力输出以驱动其他机构。

2. 变速器的基本原理

（1）变速变矩原理　由齿轮传动的原理可知，一对齿数不同的齿轮啮合传动时可以变速变矩，如图 2-16 所示。主动齿轮转速与从动齿轮转速之比称为传动比，用 i_{12} 表示

$$i_{12} = n_1/n_2 = z_2/z_1$$

式中　n_1、z_1——主动齿轮的转速、齿数；

　　　n_2、z_2——从动齿轮的转速、齿数。

如传动无效率损失，则传动比 i_{12} 还可以为

$$i_{12} = M_2/M_1$$

式中　M_1——主动齿轮转矩；

　　　M_2——从动齿轮转矩。

a) 减速传动　　　　　　　　b) 增速传动

图 2-16　齿轮传动的变速变矩原理图

手动变速器齿轮机构原理

手动变速器通过主、从动齿轮齿数的不同来实现变速变矩。汽车手动变速器是通过多组一对或一对以上不同齿数的齿轮啮合，来实现传动比的变化。变速器传动比小的档位称为高档，传动比大的档位称为低档。齿轮安装在不同的平行轴上，有的齿轮与轴固定，有的齿轮空套在轴上，通过结合装置将空套的齿轮固定，来实现动力的传递。

（2）变向原理　由齿轮传动原理可知，一对啮合的外齿轮旋向相反，每经过一对传动副，其轴改变一次转向，如图 2-17 所示。故两轴式变速器在输入轴与输出轴之间加装了倒档轴和倒档齿轮（也称为惰轮），而三轴式变速器在中间轴与输出轴之间加装了倒档轴和倒档齿轮，就可使输出轴转向改变，从而使汽车能反向行驶。

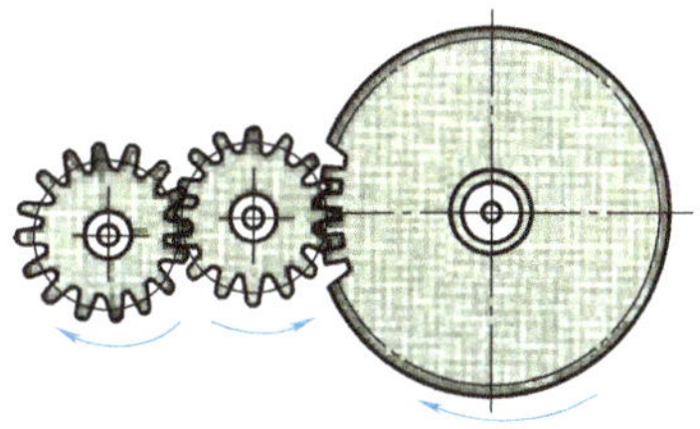

二、手动变速器的构造与原理

汽车手动变速器根据主要轴的数目可分为两轴式、三轴式及组合式三种变速器。两轴式变速器用于发动机前置前轮驱动的汽车，与驱动桥合称为手动变速驱动桥。我国常见的国产轿车均采用这种变速器，如桑塔纳、捷达、高尔夫和奥迪等。三轴式变速器用于发动机前置后轮驱动的汽车。

图 2-17　齿轮传动的变向原理图

1. 两轴式变速器

在发动机前置前轮驱动或发动机后置后轮驱动的中级和普通级轿车上，由于总布置的需要，采用了两轴式变速器。现以两轴式四个前进档变速器为例对两轴式手动变速器的动力传递路线及换档过程进行说明。

两轴式四档变速器 1 档的动力传递路线如图 2-18 所示。1、2 档同步器使 1 档从动齿轮与输出轴固定，动力经输出轴传至主减速器主动齿轮、主减速器从动齿轮，最后到差速器。

当从 1 档向 2 档换档时，1、2 档同步器分离 1 档从动齿轮，并结合 2 档从动齿轮，如图 2-19 所示。动力经 2 档从动齿轮传至输出轴、主减速器主动齿轮、主减速器从动齿轮，最后到差速器。

挂 3 档时，需先将 1、2 档同步器接合套返回空档，然后将 3、4 档同步器接合套移向 3 档从动齿轮，将其锁定到输出轴（主减速器主动齿轮轴）上，3 档动力传递路线如图 2-20 所示。动力经 3 档主动齿轮、3 档从动齿轮、输出轴、主减速器主动齿轮、主减速器从动齿轮，最后到差速器。

挂 4 档时，将 3、4 档同步器接合套从 3 档齿轮移开，移向 4 档齿轮，将其锁定在输出轴（主减速器主动齿轮轴）上，4 档动力传递路线如图 2-21 所示。动力经 4 档主动齿轮、4 档从动齿轮、输出轴、主减速器主动齿轮、主减速器从动齿轮，最后到差速器。

当变速杆挂上倒档时，倒档惰轮换入与倒档主动齿轮和倒档从动齿轮啮合，此时 1、2 档接合套成为倒档从动齿轮（接合套外加工有直齿），通过倒档惰轮改变了齿轮的转向，使汽车倒车，倒档动力

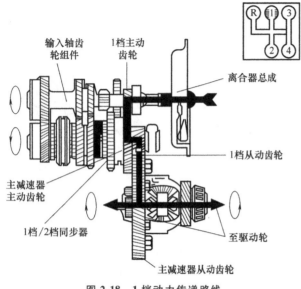

图 2-18　1 档动力传递路线

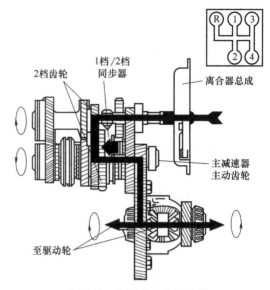

图 2-19　2 档动力传递路线

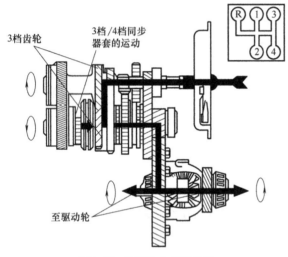

图 2-20　3 档动力传递路线

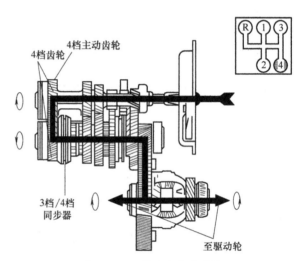

图 2-21　4 档动力传递路线

传递路线如图 2-22 所示。动力传递路线为输入轴上的倒档齿轮，倒档惰轮，1、2 档同步器接合套，输出轴，主减速器主动齿轮，主减速器从动齿轮，最后到差速器。

从以上叙述看出，两轴式变速器的壳体中有主减速器和差速器装置，这主要是为了实现发动机前

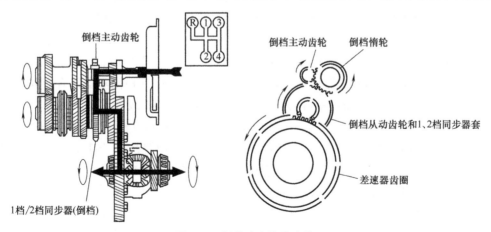

图 2-22　倒档动力传递路线

置前轮驱动的要求，这种装置称为变速驱动桥。

2. 三轴式变速器

三轴式变速器适用于发动机前置后轮驱动的布置形式，多用于中型货车。这种变速器设置有第一轴（输入轴）、第二轴（输出轴）和中间轴。第一轴前端通过离合器与发动机曲轴相连，第二轴后端通过凸缘连接万向传动装置，而中间轴主要用来固定安装各档的变速传动齿轮。现以三轴式五个前进档变速器为例对三轴式手动变速器的动力传递路线及换档过程进行说明。

三轴式变速器的特点：输入轴前端由离合器导向轴承支承，后端利用滚针轴承与输出轴连接，中间利用球轴承支承在壳体前端，并限制轴的轴向窜动，输入轴上只有一个斜齿圆柱齿轮与中间轴齿轮相啮合。中间轴后端利用球轴承支承于壳体后端，并限制轴的轴向窜动，前端利用圆柱滚子轴承支承在壳体前端，并允许轴向窜动，轴的中间利用圆柱滚子轴承支承在中心盘上，并允许轴的轴向窜动。中间轴上五个齿轮与轴连接为整体，只有 5 档齿轮安装在轴上。输出轴中间利用球轴承支承在中心盘上，并限制轴向窜动，前端利用滚针轴承与输入轴连接，后端利用圆柱滚子轴承与壳体后端支承，并允许轴向窜动。变速器设有三个惯性锁环式同步器，一个同步器控制 1、2 档，一个变速器控制 3 档和直接档（4 档），另一个同步器只控制超速档（5 档）。倒档没有同步器，利用倒档轴上的直齿圆柱齿轮移动进行倒档操作。

三轴 5 档变速器的 1、2、3 档和 5 档的动力传递路线如图 2-23 所示，可用框图表示为：

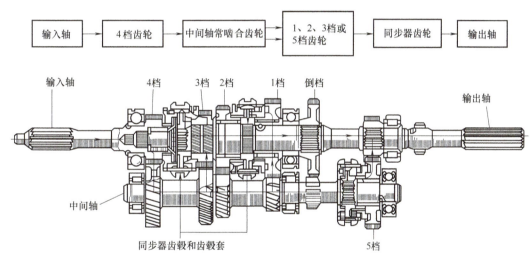

图 2-23 三轴 5 档变速器的 1、2、3 档和 5 档的动力传递路线

三轴 5 档变速器的 4 档（直接档）动力传递路线如图 2-24 所示，可用框图表示为：

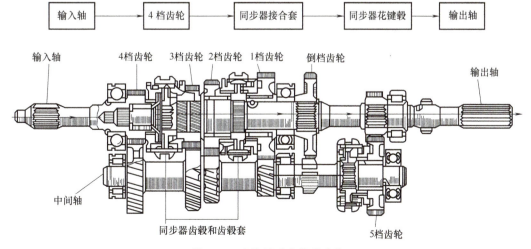

图 2-24 直接档动力传递路线

三轴 5 档变速器的倒档动力传递路线如图 2-25 所示，可用框图表示为：

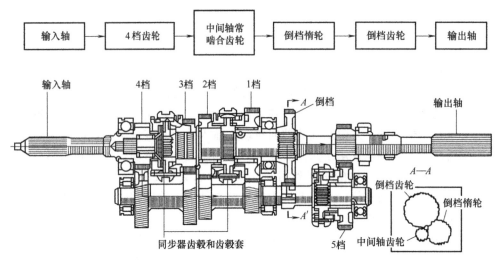

图 2-25　倒档动力传递路线

3. 变速器的润滑

润滑油可以减少摩擦使零件旋转轻便，并将齿轮接触区和摩擦零件上的热量带走。润滑不良将导致齿轮的温度升高，并使其金属塑性增大而发生变形。

变速器下部的齿轮浸在润滑油中，齿轮旋转时将润滑油甩向变速器壳四周。润滑油可以为齿轮油、自动变速器油或手动变速油，具体种类由厂商确定。油液高度处于变速器壳侧面的检查/加注塞底部，如图 2-26 所示，这个位置恰好在后衬套和密封圈下面。

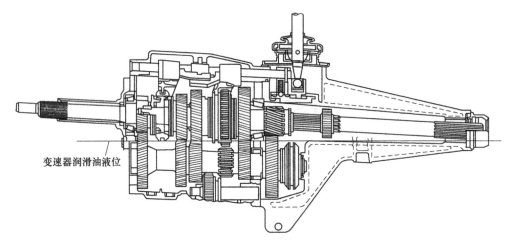

图 2-26　变速器润滑油液位

主轴或齿轮组上的浮动齿轮上带有特殊通道，使润滑油能到达齿轮的轴承上。一些变速器有油道、油槽或润滑脂嘴，使润滑油能流到关键部位，如图 2-27 所示。

变速器采用飞溅式的润滑方式，每个变速器都有通风装置，通常位于变速器壳顶部。通风装置将齿轮工作、润滑油升温时产生的压力释放。如未释放，压力会使油液进入输入轴和输出轴油封。

三、同步器

1. 同步器的作用

同步器的作用是在换档时，使两个齿轮平顺地啮合挂上档而不会发生撞击，实现无冲击换档，缩短换档时间，简化驾驶人换档操作。

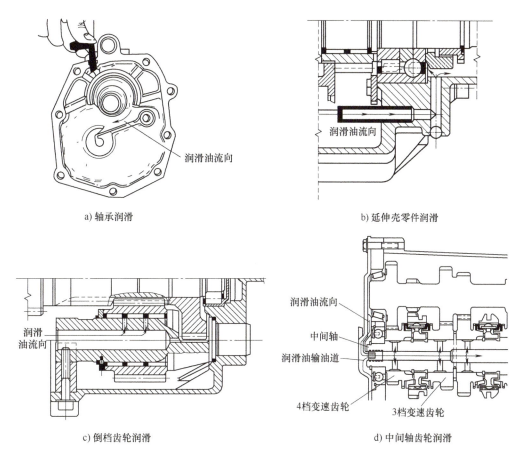

a) 轴承润滑

b) 延伸壳零件润滑

c) 倒档齿轮润滑

d) 中间轴齿轮润滑

图 2-27 变速器的润滑

2. 同步器的类型

同步器有常压式、惯性式和自行增力式三种类型。常压式同步器工作可靠性不高，已经被淘汰。目前，广泛采用的是摩擦式惯性同步器，它由同步装置、锁止装置和接合装置组成。按锁止方式不同，可分为锁环式惯性同步器和锁销式惯性同步器。

3. 锁环式惯性同步器的结构与工作原理

（1）结构　锁环式惯性同步器的构造如图 2-28 所示。它由同步环、滑块、滑块弹簧、接合齿毂和接合套等组成。

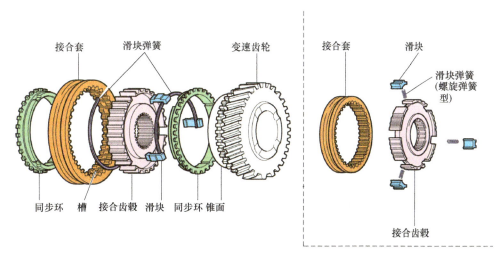

图 2-28 锁环式惯性同步器的构造

（2）工作原理　如图 2-29 所示，当变速杆开始移动时，接合套向即将与之啮合的齿轮移动，并带动弹簧压紧的滑块一起运动，推动同步环朝着齿轮的锥形接合面移动。当滑块左端面与锁环缺口的内端面接触时，便推动锁环移向接合齿圈，使具有转速差的两锥面一经接触便产生摩擦作用，如图 2-29a 所示。

此时，同步环内锥面和齿轮外锥面接触，齿轮速度差产生摩擦力，使同步环转动，转动量约为花键宽度的一半，使接合套的齿端倒角与锁环的齿端倒角正好互相抵触而不能进入接合，如图 2-29b 所示。要使接合套的花键齿圈与锁环的花键齿圈进入接合，必须让锁环相对于接合套后退一个角度，因而，不论驾驶人通过操纵机构作用在接合套上的轴向推力有多大，接合套花键齿端与锁环花键齿端总是互相抵触而不能接合。由于锁环对接合套的锁止作用是接合齿圈的惯性力矩产生的，因此称为惯性式同步器。

当继续增加操纵力于接合套上，摩擦作用就迅速使接合齿圈的转速降低到与锁环转速相等，而后，两者保持同步旋转，于是惯性力矩消失。但是，由于轴向分力 F_1 的作用，两个摩擦锥面还是紧密接合着的。因而，此时切向分力 F_2 所形成的拨环力矩 M_2 便使锁环连同接合齿圈及与之相连的所有零件一起相对于接合套向后退转一个角度，使滑块又移到锁环缺口的中央，两花键齿不再抵触，此时接合套压下弹簧圈继续左移与锁环的花键齿进入接合，如图 2-29c 所示，锁环的锁止作用自行消失。

接合套与锁环接合后，轴向分力 F_1 已不复存在，锥面之间的摩擦力矩也就消失。如果此时接合套花键齿与接合齿圈的花键齿发生抵触（图 2-29c），与上述相似，作用在接合齿圈的花键齿端斜面上切向分力，使接合齿圈及其与之相连的所有零件一起相对于接合套向后退转一个角度，使接合套与接合齿圈的花键齿圈进入接合，如图 2-29d 所示，最后完成换入 4 档的全过程。

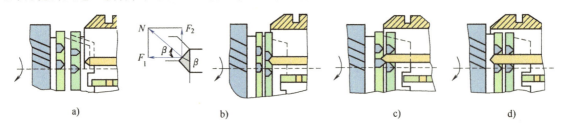

a)　　　　　　　b)　　　　　　　c)　　　　　　　d)

图 2-29　锁环式惯性同步器的工作过程示意图

4. 锁销式惯性同步器的结构与工作原理

相对于锁环式惯性同步器，锁销式惯性同步器具有同步容量大、结构简单，可靠性高及制造成本低等优点，被广泛地应用在中、重型货车变速器中。

锁销式惯性同步器的结构及工作原理如图 2-30 所示，它由定位销（三根）、同步环、滑动齿套、

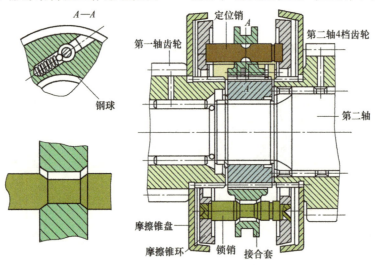

图 2-30　锁销式惯性同步器的结构及工作原理

锁止销（三根）、弹簧（三根）和钢球（三颗）组成。定位销通过弹簧和钢球，连接在滑动齿套的孔中，同步环两端与锁止销铆接固定，空套在滑动齿套上。在换档过程中，换档拨叉带动滑动齿套向被同步齿轮移动，滑动齿套通过弹簧及钢球带动定位销移动，定位销将同步环推向被同步齿轮的锥盘，使同步环与被同步齿轮的锥盘接触，滑动齿套与锁销相对偏转，滑动齿套上的锁止面与锁销的锁止面接触。滑动齿套带动锁销移动，使同步环的锥面与被同步齿轮的锥盘锥面接触，产生摩擦力矩，在摩擦力矩的作用下，滑动齿套和被同步齿轮速度趋于一致，同步过程完成后，滑动齿套爬过锁止销的锁止面，齿套内花键挂上被同步齿轮的接合齿，完成换档。

四、换档机构

手动变速器操纵机构的功用是保证驾驶人能准确可靠地将变速器挂入所需要的档位，并可随时退至空档。变速器操纵机构按照变速杆位置的不同，可分为直接操纵式和远距离操纵式两种类型。

1. 直接操纵式

变速器布置在驾驶人座位附近，变速杆及所有换档操纵装置都设置在变速器壳上，驾驶人可直接操纵变速杆来拨动变速器壳内的换档操纵装置换档。这种操纵机构一般由变速杆、变速杆座、拨叉、拨叉轴以及安全装置等组成，多集装于变速器上盖或侧盖内，如图2-31所示。

换档时可使变速杆绕其中部支点横向摆动，以其下端球头对准与所选档位相应的拨叉向前或向后移动，即实现挂档。

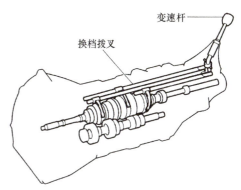

变速杆
换档拨叉

图 2-31 直接操纵式换档机构

2. 远距离操纵式

有的汽车变速器的安装位置离驾驶人座位较远，为此在变速器与操纵手柄之间加装了一套传动元件，构成远距离操纵的形式。

当驾驶人座位离变速器较远或变速杆布置在转向盘下方的转向管柱上时，通常，在变速杆与换档拨叉之间增加若干个传动件，组成远距离操纵机构，有的采用传动杆方式（图2-32），也有的用拉索驱动（图2-33），如一汽捷达、宝来、福特福克斯等轿车。

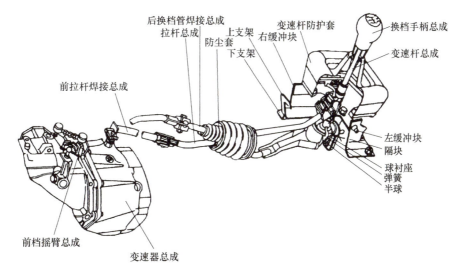

后换档管焊接总成
拉杆总成
上支架
防尘套
下支架
变速杆防护套
右缓冲块
换档手柄总成
变速杆总成
前拉杆焊接总成
左缓冲块
隔块
球衬座
弹簧
半球
前档摇臂总成
变速器总成

图 2-32 传动杆式操纵机构

3. 变速器安全装置

变速器操纵机构除了保证变速器在任何情况下都能准确、安全、可靠地工作外，还应满足下列要求：

1）防止变速器自行挂档或挂档后自行脱档，并能保持传动齿轮全齿长啮合。

2）防止同时挂入两个档。

3）防止误挂入倒档。

为了达到上述要求，在变速器操纵机构中设置了自锁装置、互锁装置和倒档锁装置。

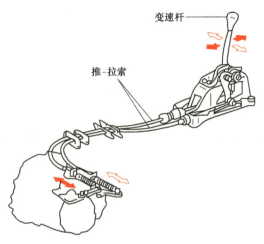

图 2-33　拉索式操纵机构

（1）自锁装置　变速器自锁装置和互锁装置的结构如图 2-34 所示。自锁装置是用来防止自动脱档并保证轮齿以全齿宽啮合。在变速器盖前端中钻有三个深孔，孔中装入自锁钢球和自锁弹簧，其位置正处于拨叉轴的正上方，每根拨叉轴对着钢球的表面沿轴向设有三个凹槽。中间的凹槽对正钢球时为空档位置，前边或后边的凹槽对正钢球时则处于某一工作档位置。凹槽对正钢球时，钢球便在自锁弹簧的压力作用下嵌入该凹槽内，拨叉轴的轴向位置便被固定，不能自行挂档或自行脱档，如图 2-35 所示。当需要换档时，驾驶人通过变速杆对拨叉轴施加一定的轴向力，克服自锁弹簧的压力而将自锁钢球从拨叉轴凹槽中挤出并推回孔中，拨叉轴便可滑过钢球进行轴向移动，并带动拨叉及相应的接合套或滑动齿轮轴向移动，当拨叉轴移至其另一凹槽与钢球相对正时，钢球又被压入凹槽，此时拨叉所带动的接合套或滑动齿轮便被拨入空档或被拨入另一工作档位。

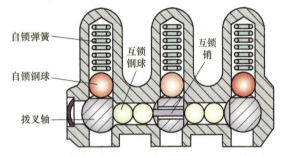

图 2-34　汽车变速器的自锁装置和互锁装置的结构

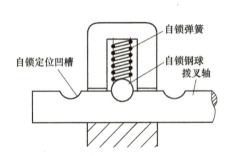

图 2-35　自锁装置的工作原理

（2）互锁装置　互锁装置有钢球式、锁销式和钳口式等形式，汽车上应用广泛的是钢球式互锁装置。

钢球式互锁装置由互锁钢球和互锁销组成。互锁装置的工作原理是：每次换档时只允许移动一根拨叉轴，同时自动地锁住其他拨叉轴，如图 2-36 所示。当变速器处于空档时，所有拨叉轴的侧面凹槽

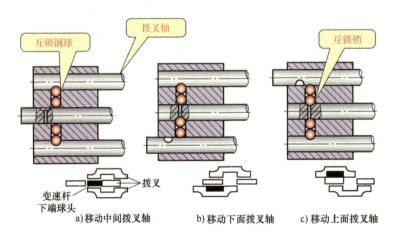

a) 移动中间拨叉轴　　b) 移动下面拨叉轴　　c) 移动上面拨叉轴

图 2-36　钢球式互锁装置的工作原理图

同互锁钢球、互锁销均处在一条直线上。当移动中间拨叉轴时，拨叉轴两侧的内钢球从其侧凹槽中被挤出，而两外钢球分别嵌入另外两拨叉轴的侧面凹槽中，将另外两拨叉轴刚性地锁止在空档位置，如图 2-36a 所示。要移动下面拨叉轴时，则应先将中间拨叉轴退回空档位置。这样，在移动下面拨叉轴时，钢球从下面轴的侧凹槽中被挤出，同时通过互锁销和其他钢球将中间拨叉轴和上面拨叉轴锁止在空档位置上，如图 2-36b 所示。同理，移动上面拨叉轴时，中间拨叉轴和座下面拨叉轴被锁止在空档位置，如图 2-36c 所示。

（3）倒档锁装置　汽车在前进行驶中，换档时由于疏忽而误挂入倒档，将会使轮齿间产生极大的冲击。此外，若汽车起步时误挂倒档则容易发生事故。为防止误挂倒档，操纵机构中应设有倒档锁。

在捷达、宝来轿车变速器的变速操纵装置中，倒档锁装置被安装在变速杆下方的换档机构壳体中。倒档锁装置的工作原理如图 2-37 所示。在正常的前进档换档行程内，变速杆锁止凸轮向上运动，防止锁止（是换档壳体一个内部件）。挂倒档时，驾驶人首先必须克服阻力压下锁止装置中的压力弹簧，变速杆通过球形变速杆导管向下运动，使锁止杆凸轮绕过联锁装置，挂入倒档。之后弹簧又将变速杆上推到啮合位置，并使它保持在倒档位置。

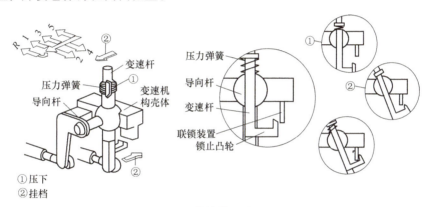

图 2-37　倒档锁装置的工作原理

五、手动变速器的常见故障

手动变速器在频繁换档过程中，齿轮与齿轮之间的相对运动变化而发生冲击，使各部件产生磨损，尤其是装配调整不当或驾驶操作不当，更会加剧磨损，甚至造成机件的损坏，导致变速器出现故障。手动变速器的常见故障主要有跳档、乱档、换档困难、变速器异响、漏油等，其常见故障与故障原因见表 2-2。

表 2-2　常见故障与故障原因

常见故障	故障现象	故障原因	故障排除方法
跳档	汽车在行驶中，变速杆自动跳回空档位置	1）变速齿轮、齿套或同步器锥盘轮齿磨损过量 2）操纵杆磨损松旷或变速器内拨叉变形 3）自锁装置磨损松旷，弹簧弹力不足或折断 4）变速轴轴承磨损松旷或轴向间隙过大 5）同步器损坏、磨损	1）更换损坏齿轮、齿套 2）更换操作杆或拨叉 3）检查、更换自锁装置 4）检查、更换轴承 5）检查、更换同步器
乱档	汽车起步挂档或行驶中换档时，变速杆不能挂入所需档位	1）变速杆定位销磨损松旷、断裂或脱出 2）变速杆不能拨动变速叉或导块 3）变速叉弯曲、下端面或变速叉导块磨损过度 4）变速叉轴弯曲，互锁销、钢球或凹槽磨损，失去互锁作用 5）第二轴前端滚针轴承烧结	1）更换变速杆定位销 2）检查、更换变速杆 3）检查、更换变速叉 4）检查、更换互锁装置 5）检查、更换第二轴、滚针轴承

（续）

常见故障	故障现象	故障原因	故障排除方法
换档困难	离合器工作良好，汽车换档困难	1)变速叉轴弯曲变形,端头严重磨损 2)变速叉或导块凹槽磨损 3)互锁钢球或凹槽磨损 4)同步器损坏或严重磨损	1)更换变速叉轴 2)检查、更换变速叉或导块 3)更换互锁钢球 4)更换同步器
变速器异响	换档或行驶时有响声	1)齿轮异响 2)轴承响 3)同步器异响 4)其他异响,如缺润滑油、变速器内有异物等	1)成对更换齿轮 2)更换轴承 3)更换同步器 4)检查变速器润滑油
漏油	变速器漏油	1)润滑油油面太高 2)密封垫损坏 3)壳体紧固螺栓松动 4)变速器通气口堵塞	1)减少润滑油 2)更换密封垫 3)紧固松动螺栓 4)疏通变速器通气口

1. 手动变速器有哪几种结构类型？分别描述其结构。
2. 同步器是如何工作的？
3. 分析导致汽车换档困难的原因与检修方法。
4. 分析导致手动变速器异响的原因。

测试题

学习模块三　自动变速器

　　一辆丰田凯美瑞汽车行驶 6.5 万 km 后，在 30km 左右节气门开度较大时，车辆自动变速器出现比较大的冲击现象，车主将车开进维修厂要求检修车辆。假如你是维修技师，需要完成检修任务，并回答客户提出的问题。

一、自动变速器的特点

　　自动变速器（Automatic Transmission，AT）是指汽车行驶时，变速器的操纵和换档操纵全部或部分实现自动化的变速器。自动变速器的优点有操纵简单、省力，减轻驾驶人的劳动强度，行车安全性好，舒适性好，机件使用寿命长，动力性、排放性好。但它也存在结构复杂、成本高、传动效率低、维修困难等缺点。

二、行星齿轮传动

1. 行星齿轮机构的组成

行星齿轮机构由一个太阳轮、一个内齿圈、一个行星架及若干个行星齿轮组成，称为单排行星齿轮机构。太阳轮、内齿圈和行星架是行星排的三个基本构件，并且它们具有公共的固定轴线。行星齿轮安装于行星架的行星齿轮轴上，与内齿圈和太阳轮两者啮合。行星齿轮既可绕行星齿轮轴自转，又可在内齿圈内行走，绕太阳轮公转，如图2-38所示。

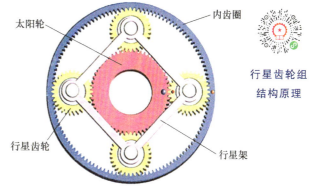

行星齿轮组结构原理

图 2-38　行星齿轮机构

2. 行星齿轮机构的类型

为了使行星齿轮的档位之间的传动比合理及换档执行元件布置简单，自动变速器需要两排以上的行星排才能满足要求。行星齿轮机构主要有辛普森式和拉维娜式两种形式，目前汽车自动变速器是在这两种形式的基础上进行设计制造的。

辛普森式行星齿轮机构采用双行星排，其结构特点是：前后两个行星排的太阳轮连成一个整体，称为太阳轮组件；前排的行星架和后排的齿圈连成一体，称为前行星架和后齿圈组件，通常，输出轴与该组件相连，图2-39所示为辛普森式行星齿轮机构实物分解，图2-40所示为辛普森式行星齿轮机构示意图。该行星机构只有前齿圈、前太阳轮组件、后行星架及前行星架和后齿圈组件四个独立元件。

图 2-39　辛普森式行星齿轮机构实物分解

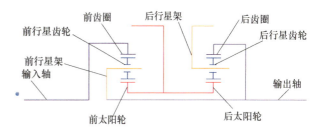

图 2-40　辛普森式行星齿轮机构示意图

拉维娜式行星齿轮机构是一种复合式行星齿轮机构，它由一个单行星排和一个双行星排组合而成，大太阳轮和长行星齿轮、行星架、齿圈一同组成一个单行星排；小太阳轮、短行星齿轮、长行星齿轮、行星架和齿圈共同组成一个双行星齿轮的行星排。如图2-41所示，两个行星排共用一个齿圈和一个行星架。因此，它只有四个独立元件，即小太阳轮、大太阳轮、行星架和齿圈。这种行星齿轮机构具有结构简单、尺寸小、传动比变化范围大和灵活多变等特点，自20世纪70年代开始应用于许多轿车自动变速器上，特别是前轮驱动式轿车的自动变速器。

三、自动变速器的结构与工作原理

1. 液力自动变速器的特点

液力自动变速器采用液力传动与机械传动相结合的方式。液力传动是以液体为介质的叶片传动机械，它利用工作轮叶片与工作液体相互作用，引起机械能与液体能的相应转换，以此来传递动力，并通过液体动量矩的变化来改变转矩。液力传动既具有离合器的功能，又能使发动机与传动系统之间实现"柔性"连接和传动，将发动机和底盘这两大振动源分隔，从而减小了车辆的振动，提高了车辆的

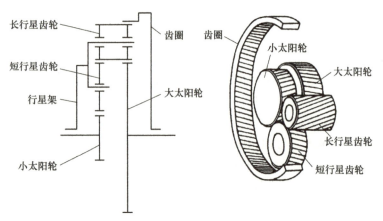

图 2-41　拉维娜式行星齿轮机构

乘坐舒适性，使车辆起步平稳，加速均匀、柔和。

2. 液力自动变速器的结构与工作情况

液力自动变速器主要由液力变矩器、油泵、换档执行机构、变速机构、电液控制系统等几部分组成，液力自动变速器的结构如图 2-42 所示。

图 2-42　液力自动变速器的结构

（1）液力变矩器　液力变矩器由泵轮、导轮、涡轮、单向离合器和锁止离合器组成，如图 2-43 所示，液力变矩器安装在发动机与变速器之间，作用是将发动机转矩传给变速器输入轴，同时，液力变矩器可以改变发动机转矩，并能实现一定的无级变速。

液力变矩器外观

液力变矩器剖视

液力变矩器
结构原理

图 2-43　液力变矩器的结构

（2）油泵　液力自动变速器油泵一般安装在变速器前面。目前，自动变速器中应用最多的一种油泵是内啮合齿轮泵，它具有结构紧凑、尺寸小、重量轻、自吸能力强、流量波动小、噪声小等特点。图 2-44 所示为内啮合齿轮泵，它由主动齿轮、从动齿轮、月牙形凸台、泵壳和泵盖等组成。主动齿轮由变矩器壳体后端轴套驱动，月牙形凸台的作用是将工作腔分隔为吸油腔和压油腔，泵壳上有进油口和排油口，发动机运转时，主动齿轮带动从动齿轮顺时针方向旋转。在吸油腔，因齿轮不断退出啮合，容积增大，形成真空吸油；在压油腔，因齿轮不断进入啮合，容积减小，将液压油压出。

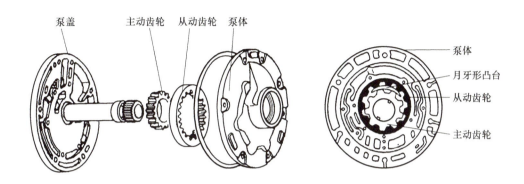

图 2-44　内啮合齿轮泵

油泵压力根据汽车的行驶状况进行调节，通过调压器实现减压和增压，如图 2-45 所示，调压器是液压控制系统中很重要的液压元件，将油泵泵出的油压稳定在一定的范围内（通常为 0.5~2MPa），以供液压系统在各档位工作时使用。

（3）换档执行机构　自动变速器换档执行机构与普通手动变速器换档执行机构不同，自动变速器的离合器、制动器、单向离合器代替了普通手动变速器中的同步器，而且完全由电液系统实现自动控制。

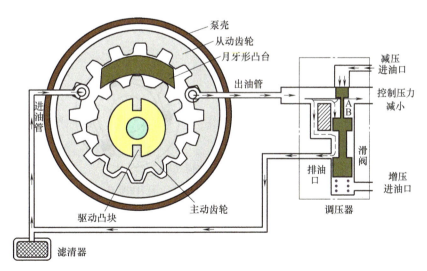

图 2-45　齿轮式油泵的工作原理图

1）离合器。离合器的作用有两个，一是将行星齿轮机构中某一元件与输入部分相连，使该元件成为主动元件，二是将行星齿轮机构中任意两元件联锁为一体，使三个元件具有相同转速，这时行星齿轮机构作为一个刚性整体，实现直接传动。

离合器主要由摩擦片、钢片、活塞、离合器鼓、密封圈和回位弹簧等组成，如图 2-46 所示。

摩擦片一般用纸质浸树脂材料后做成，也有的用铜基烧结粉末冶金做成，形状为圆盘形，内圆带齿，摩擦片数目越多，摩擦力越大，一般自动变速器的离合器摩擦片的个数为 3~5 个。压板用特殊钢制成，形状为圆盘形，外圆带齿。压板与摩擦片配合成对，但也有部分车型在相邻摩擦片之间放多个压板以调整间隙。活塞用铝合金制成，表面镀有软金属，形状为环状圆柱形。

当需要离合器接合工作时，自动变速器液压控制系统将液压油通过离合器鼓进油道送到活塞后方，给活塞压力，同时液压油将单向阀关闭，活塞受力克服回位弹簧的弹力，逐渐将压板与摩擦片压紧产生摩擦力。离合器的接合过程要求平稳、柔和。当分离时，缸体内主要油压由原油道泄出，同时单向阀打开帮助泄出残余油压，活塞在回位弹簧的作用下迅速回位，离合器摩擦片与压板分离。离合器的分离过程要求迅速彻底。

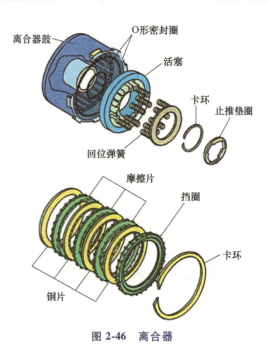

图 2-46　离合器

2）制动器。制动器是将行星齿轮机构中某一元件与变速器壳体相连，使该元件受约束而固定。制动器有盘式制动器和带式制动器两种，盘式制动器的结构和工作原理与离合器完全相同，只不过在作用上有所不同。盘式制动器连接运动元件与变速器壳体，而离合器连接的是两个运动元件。

带式制动器的结构如图 2-47 所示，其主要组成部件包括制动带、制动毂、活塞和推杆等，制动毂通常就是离合器的外壳。当液压油从活塞左端进入时，作用在活塞上的油压克服弹簧力及活塞右端的残余油压，活塞被推向左端，通过推杆使制动带抱紧制动毂，起制动作用；当需要解除制动时，液压油从活塞右端进入，而活塞的左端卸压，活塞在油压和弹簧力的作用下迅速左移，制动带释放。

3）单向离合器。单向离合器可限制一些运动元件只能做单方向的转动，或者限制两个元件在某一方向自由转动，在相反的方向相互制约。单向离合器目前在自动变速器中应用的有滚柱式单向离合器和楔块式单向离合器两种，滚柱式单向离合器如图 2-48 所示，楔块式单向离合器如图 2-49 所示。

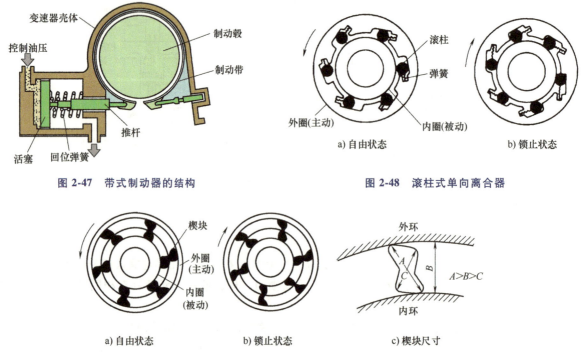

图 2-47　带式制动器的结构　　　　图 2-48　滚柱式单向离合器

图 2-49　楔块式单向离合器

以上两种单向离合器，若固定其内圈或外圈，则其外圈或内圈只能做单方向旋转。

（4）变速机构　以爱信 6 速自动变速器变速机构为例进行分析。爱信 6 速自动变速器的结构如图 2-50 所示，它由两组行星排及六个换档执行元件组成。两组行星排分别是前行星排及后行星排，前行星排是单排行星排，后行星排是拉维娜式行星齿轮机构；换档执行元件有三个离合器 C_1、C_2、C_3，两个制动器 B_1、B_2，一个单项离合器 F。变速机构及换档执行元件位置关系示意图如图 2-51 所示。

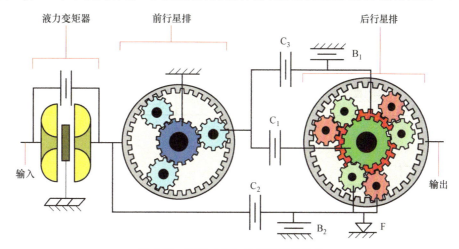

图 2-50　爱信 6 速自动变速器的结构

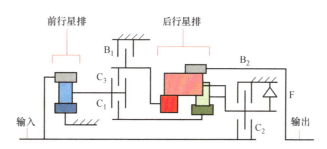

图 2-51　爱信 6 速自动变速器变速机构及换档执行元件位置关系示意图

爱信 6 速自动变速器可实现 6 个前进档和 1 个倒档，各档位的执行元件作用及传动比见表 2-3，各档位执行元件的作用图如图 2-52 所示。

表 2-3　爱信 6 速自动变速器各档位的执行元件作用及传动比

档位	C_1	C_2	C_3	B_1	B_2	F	传动比
1 档手动模式	○				○		4.148
1	○					○	4.148
2	○			○			2.370
3	○		○				1.556
4	○	○					1.155
5		○	○				0.859
6		○			○		0.686
倒档			○		○		3.394

（5）电液控制系统　自动变速器电液控制系统由电子控制系统及阀体组成。电子控制系统由各种传感器、执行器、控制开关及电子控制单元（ECU）等组成，传感器将测得的发动机转速、节气门开度、汽车车速、自动变速器油温等运行参数信号传送到 ECU，ECU 通过分析运算，根据各个控制开关送来的操作指令和预先设定的控制程序，向换档电磁阀、油压电磁阀、锁止电磁阀等执行元件发出指令信号，操纵阀板中各个控制阀的工作，实现变速器的自动换档，电子控制系统如图 2-53 所示，电子

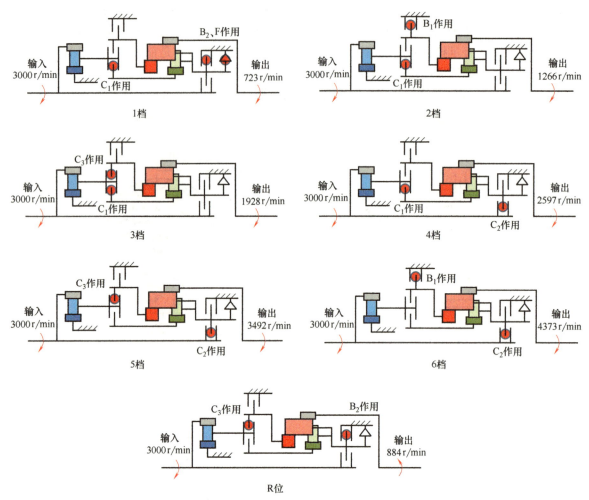

图 2-52　爱信 6 速自动变速器各档位执行元件的作用图

控制系统的控制原理如图 2-54 所示。

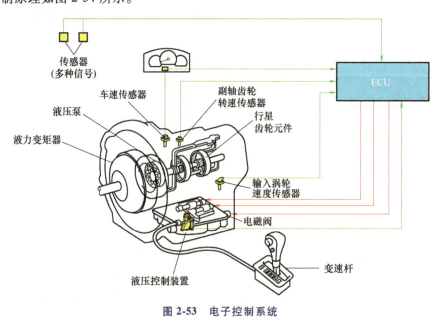

图 2-53　电子控制系统

1）传感器。目前，自动变速器常用的传感器有节气门位置传感器、车速传感器及液压油温度传感器。除了上述传感器以外，还与发动机上的传感器有密切关系。

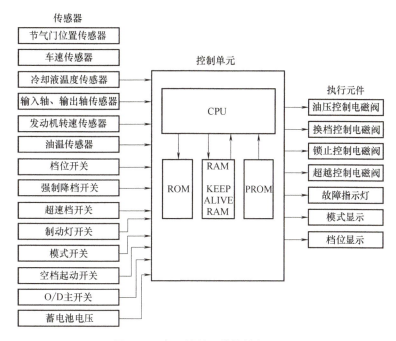

图 2-54 电子控制系统的控制原理

2）ECU。ECU 接收来自传感器的输入信号后，与储存的数据进行比较，然后进行信息处理。在 ECU 的存储器中，储存了理想的换档规律和执行的逻辑程序，它们提供了最佳的换档时刻，而且可以设置多种换档规律，以满足汽车在不同使用工况下的最佳换档点。

自动变速器 ECU 可以实现换档控制、主油路油压控制、锁止离合器、发动机制动控制、换档品质控制、故障自诊断和失效保护控制功能。

3）执行元件。主要是各种控制电磁阀，常用的电磁阀有开关式电磁阀和线性磁脉冲式电磁阀两种。开关式电磁阀的作用是开启或关闭液压油路，通常用于控制换档阀及变矩器锁止控制阀；线性磁脉冲式电磁阀主要由电磁阀和调节阀两部分组成。线性磁脉冲式电磁阀常用于油路压力调节和液力变矩器锁定控制。

4）阀体。自动变速器阀体是液力自动变速器的重要组成部分，如图 2-55 所示，液压控制系统的主要作用是提供具有一定压力和流量的工作油液，改善工作油液品质，以保证自动变速器润滑。

图 2-55 自动变速器阀体

自动变速器阀体主要组成有：为自动变速器提供所需油压的部件是液压泵、油压调节部分、换档控制部分以及液压油散热器等。

四、无级变速器

无级变速器（Continuously Variable Transmission，CVT）与有级式机械变速器的区别在于，它的变速比不是间断的，而是一系列连续变化的。

1. CVT 的组成和工作原理

CVT 的组成和工作原理如图 2-56 所示，该系统主要包括主动轮组、从动轮组、金属带和液压缸等基本部件。主动轮组和从动轮组都由可动盘和固定盘组成，与液压缸靠近的一侧带轮可以在轴上滑动，另一侧则固定。可动盘与固定盘都是锥面结构，它们的锥面形成 V 形槽，来与 V 形金属传动带啮合。发动机输出轴输出的动力首先传递到 CVT 的主动轮组，然后通过 V 带传递到从动轮组，最后经主减速器、差速器传递给车轮，来驱动汽车。

图 2-56　CVT 的组成和工作原理

工作时通过主动轮组与从动轮组的可动盘做轴向移动来改变主动轮、从动轮锥面与 V 带啮合的工作半径，从而改变传动比。两个带轮可以实现反向调节，即当其中一个带轮凹槽逐渐变宽时，另一个带轮凹槽就会逐渐变窄。可动盘的轴向移动量是由控制系统调节主动轮、从动轮液压缸压力来实现的。由于主动轮组和从动轮组的工作半径可以实现连续调节，从而实现了无级变速。

2. CVT 的特点

由于 CVT 可以实现传动比的连续改变，从而得到传动系统与发动机工况的最佳匹配，提高整车的燃油经济性和动力性，改善驾驶人的操纵方便性和乘员的乘坐舒适性，所以它是理想的汽车传动装置。

3. 典型无级变速器（奥迪 01J 型无级变速器）

奥迪 01J 型无级变速器主要由减振缓冲装置、动力连接装置、变速控制系统、液压控制单元和 ECU 等组成，如图 2-57 所示。

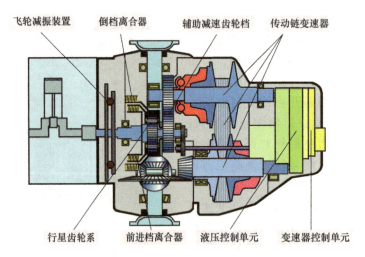

图 2-57　奥迪 01J 型无级变速器的结构

（1）动力传递装置　机械无级变速器动力传递装置主要由减振缓冲装置、前进档及倒档控制装置、辅助减速齿轮、链轮装置与传动链组成。

1）减振缓冲装置。目前，奥迪 V6 2.8L 发动机采用飞轮减振装置，奥迪 A4 1.8L 四缸发动机采用双质量飞轮作为减振缓冲装置，如图 2-58 所示。

2）前进档及倒档控制装置。前进档及倒档控制装置主要由行星齿轮装置、前进档离合器和倒档制动器组成。奥迪 Multitronic CVT 前进档离合器和倒档制动器配合单排行星齿轮机构实现前进档和倒档。前进档离合器和倒档制动器采用了湿式多片式摩擦片，用于起步并将转矩传递给辅助减速齿轮组。起步和转矩传递过程由 ECU 和液压控制单元监控和调整。行星齿轮机构如图 2-59 所示，在奥迪 CVT 中，行星齿轮机构唯一的功能是改变变速器输出轴的旋转方向。

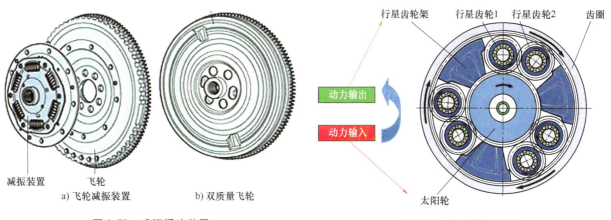

图 2-58   减振缓冲装置

图 2-59   行星齿轮机构

3）链轮装置与传动链。链轮装置由主动链轮装置和从动链轮装置组成，主、从动链轮装置都由可动盘和固定盘组成，可动盘与液压缸靠近的一侧带轮可以在轴上滑动，另一侧则固定，如图 2-60 所示。可动盘与固定盘都是锥面结构，它们的锥面形成 V 形槽来与 V 形传动链啮合。发动机输出轴输出的动力首先传递到 CVT 的主动链轮装置，然后通过 V 带传递到从动链轮装置，最后经主减速器、差速器传递给车轮，来驱动汽车。

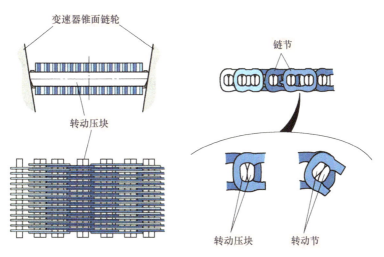

图 2-60   传动链

（2）变速控制系统   奥迪 01J 型无级变速器的关键部件是变速控制系统，如图 2-61 所示。链轮装置各有一个液压缸和分离缸。当一个分离缸进油，而另一个分离缸泄压时，即可调整变传动比。链轮和传动链之间的接触压力由液压缸内的油压来保证，当液压系统泄压时，主动链轮膜片弹簧和从动链轮螺旋弹簧产生一个额定的传动链基础张紧力（接触压力）。在泄压状态下，变速器起动转矩变传动比由从动链轮的螺旋弹簧弹力调整。

（3）操纵杆选档轴和停车锁   操纵杆选档轴和停车锁机构如图 2-62 所示。奥迪 01J 型无级变速器变速杆有 P、R、N、D 及手动选档位置。选择手动模式时，仪表会显示 6、5、4、3、2 或者 1。通过

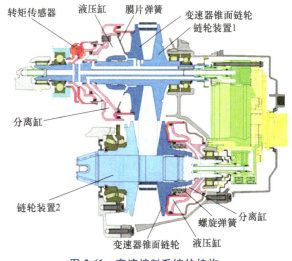

图 2-61   变速控制系统的结构

变速杆可触发液压控制单元手动阀、控制停车锁、触发多功能开关，以识别变速杆位置。

（4）液压控制系统

1）供油系统。奥迪01J型无级变速器装有高效率的月牙形内啮合齿轮泵来给变速器供油，它作为一个部件集成在液压控制单元上，并直接由输入轴通过直齿轮和泵轴驱动，液压泵内部密封良好，如图2-63所示，因此在发动机低速下仍可产生高压。

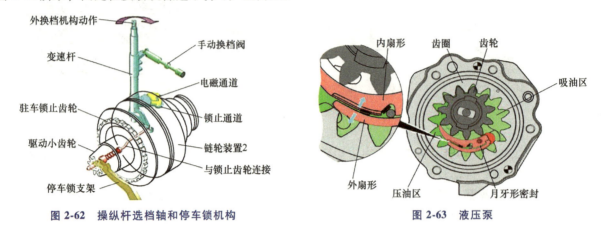

图 2-62　操纵杆选档轴和停车锁机构　　　　　　图 2-63　液压泵

2）液压控制单元。液压控制单元的功能为：前进档/倒档离合器控制，离合器压力调节，离合器冷却，为接触压力控制提供液压油，传动控制和为飞溅机油罩盖供油。

液压控制单元由手动阀、九个液压阀［包括限压阀（DBV1）、离合器冷却阀（KKV）、离合器控制阀（KSV）、最小压力阀（MDV）、安全阀（SIV）、减压阀（UV）、体积改变率限制阀（VSBV）、施压阀（VSPV）和输导压力阀（VSTV）］和三个电磁阀组成。

3）变速控制。变速器升降档控制的最主要的输入信息有输入转速（G182传感器）、输出转速（G195传感器）和发动机的转速等。变速器ECU通过接收各个输入信息加以计算，最终确定电磁阀N216的控制电流大小，以改变主、从动链轮分离缸压力，从而实现变速控制（传动比变换），变速控制系统如图2-64所示。

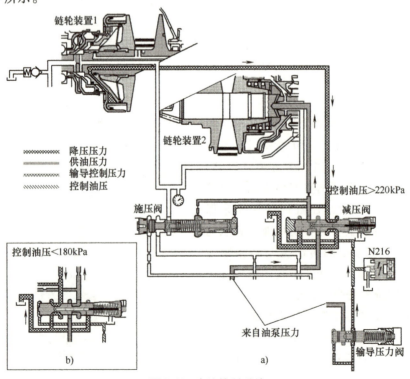

图 2-64　变速控制系统

4）接触压力控制。传动链和链轮之间的接触压力由液压缸中的油压产生。若传动链和链轮之间的接触压力过高就会降低传动效率；相反，若接触压力过低，就会造成传动链与传动链轮之间出现打滑现象，因此传动链和链轮之间必须时刻有一个合适的接触压力。

主动链轮内集成有机械液压式转矩传感器，一旦感知链轮打滑或牵引阻力改变，即改变液压缸中油压，进行增压或减压，如轮胎在冰面打滑或在粗糙路面上牵引阻力加大时，就改变液压缸中油压。转矩传感器的结构如图2-65所示。转矩传感器主要的部件为两个滑轨架，每个支架有七个滑轨，滑轨中装有滚子。

（5）电子控制系统　奥迪01J型无级变速器电子控制系统由电控单元、输入装置（传感器、开关）和输出装置（电磁阀）三部分组成。ECU集成在变速器内，并直接用螺栓紧固在液压控制单元上。三个压力调节电磁阀与控制单元通过坚固的插头（S形插头）连接，没有任何接线。所有的传感器都集成在一个铝壳板上，因此传感器与控制单元间不再需要线束和插头，但若某个传感器损坏，则必须更换变速器电控单元。电控单元内集成的传感器包括多功能开关F125、变速器输入转速传感器G182、变速器输出转速传感器G195和G196、变速器油温传感器G93、自动变速器油压传感器1（离合器压力）G193和自动变速器油压传感器2（接触压力）G194。

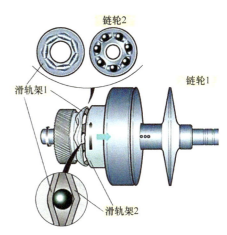

图2-65　转矩传感器的结构

五、双离合变速器

1. 双离合变速器的基本原理

双离合变速器（Dual Clutch Transmission，DCT）是在手动变速器的基础上进行演变而来的，通过两个手动变速器组合而成，即有两套离合器，两套齿轮变速机构。图2-66所示为6速双离合变速器原理示意图，离合器1与离合器2并联。离合器1连接变速器1，实现1、3、5三个奇数档，离合器2连接变速器2，实现2、4、6三个偶数档及R位。

两套离合器各自控制两个变速器，当一个变速器工作时，另一个变速器处于空转状态。通过两个离合器间的切换实现两个变速器的交替工作，由于两个离合器分别可以中断动力，因此当车辆在奇数档位行驶时，可预先挂好偶数档；在偶数

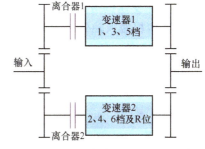

图2-66　6速双离合变速器原理示意图

档位行驶时，可预先挂好奇数档。如变速器在1档传递动力时，离合器1接合，离合器2分离，2档同步器预先挂好，当离合器1分离，离合器2接合，就实现了1档升2档的变换，实际的换档时间只是离合器1分离与离合器2接合的时间，减少了同步器的动作时间。

2. 双离合变速器的特点

双离合变速器换档时间只是两个离合器的切换时间，只有不到0.2s，换档更快速、顺畅。由于双离合变速器减少了转矩的中断时间，汽车具有良好的动力性；同时，发动机的动力一直在利用，而且始终在最佳的工作状态，因而相比传统行星齿轮式自动变速器更利于提升发动机的燃油经济性，油耗大约能够降低15%。但双离合变速器的结构复杂，制造工艺要求比较高。

3. 双离合变速器的类型

双离合变速器分为湿式和干式两种类型。

湿式双离合是指双离合器为一大一小两组同轴安装在一起的多片式离合器，它们都被安装在一个

充满液压油的密闭油腔里，因此湿式离合器有着更好的调节能力和优异的热熔性，能够传递比较大的转矩。

干式双离合是通过多片金属摩擦片来进行动力传输的，摩擦片被压得越紧，传动比例就越高。摩擦片分离，则传动中断。因为干式双离合是由金属片直接接触来进行传动的，所以在动力响应上要比湿式更快。但是它的金属摩擦片不能承受过大的转矩，容易磨损，所以干式双离合变速器只应用在小排量的车型上。

4. 双离合变速器的结构及工作情况

图 2-67 所示为大众 DQ200 七速干式双离合变速器，其由双离合器模块、齿轮变速机构、机电控制模块、操作手柄及壳体组成。

图 2-67 大众 DQ200 七速干式双离合变速器

（1）双离合器模块 双离合器模块由 K1、K2 两套离合器组成，K1 离合器靠近发动机一端，K2 离合器靠近齿轮变速机构一端，图 2-68 所示为双离合器模块的结构。

（2）齿轮变速机构 齿轮变速机构的轴向图如图 2-69 所示，齿轮变速机构展开图及档位布置如图 2-70 所示，两根输入轴分别与 K1 离合器及 K2 离合器相连，采用内外套合的方式，输入轴 1 上的是 1、3、5、7 档的齿轮，输入轴 2 上的则是 2、4、6、R 档的齿轮，当两个离合器交替工作时，动力就能在奇数档和偶数档之间切换。

图 2-68 双离合器模块的结构　　　　图 2-69 齿轮变速机构的轴向图

（3）机电控制模块 机电控制模块是控制变速器各个档位的变换，由阀体、换档执行机构及电控系统组成，机电控制模块就是靠这些组件来完成获取换档信息、判断/决策、执行的整个过程。

阀体主要由机油泵、直流电动机、蓄能器及控制阀组成，如图 2-71 所示，换档执行机构由四个换档控制活塞及换档控制杆组成，分别控制各个档位，如图 2-72 所示。

直流电动机驱动机油泵，将液压油储存在蓄能器内。双离合变速器传感器主要收集发动机转速、输出轴转速、变速杆位置、车速、节气门开度、转向角度、横向加速度等信号，并将这些信号输入 ECU 进行分析判断，由 ECU 发出指令到各控制阀，再由控制阀控制液压油的走向，从而控制变速器的档位。

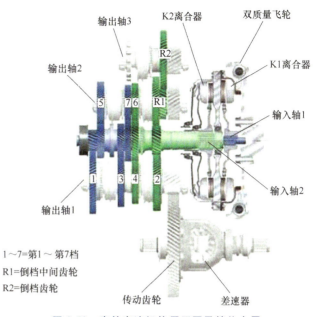

1～7=第1～第7档
R1=倒档中间齿轮
R2=倒档齿轮

图 2-70　齿轮变速机构展开图及档位布置

六、手自一体变速器

手自一体变速器就是将汽车的手动换档和自动换档结合在一起的变速方式。该变速器结合了自动变速器和手动变速器的优点，最大限度地减少了变速系统的功率损耗。手自一体的汽车在用手动档时，只需拨到手动档，随着时速的变换，向上或向下调节档位。如果速度跟不上相应的档位，那么档位会自动往下调；如果速度高于所在的档位，则需要手动向上拨。图 2-73 所示为典型手自一体变速器操作手柄位置图。

图 2-71　阀体

图 2-72　换档执行机构

图 2-73　典型手自一体变速器操作手柄位置图

七、自动变速器常见故障

自动变速器常见故障分析及排除见表2-4。

表2-4　自动变速器常见故障分析及排除

常见故障	故障现象	故障原因	故障排除方法
自动变速器振动	起步时,变速杆从P位或N位挂入D位或R位时,汽车振动大;行驶中,自动变速器升档瞬间产生振动	1)发动机怠速过高 2)节气门拉索或节气门位置传感器故障,主油路油压高 3)真空式节气门阀真空软管破损 4)主油路调压阀故障,使主油路油压过高 5)减振器活塞卡住,不起减振作用 6)换档组件打滑,油压电磁阀故障,ECU故障	1)检修发动机怠速 2)检查、调整节气门拉索和节气门位置传感器 3)检查真空式节气门阀的真空软管 4)检测主油路油压 5)检查油压电磁阀的工作是否正常 6)检查ECU在换档瞬间油压电磁阀发出的控制信号
汽车加速无力	起步时踩下加速踏板,发动机转速上升很快但车速升高缓慢;上坡时无力,发动机转速上升很高	1)液压油油面太低 2)离合器或制动器磨损严重 3)油泵磨损严重,主油路漏油造成主油路油压低 4)单向超越离合器打滑 5)离合器或制动器密封圈损坏导致漏油 6)减振器活塞密封圈损坏导致漏油	1)检查液压油油面高度和油的品质 2)路试检查,若所有档都打滑,检修离合器 3)检修油泵、油路泄漏情况 4)检修单向超越离合器 5)检修制动器 6)检修减振器
自动变速器不能升档	行驶途中自动变速器只能升1档,不能升2档及高速档	1)节气门拉索或节气门位置传感器故障 2)调速器存在故障 3)车速传感器故障 4)高档制动器或高档离合器存在故障 5)换档阀卡滞或档位开关故障	1)检查调整节气门拉索和节气门位置传感器 2)检修调速器 3)检查车速传感器 4)检修各离合器、制动器 5)检查档位开关信号
自动变速器无前进档	倒档正常,在D位时汽车不能起步,在S位、L位(或2档、1档)时可以起步	1)前进离合器打滑 2)前进单向超越离合器打滑 3)前进离合器油路泄漏 4)变速杆调整不当	1)检修前进离合器 2)检修前进单向超越离合器 3)检查油路泄漏 4)检查调整变速杆位置
液力变矩器离合器无锁止	汽车行驶中,锁止离合器没有锁止;油耗增大	1)锁止电磁阀故障 2)锁止控制阀故障 3)变矩器中锁止离合器损坏	1)检查锁止电磁阀 2)检查清洗锁止控制阀 3)若控制系统无故障,则应更换变矩器

思考题

1. 为什么装备液力自动变速器的汽车起步很平稳?
2. 拉维娜式齿轮变速机构与辛普森式齿轮变速机构比较有什么优势?
3. 为什么CVT经济性好,而动力性一般?
4. 分析双离合变速器换档过程。
5. 请分析液力自动变速器、双离合变速器及CVT应用前景。

测试题

测试题

学习模块四 传动机构

 情景导入

一辆配置 CWP 发动机、OCJ 变速器的 2018 款奥迪 Q5L 车辆进店维修，车主抱怨仪表显示"全轮驱动：故障！您可以继续行驶。联系服务站"，其不仅要求检修车辆，还希望维修技师解释该车四驱结构和汽车传动机构常见故障。假如你是维修技师，需要完成检修任务，并回答客户提出的问题。

 知识提升

一、传动轴

1. 传动轴的功用

传动轴的功用是将发动机旋转的驱动力从变速器、分动器传递到后桥或前桥主减速器。传动轴必须具备传递动力时转速不变、能够伸缩、允许不同轴、允许轴线变动的要求。

2. 传动轴的结构

在常见的轻、中型货车中，连接变速器与驱动桥的传动轴部件由传动轴、滑动花键和万向节叉等组成，如图 2-74 所示。汽车在行驶过程中，变速器与驱动桥的相对位置经常变化，为避免运动干涉，传动轴用滑动花键连接，以适应传动轴长度的变化；为减少磨损，还装有用以加注润滑脂的滑脂嘴、油封、油封盖等。

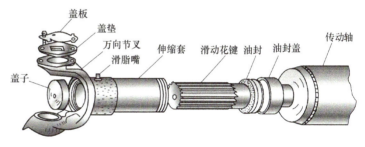

图 2-74 传动轴组件

传动轴在高速旋转时，由于质量不均衡引起的离心力将使其发生剧烈振动。因此，当传动轴与万向节装配后必须进行动平衡检测。平衡后，在滑动叉与传动轴上刻上箭头记号，以便拆卸后重装时保持两者的相对角位置不变。传动轴过长时，自振频率降低，易产生共振，所以常将其分为两段并加中间支承。为了得到较高的强度和刚度，传动轴多做成空心的，一般用厚度为 1.5~3.0mm 的薄钢板卷焊而成。超重型货车的传动轴则直接采用无缝钢管。

在转向驱动桥、断开式驱动桥或微型汽车的万向传动装置中，通常将传动轴制成实心轴。

3. 传动轴中间支承

长轴距汽车的传动轴会分段并加中间支承，如图 2-75 所示。中间支承安装在车架横梁或车身底架上，要求它具有能补偿传动轴的安装误差、适应行驶中由于发动机的弹性悬置引起的发动机窜动和车架变形引起的位移的功能。同时，橡胶弹性元件还有吸收传动轴振动、减小噪声及承受径向力的功能。

图 2-76 所示为一种传动轴中间支承的构造，它是一个通过支承座和缓冲垫安装在车身（或车架）上的轴承，用来支承传动轴的一端。

二、万向节

万向节是实现转轴之间变角度传递动力的部件，按其在扭转方向上是否有明显的弹性可分为刚性万向节和挠性万向节。前者动力是靠两轴间的铰链式连接传递的，后者动力是靠弹性零件传递的，且有缓冲减振的作用。刚性万向节又可分为不等速万向节（常用的为十字轴式）、准等速万向节（双联

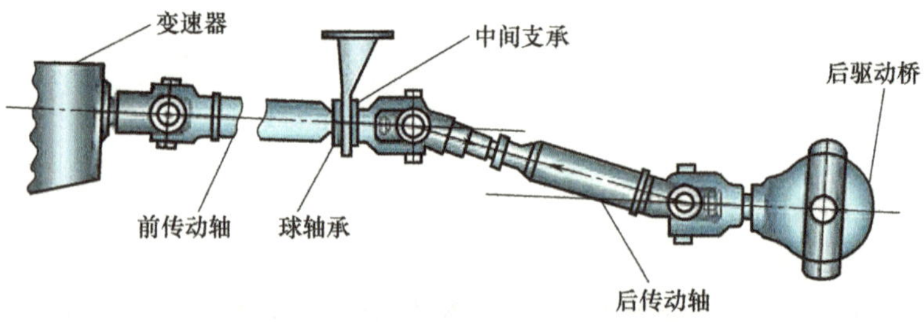

图 2-75　传动轴中间支承

万向节结构原理

式、三销轴式等）和等速万向节（球叉式、球笼式等）。

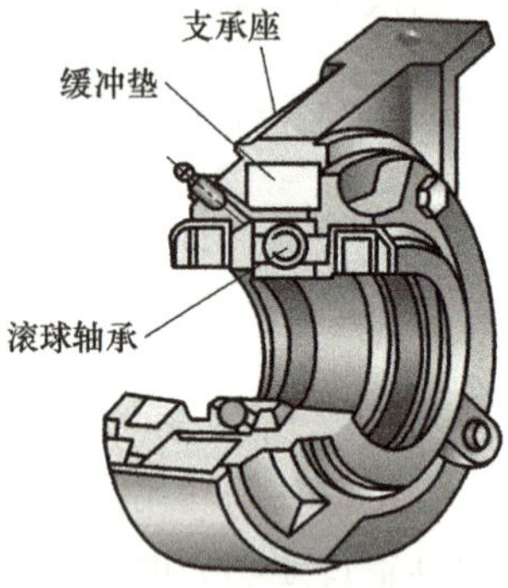

图 2-76　传动轴中间支承的构造

1. 十字轴万向节

（1）十字轴万向节的结构　最为常用的不等速万向节为十字轴万向节，因其结构简单、工作可靠、传动效率高，且允许相邻两传动轴之间有较大的交角（一般为 15°~20°），普遍应用于各类汽车的传动系统中。

图 2-77 所示为十字轴式刚性万向节的构造。为了润滑轴承，十字轴做成中空的，并有油路通向轴颈，机油从滑脂嘴注入十字轴内腔，如图 2-78 所示。

（2）十字轴万向节的传动原理　在两轴（如变速器的输出轴和驱动桥的输入轴）之间，若采用图 2-79 所示的双十字轴式万向节传动，则第一万向节的不等速效应就有可能被第二万向节的不等速效应所抵消，从而实现两轴间的等角速传动。根据运动学分析得知，要达到这一目的，必须满足以下条件：

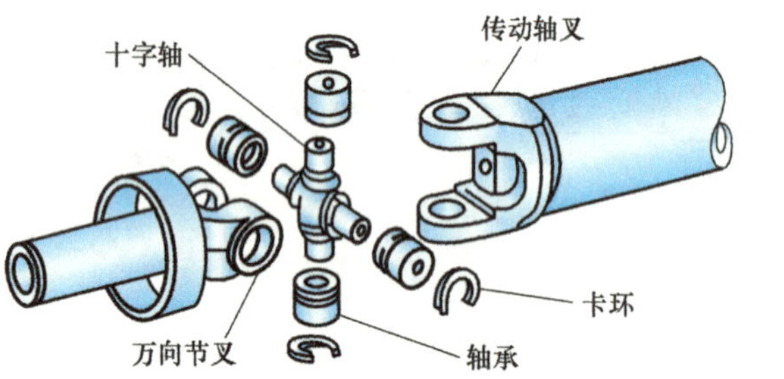

图 2-77　十字轴式刚性万向节的构造

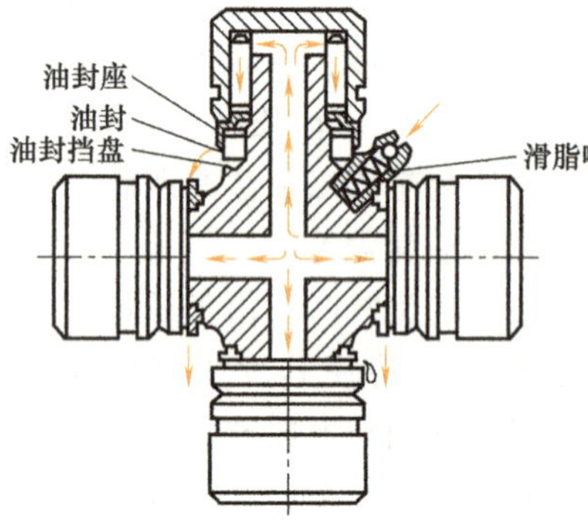

图 2-78　十字轴机油道及密封装置

1）第一万向节两轴间夹角 α_1 与第二万向节两轴间夹角 α_2 相等。

2）第一万向节的从动叉与第二万向节的主动叉处于同一平面内。

就每一个万向节而言，只要存在着交角 α_1 或 α_2，万向节在工作过程中内部各零件之间就有相对运动，因而导致摩擦损失，降低传动效率。交角越大，则效率越低。

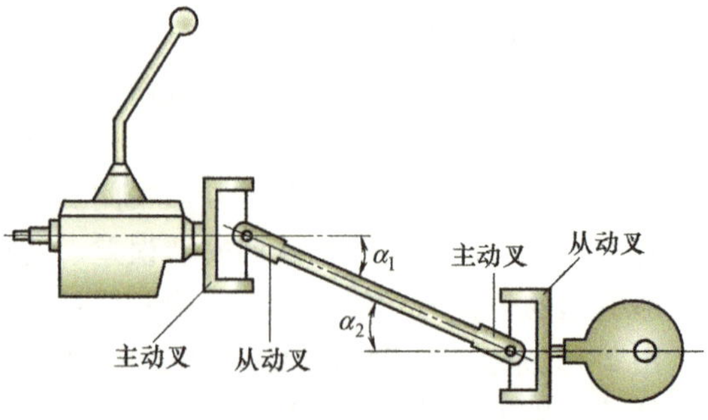

图 2-79　双十字轴式万向节传动布置

2. 等速万向节

（1）等速万向节的传动原理　等速万向节的基本原理是从结构上保证万向节在工作过程中，其传力点永远位于两轴交角的平分面上，如图 2-80 所示。等速万向节的接触点 P 位于万向节轴线交角平分面上，由 P 点到两轴的垂直距离相等。在 P 点处万向节的圆周速度是相等的，因而使两万向节叉保持等角速度的关系。目前，广泛应用的球叉式万向节和球笼式万向节均根据这一原理制成。

（2）球笼式万向节　球笼式万向节按主、从动叉在传递转矩过程中轴向是否产生位移分为固定型球笼式万向节（RF 节）和伸缩型球笼式万向节（VL 节）。

1）固定型球笼式万向节（RF 节）的结构如图 2-81 所示。与球叉式万向节相比，其承载能力强、结构紧凑、拆装方便，因此应用越来越广泛。目前，国内外大多数轿车的前转向驱动桥在转向节处均采用固定型球笼式等速万向节（RF 节），如别克凯越、丰田卡罗拉等。

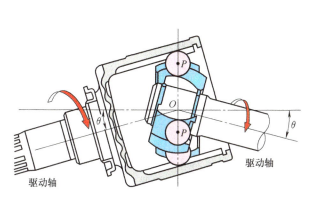

图 2-80　等速万向节的基本原理示意图

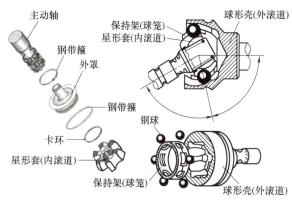

图 2-81　固定型球笼式万向节（RF 节）的结构

2）伸缩型球笼式万向节（VL 节）的结构如图 2-82 所示，这种结构与滑动花键相比，其阻力小，最适用于断开式驱动桥。VL 节两轴交角范围为 20°～25°，较十字轴式刚性万向节相邻两轴的交角范围大，但小于球叉式和 RF 节。

VL 节在前置前驱动且采用独立悬架的轿车的转向驱动桥中均布置在靠主减速器侧（内侧），而轴向不能伸缩的固定型球笼式万向节（RF 节）则布置在靠近车轮处（外侧），如图 2-83 所示。上海桑塔纳、丰田卡罗拉、别克凯越、一汽-大众捷达、宝来、奥迪及红旗 CA7220 型等轿车皆为这种布置形式。

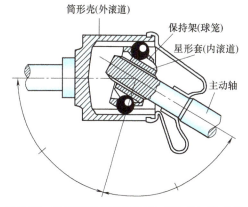

图 2-82　伸缩型球笼式万向节（VL 节）的结构

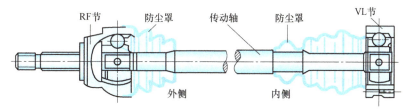

图 2-83　RF 节与 VL 节在转向驱动桥中的布置

三、主减速器和差速器

主减速器和差速器一般靠近汽车传动系统末端，能改变来自变速器的转速和转矩，并将它们传递给驱动轮。发动机前置前驱汽车的主减速器和差速器一般集成在变速器中，而发动机前置后驱车辆的主减速器和差速器一般集成在驱动桥中。

差速器结构原理

1. 主减速器

（1）主减速器的功用和位置　主减速器的功用是减速增矩，改变动力传递路线并传给差速器。如图 2-84 所示，按汽车驱动方式不同，主减差速器布置在汽车前后不同的位置。

（2）主减速器的结构及工作原理　为满足不同的使用要求，主减速器有不同的结构类型。按减速

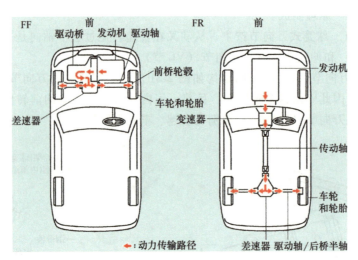

图 2-84　主减差速器的位置

传动的齿轮副数目分，有单级式主减速器和双级式主减速器（在双级式主减速器中，若第二级减速器齿轮有两副，并分置于两侧车轮附近，实际上成为独立部件，则称为轮边减速器）；按主减速器传动速比个数分，有单速式和双速式；按齿轮副结构形式分，有圆柱齿轮式（又可分为轴线固定式和轴线旋转式）、锥齿轮式和准双曲面齿轮式。

主减速器中常用到三种类型的齿轮：斜齿圆柱齿轮，其特点是主从动齿轮轴线平行，如图 2-85a 所示；曲线齿锥齿轮，其特点是主从动锥齿轮轴线垂直且相交，如图 2-85b 所示；准双曲面齿轮，其特点是主从动锥齿轮轴线垂直但不相交，有轴线偏移，如图 2-85c 所示。

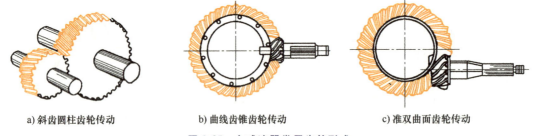

a) 斜齿圆柱齿轮传动　　　　b) 曲线齿锥齿轮传动　　　　c) 准双曲面齿轮传动

图 2-85　主减速器常用齿轮形式

近年来，准双曲面齿轮在广泛应用于轿车的基础上，越来越多地在中型和重型货车上得到采用。这种结构的轮齿弯曲强度和接触强度更高，还具有主动齿轮的轴线可相对从动齿轮轴线偏移的特点。当主动锥齿轮轴线向下偏移时，在保证一定离地间隙 h 的情况下（图 2-86），可降低主动锥齿轮和传动轴的位置，因而使车身和整车质心降低，这有利于提高汽车行驶稳定性。

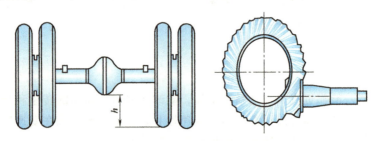

图 2-86　轴线下偏移的作用

1）前驱的单级主减速器。如图 2-87 所示，前驱的单级主减速器安装于变速器壳体内，省去了变速器到主减速器之间的万向传动装置，变速器输出轴为主减速器主动轴。主减速器齿轮使用一对斜齿圆柱齿轮传动，方便安装与维修，减速比一般为 3~4。

2）后驱的单级主减速器。后驱的单级主减速器安装于驱动桥壳内，主动齿轮和从动齿轮使用准双曲面齿轮，主动锥齿轮与主动轴制成一体，如图 2-88 所示。为了保证主动锥齿轮有足够的支承刚度，改善啮合条件，其轴的前、后端支承在两个圆锥滚子轴承上。由于准双曲面齿轮啮合时相对滑动速度大，接触压力大，摩擦面的油膜容易破坏，必须使用专门的准双曲面齿轮油润滑。

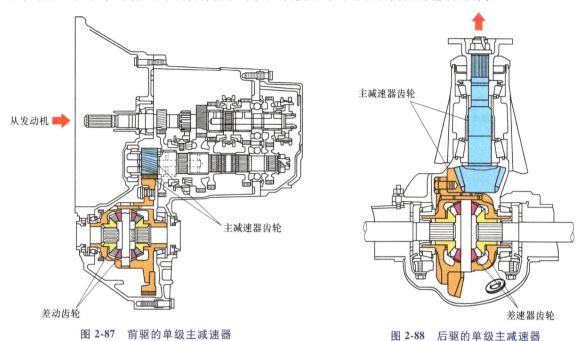

图 2-87　前驱的单级主减速器

图 2-88　后驱的单级主减速器

2. 差速器

（1）差速器的功用　差速器的功用是汽车转弯时调整左右驱动轮实现以不同转速转动，即保证两侧驱动轮进行纯滚动运动，防止轮胎将打滑；同时，将动力分配到左右两边的车轮上。在四轮驱动的汽车上，为了能让汽车曲线行驶旋转速度基本一致，这时需加入中间差速器，来调整前后轮的转速差。

（2）差速器的分类　差速器按功能分为轮间差速器和轴间差速器。通常，将装在同一驱动桥两侧驱动轮之间的差速器称为轮间差速器，把驱动桥之间的差速器称为轴间差速器。无论是轮间差速器还是轴间差速器，按其工作特性可分为普通齿轮式差速器和限滑差速器。

1）普通齿轮式差速器。

① 普通齿轮式差速器的结构。齿轮式差速器有锥齿轮式和圆柱齿轮式两种。按两侧的输出转矩是否相等，齿轮式差速器有对称式（等转矩式）和不对称式（不等转矩式）。目前，汽车上广泛应用的是对称式锥齿轮差速器，其结构如图 2-89 所示。

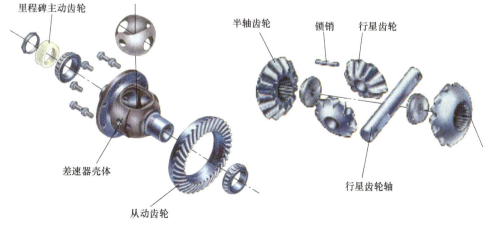

图 2-89　对称式锥齿轮差速器的结构

② 普通齿轮式差速器的工作原理。如图 2-90 所示，当汽车直线行驶时，此时两侧驱动轮所受到的地面阻力相同，并经半轴、半轴齿轮反作用于行星齿轮。这时行星齿轮相当于等臂杠杆，即行星齿轮不自转，只随差速器壳和行星齿轮轴一起公转，两半轴无转速差，主减速器传递给差速器壳体上的转矩平均分给两半轴齿轮。

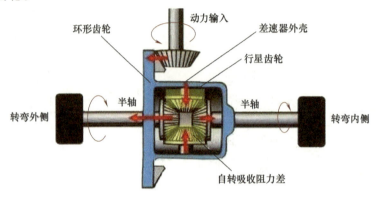

图 2-90　普通齿轮式差速器的工作原理

当汽车转弯行驶时，此时两侧驱动轮所受到的地面阻力不同。如果车辆右转，右侧驱动轮所受的阻力大，左侧驱动轮所受的阻力小。这两个阻力经半轴、半轴齿轮反作用于行星齿轮两啮合，使行星齿轮除了随差速器壳公转外还顺时针自转，则左半轴齿轮的转速增加，右半轴齿轮的转速降低，且左半轴齿轮增加的转速等于右半轴齿轮降低的转速。普通齿轮差速器具有转矩等量分配特性，缺点是一边车轮打滑时，另一边会减少，甚至失去全部动力。

2）限滑差速器。限滑差速器能够根据路面的状况自动改变驱动轮间的转矩分配，目前在轿车、越野汽车和货车上得到广泛应用。根据其工作原理，目前主要使用的限滑差速器可以分为转矩式、转速式和主动控制式三大类。

① 转矩式限滑差速器。转矩式限滑差速器的种类有多种，按其结构主要可以分为锥盘式、轮齿式和摩擦片式三种。下面以摩擦片式为例，对转矩式限滑差速器的结构性能与工作原理进行介绍。

摩擦片式自锁限滑差速器的结构如图 2-91 所示，为增加差速器内摩擦力矩，在半轴齿轮与差速器壳之间装有摩擦片组。十字轴由两根互相垂直的行星轮轴组成，其端部均切出凸 V 形斜面，差速器壳孔上也有凹 V 形斜面，两根行星轮轴的 V 形面是反向安装的。每个半轴齿轮的背面有推力压盘、弹簧钢片和若干间隔排列的主动摩擦片及从动摩擦片组成。主、从动摩擦片上均加工出许多油槽（两面均有），但主、从动摩擦片上油槽（线）形状是不一样的，以利于增大摩擦、减小噪声和有利润滑。推力压盘以内花键与半轴相连，而且轴颈处用外花键与从动摩擦片连接。主动摩擦片则用花键与差速器壳内键槽相配。推力压盘和主、从动摩擦片均可做微小的轴向移动。

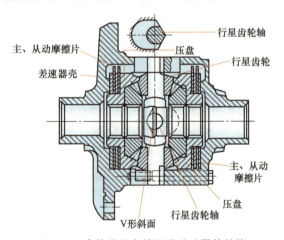

图 2-91　摩擦片式自锁限滑差速器的结构

摩擦片式差速器结构简单，工作平稳，锁紧系数 K 达 $0.6 \sim 0.7$ 或更高，常用于轿车和轻型汽车上。

② 转速式限滑差速器。转速式限滑差速作用取决于两轮转速之差，利用硅油的黏性摩擦特性感知速度差，实现差速器的限滑作用。这种限滑差速器在四轮驱动轿车上得到了广泛应用。

转速式限滑差速器由壳体、驱动轴和交替排列的内板、外板、油封等构成，如图 2-92 所示。内板通过内花键与后传动轴上的外花键连接，外板通过外花键与壳体上的内花键连接，外板之间置有间隔圈，以限制外板的轴向移动。间隔圈厚度取决于内、外板间的间隙。内、外板上还加工有孔和槽，以利于硅油的流动。在差速器的密封空间内，注满高黏度的硅油。前传动轴通过螺栓与壳体连接，并与外板一起组成主动部分。内板与后传动轴组成从动部分，主、从动部分靠硅油的黏性来传递转矩，从而实现前、后轴间差速作用和转矩重新分配。

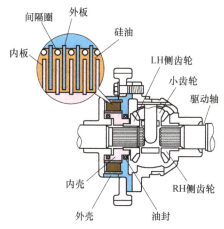

图 2-92　转速式限滑差速器的结构

③ 主动控制式限滑差速器。上述转矩式限滑差速器和转速式限滑差速器工作主要分别根据对转矩和转速差的感知实现限滑差速作用的，具有自动适应和自行调节作用，驾驶人无法进行主动控制。为此，有些全轮驱动的轿车和越野车上，采用了主动控制式限滑差速器。它主要有电磁主动控制式和电液主动控制式两种结构形式，分别如图 2-93a 和图 2-93b所示。

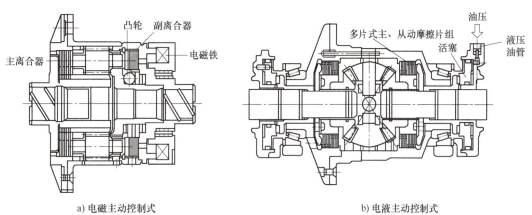

a) 电磁主动控制式　　　　　　　　　　b) 电液主动控制式

图 2-93　主动控制式限滑差速器

电磁式的限滑装置为常规多片摩擦式离合器，但压紧力是由电磁铁实现控制的。它可以依据工况需要，由驾驶人实现电路闭合，控制电磁力大小，改变限滑差速器内摩擦阻力矩，从而改变 LSD 的锁紧系数，实现实时主动控制。

电液式的限滑装置也是常规的多片摩擦式离合器结构。当行驶工况需要限滑时，驾驶人控制电磁阀，使其电控液压阀打开，油压力通过活塞，使主、从动摩擦片相互接合，实现产生内摩擦力矩，且该摩擦力矩随油压增大而增加。其限滑力矩的变化是由驾驶人主动控制油路实现的，从而实现实时主动控制，其锁紧系数也可以改变。

3）托森式差速器。托森式差速器也称为托森式自锁差速器，它利用蜗轮蜗杆传动的不可逆性原理和齿面高摩擦条件，使差速器根据其内部差动转矩（即差速器的内摩擦转矩）的大小而自动锁死或松开，当差速器内差动转矩较小时起差速作用，而当差速器内差动转矩过大时差速器将自动锁死，这样可以有效地提高汽车的通过能力。

托森式差速器也是一种转矩式限滑差速器，常被用于全轮驱动轿车的中央轴间差速器、后驱动桥的轮间差速器，但通常不用于转向驱动桥的轮间差速器，图 2-94 所示为部分奥迪全轮驱动轿车的前、后轴间的差速器采用的托森式差速器。

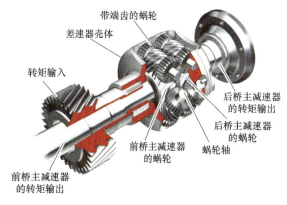

图 2-94　奥迪全轮驱动轿车变速器和托森式差速器传动装置

四、半轴与桥壳

1. 半轴

半轴也叫作驱动轴，是将差速器与驱动轮连接起来的轴，其功用是将转矩由差速器的半轴齿轮传给驱动轮。常见的前轮驱动轿车半轴结构如图2-95所示，其内外端各有一个万向节，分别通过万向节上的花键与减速器齿轮及轮毂轴承内圈连接。

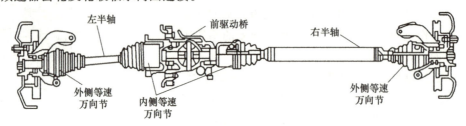

左半轴　前驱动桥　右半轴

外侧等速万向节　内侧等速万向节　外侧等速万向节

图 2-95　常见的前轮驱动轿车半轴结构

半轴的结构和驱动桥结构形式密切相关：整体式驱动桥中的半轴为一刚性整轴，断开式驱动桥中的半轴则分段并用万向节连接。现代汽车常用的半轴，根据其支承形式不同，有全浮式和半浮式两种。

（1）半浮式半轴　半浮式半轴以靠近外端的轴颈直接支承在位于桥壳外端内孔中的轴承上，半轴端部以具有锥面的轴颈及键与轮毂固定连接，或用凸缘直接与车轮轮盘及制动毂相连接。图2-96所示为典型的半浮式半轴，在半浮式半轴的结构中，半轴的内端通过花键连接了差速器，外端则与轮毂相连，并由螺母锁紧。半轴利用圆锥滚子轴承直接支承在整体桥壳内，作用在车轮上的各种力都必须经过半轴传递给整体桥壳。这种结构只能使半轴内端（花键）免受损伤，而外端承受着全部弯矩。半浮式半轴因结构简单、质量小、造价低，广泛应用在各类轿车上。

（2）全浮式半轴　全浮式半轴只在两端承受转矩，不承受其他任何反力和弯矩，所以称为全浮式半轴支承。如图2-97所示，全浮式半轴的内端有花键、外端有凸缘，凸缘用螺栓与轮毂相连接，而轮毂又由两个相距较远的圆锥滚子轴承支承在半轴套管上，通过轴承连接车轮承载重量，因此，地面的冲击完全被车桥承受，而半轴仅承受来自发动机的转矩。

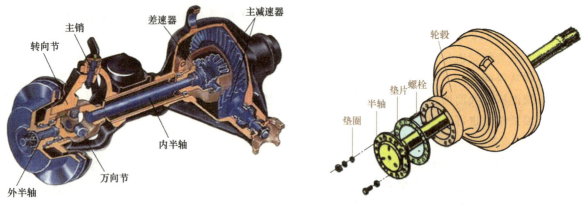

主销　差速器　主减速器

转向节

内半轴

万向节

外半轴

图 2-96　典型的半浮式半轴

轮毂

垫片　螺栓

半轴

垫圈

图 2-97　全浮式半轴

全浮式半轴支承便于拆装，相比半浮式，全浮式结构更复杂，有两组轴承结构，但工作可靠，广泛应用在商用车上。

2. 桥壳

驱动桥桥壳既是传动系统的组成部分，也是行驶系统的组成部分。作为传动系统的组成部分，其功用是安装并保护主减速器、差速器和半轴；作为行驶系统的组成，其功用是安装悬架或轮毂，与从动桥一起支承汽车悬架以上各部分质量。驱动桥桥壳从结构上可分为整体式桥壳和分段式桥壳两类，常见的驱动桥桥壳是一根支承在左、右驱动轮上的刚性空心梁。

五、分时四驱

分时四驱（PART-TIME 4WD）是一种驾驶人可以在两驱和四驱之间手动选择的四轮驱动系统，由驾驶人根据路面情况，接通或断开分动器来变化两轮驱动或四轮驱动模式，这也是越野车或四驱SUV最常见的驱动模式。

分时四驱汽车的传动系统结构如图2-98所示，在传动系统中增加了一个分动器，靠操作分动器实现两驱与四驱的切换。它的优点是结构简单、稳定性高、坚固耐用，缺点是必须车主停车手动操作，遇到恶劣路况不能迅速反应。

分时四驱车辆正常行驶状况采用的是两轮驱动，在通过恶劣路面时，驾驶人可通过分动器把两轮驱动切换成四轮驱动，提高车辆的通过性能，代表车型有丰田普拉多、JEEP牧马人、长城哈弗等。

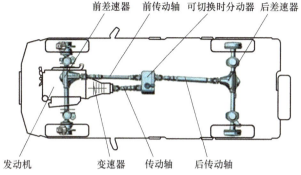

图 2-98　分时四驱汽车的传动系统结构

1. 分动器的作用

四轮驱动车辆或多驱动轮货车都需要安装分动器，其作用是将变速器输出的动力分配到各驱动桥，为了增加传动系统的最大传动比及档数，分动器一般都有高低档两档，起副变速器和减速增矩的作用。

2. 分动器的基本结构

如图2-99所示，分动器主要由分动器输入轴、输入齿轮、惰轮轴、高速惰轮齿轮、低速惰轮齿轮、惰轮换档接合套、低速输出齿轮、高速输出齿轮、高低速接合套、前轮驱动接合套、前输出轴、后输出轴和中央差速器等组成。

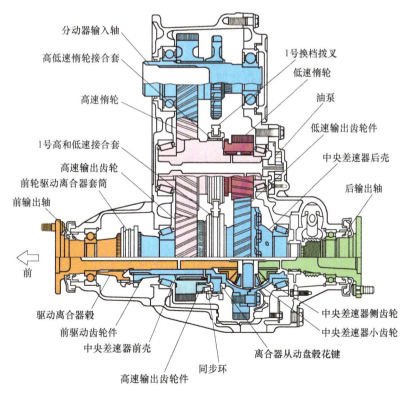

图 2-99　分动器的结构

3. 分动器的工作原理

（1）分动器处于高速档 如图 2-100 所示，当分动器处于高速档时，惰轮换档离合器接合套处于分离状态，1 号高低档离合器接合套接合，动力经变速器轴、输入齿轮、高速惰轮齿轮、高速输出齿轮、高低档离合器接合套、中央差速器、前输出轴、后输出轴，输出动力至驱动轮。

（2）分动器处于低速档 如图 2-101 所示，当分动器处于低速档时，惰轮换档离合器接合套处于接合状态，1 号高低档离合器接合套分离，动力经变速器轴、输入齿轮、高速惰轮齿轮、低速惰轮齿轮、低速输出齿轮、中央差速器、前输出轴、后输出轴，输出动力至驱动轮。

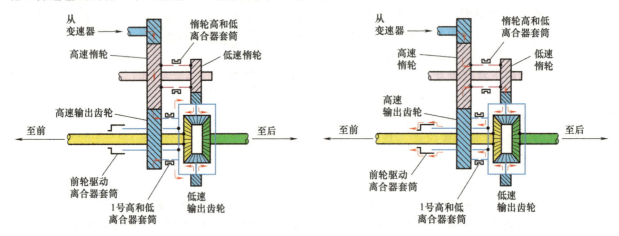

图 2-100 分动器高速档动力传递路线　　　　图 2-101 分动器低速档动力传递路线

六、全时四驱

全时四驱（FULL-TIME 4WD）是指全部时间内都可以实现四轮驱动。在车辆转弯过程中，四个车轮的行驶轨迹都不一样，导致转速也不相同，全时四驱通过一个中央差速器来实现允许前后桥车轮转速的差异，并且配合每个车桥之间的差速器实现四个车轮以不同转速运转的工况。全时四驱和分时四驱的结构差别就是多了一个中央差速器，这个中央

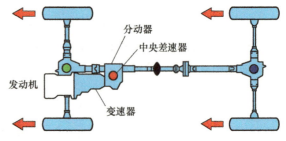

图 2-102 全时四驱传动系统的结构

差速器具备锁止功能，如图 2-102 所示，在路况极端的情况下可以锁止，使前后桥动力连接，提升脱困能力。

由于中央差速器的存在，全时四驱的四个车轮任何时候都有动力分配。全时四驱的优点为当某个车轮发生打滑时，系统会自动介入，重新分配四个车轮的动力，以保证四个车轮任何时候都获得最高的抓地性，大大提高了车身的稳定性，也提高了车辆的操控性能；其缺点为结构复杂、成本高、维修困难、油耗高。全时四驱的代表车型有宝马 X5、奔驰 M 级、奥迪 Q7 等。

七、适时四驱

适时四驱（REAL-TIME 4WD）是指车辆根据行驶情况自动切换为两驱或四驱模式，只有在起动、打滑、加速等有需要时用四轮驱动，而在其他情况下仍然是两轮驱动的驱动系统。现在绝大多数四驱系统的城市 SUV 车型，都采用适时四驱系统。相比全时四驱，适时四驱的结构要简单得多，不仅可以有效地降低成本，也有利于减轻整车重量。其结构如图 2-103 所示，在传动轴上安装有轴间离合器，多片离合器式差速器主要是通过湿式离合片产生差动转矩，而离合器的压紧与分离是靠电子系统来控制的。车辆在正常行驶时，驱动形式为前驱，当系统检测到车轮打滑时，通过电子系统控制离合器压紧，进而将部分动力传递至后轮，以达到轮胎抓地性能最优化。

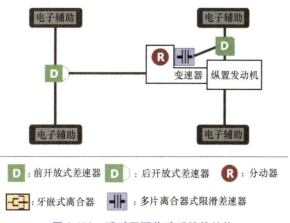

D：前开放式差速器　D：后开放式差速器　R：分动器

牙嵌式离合器　多片离合器式限滑差速器

图 2-103　适时四驱传动系统的结构

适时四驱的缺点是在前后轴传递动力时，无法将超过 50% 以上的动力传递给后轴，在主动安全控制方面，没有全时四驱的调整范围那么大。代表车型有日产奇骏、丰田 RAV4、本田 CRV 等。

八、传动机构常见故障

传动机构常见故障见表 2-5。

表 2-5　传动机构常见故障

常见故障	故障现象	故障原因	故障排除方法
万向节异响	车辆起步或加速、转弯时，传动装置发出异响	1）缺少润滑脂，万向节轴颈、轴承磨损或损坏 2）连接件的紧固螺栓松动 3）伸缩节花键套磨损、松旷 4）等速万向节磨损、松旷	1）加注润滑脂、更换轴承 2）紧固螺栓 3）更换花键套 4）检查、更换等速万向节
传动轴异响、振动	车辆高速行驶时和滑行时传动轴发出异响	1）中间支承轴承松旷、损坏 2）中间支承轴承润滑不良、减振胶垫损坏 3）万向节叉安装不在同一平面内 4）万向节十字轴轴承过紧、卡滞或松旷	1）检查、更换中间支承轴承 2）更换中间支承胶垫 3）重新安装万向节 4）更换万向节
驱动桥过热	驱动桥桥壳过热	1）机油不足或机油的质量不符合要求 2）主减差速器轴承调整过紧 3）主减速器的锥形齿轮啮合间隙调整过小、差速器行星齿轮与半轴齿轮啮合间隙太小 4）齿轮啮合印痕不对	1）检查、加注机油 2）调整轴承预紧度 3）调整主减速器齿轮啮合间隙 4）调整主减速器齿轮啮合印痕
驱动桥异响	汽车挂档行驶时驱动桥发出异响	1）机油不足，油质变差 2）各类轴承损坏或者预紧度调整不当 3）主减速器锥齿轮严重磨损、断齿 4）减速器和差速器的紧固螺栓松动 5）装配不当	1）检查、加注机油 2）更换、调整轴承 3）更换齿轮 4）紧固螺栓 5）调整主减速器齿轮啮合间隙与印痕
挂档困难	四驱汽车挂档困难	1）电磁离合器损坏 2）换档电动机损坏 3）线束接触不良 4）传感器损坏 5）ECU 故障	1）更换电磁离合器 2）更换换档电动机 3）检查电路线束 4）更换传感器 5）检测、更换 ECU

思考题 ·

1. 描述不同汽车传动机构布置形式的优缺点。

2. 解释如何使用十字轴万向节实现等速传递动力。

3. 描述球笼式万向节工作时异响的故障原因。

4. 分析可能引起传动轴异常振动的原因，并思考解决办法。

5. 描述轴间差速器的作用与工作原理。

6. 分析可能引起驱动桥异常发热的原因，并思考解决办法。

7. 分析导致车辆四驱指示灯常亮原因，并根据四驱结构思考解决办法。

 测试题 $\cdots\cdots\cdots\cdots\cdots\cdots\cdots\cdots\cdots\cdots\cdots$

测试题

项目三 **汽车行驶系统**

学习目标

知识目标	能力目标	素养目标
1）能解释悬架的功用、类型和应用 2）能解释电子悬架的类型、结构和工作原理 3）能解释车轮与轮胎的类型、结构和工作原理 4）能描述车轮定位的作用及对车辆行驶的影响	1）能拆装与检查悬架的零部件 2）能分析电子悬架的特点，找出电子悬架的零部件与安装位置 3）能拆装与维护轮胎，会进行车轮与轮胎的检修 4）能进行车轮定位的检测与调整 5）能分析汽车行驶系统常见故障原因	1）学会利用各种媒体资源（汽车网站等）查找资料 2）能自主学习汽车新知识、新技术，培养创新思维 3）树立正确的职业观、价值观，培养爱岗敬业、吃苦耐劳的职业素养

学习模块一　悬　架

情景导入

一辆丰田卡罗拉汽车行驶了 7 万 km 进入修理厂要求检修汽车，车主抱怨汽车行驶时车身晃动明显，并且伴随有"吱吱"的金属摩擦声，车主不仅要求检修车辆，还希望维修技师解释车辆异响的原因。假如你是维修技师，需要完成检修任务，并回答客户提出的问题。

一、悬架的作用、类型与应用

1. 悬架的作用

悬架是车身与车桥（或车轮）之间的一切传力连接装置的总称，其作用是把路面作用于车轮上的垂直反力、纵向反力和侧向反力以及这些反力所造成的转矩传递到车身上，减小汽车振动，以及确保乘客的舒适度。同时，汽车悬架能最大限度地增加轮胎与路面之间的摩擦力，提供能够良好操纵的转向稳定性，以保证汽车的正常行驶。

汽车悬架一般由弹性元件、减振器和导向机构（横向稳定杆、上摆臂、下摆臂等）三部分组成，如图 3-1 所示。

2. 悬架的类型与应用

汽车悬架按导向机构的结构不同分为非独立悬架和独立悬架，如图 3-2 所示。

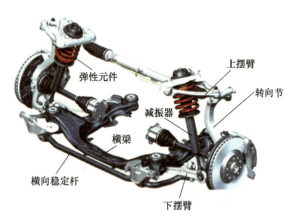

图 3-1　汽车悬架的结构

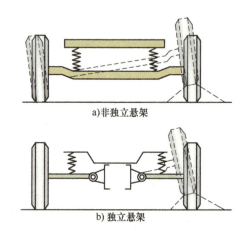

a)非独立悬架

b)独立悬架

图 3-2　非独立悬架与独立悬架示意图

非独立悬架的结构特点是两侧的车轮由一根整体式车桥相连，车轮连同车桥一起通过弹性悬架与车架（或车身）连接，非独立悬架按所采用的弹性元件不同分为钢板弹簧式、螺旋弹簧式和空气弹簧式。非独立悬架当一侧车轮因道路不平而发生跳动时，必然引起另一侧车轮在汽车横向平面内发生摆动。非独立悬架因其结构简单，工作可靠，被广泛应用于货车的前、后悬架。

独立悬架车桥做成断开的，每一侧的车轮可以单独地通过弹性悬架与车架（或车身）连接，主要类型有麦弗逊式悬架、双横臂悬架、多连杆式独立悬架。独立悬架具有减小车架和车身的振动，消除转向轮不断偏摆的不良现象；减小了汽车的非簧载质量；汽车重心下降，提高了汽车行驶稳定性；车轮较大的上下运动的空间，改善行驶平顺性等诸多优点，在轻型汽车上广泛应用。

不同类型悬架的应用情况见表 3-1。

表 3-1　不同类型悬架的应用情况

悬架类型	应用典型的车型
麦弗逊式前悬架	卡罗拉、宝马 3 系、本田飞度、标致 307、通用君越、大众迈腾、保时捷 911
双横臂前悬架	丰田皇冠、丰田锐志、丰田普拉多、奥迪 Q7、大众途锐、本田雅阁、马自达 6、克莱斯勒 300C
双横臂后悬架	本田思域、大众途锐
多连杆前悬架	大众帕萨特领驭、奔驰 S 级、奥迪 B9
多连杆后悬架	奔驰 E 级、宝马 3 系及 5 系、19 款速腾、奥迪 B9
扭力梁后悬架	现代悦动、标致 307、比亚迪 F3、丰田卡罗拉、本田飞度、锋范、斯柯达晶锐、朗逸、POLO、新宝来、桑塔纳、雪佛兰乐风、科鲁兹、福特嘉年华
钢板弹簧非独立后悬架	福特 F150、悍马 H3
四连杆式非独立后悬架	丰田普拉多、丰田酷路泽

二、悬架的基本原理

汽车行驶时，路面将力作用在车轮上，路上的颠簸会使车轮垂直于路面上下运动，力的大小取决于车轮颠簸的程度，为了将作用于车轮上的各种反力以及这些反力所造成的力矩可靠地传递到车架或车身，减缓冲击振动，悬架使用各种连杆、臂和接头，以允许车轮自由上下移动，前悬架还必须允许前轮转动。所有悬架必须提供以下支承：

（1）横向（或侧向）车轮支架　当车辆车轮左右移动时，悬架必须能够适应这种移动，并且仍然保持车轮不离开车辆或向内移动到车辆中心，如图3-3所示。

（2）纵向（前后）车轮支架　当车辆车轮上下移动时，悬架必须适应这种移动，并且在碰撞时仍能保持车轮不向后移动。

至少需要两个悬架连杆或臂，以提供上下运动的自由，并防止任何进出或前后运动。一些悬架设计使用附加构件来控制前后移动。如图3-4所示，安装纵向支承杆，以防止摆臂向前或向后移动。

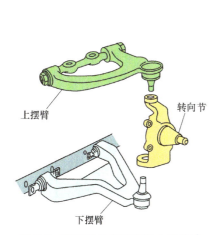

图3-3　悬架适应车辆车轮上下移动

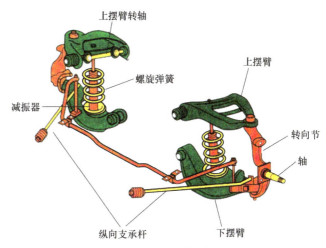

图3-4　纵向支承杆

悬架的设计和悬架悬置点在车架或车身上的位置对车辆的正确操纵至关重要，两个非常重要的设计因素叫作防抬头现象和防点头现象。

1）防抬头现象。抬头现象是指车辆在加速过程中车头抬起，车位下蹲。防抬头指的是正常力量被抵消的程度，如果悬架系统中有防抬头设计，车辆在加速时将保持水平。

2）防点头现象。点头现象是指在制动时使车辆前部下压，车尾抬起。如果悬架系统中有防点头设计，车辆在制动时将保持水平。

三、悬架的零部件

1. 导向机构

导向机构也是传力机构，其作用一是传递各个方向的力和力矩，二是使车轮按一定轨迹相对于车身和车架跳动。汽车在行驶过程中，车轮（特别是转向轮）的运动轨迹应符合一定的要求，否则对汽车的行驶性能，特别是操纵稳定性有不利的影响。

（1）转向节　转向节的作用是把悬架连接到车轮上，为车轮在各个方向上转动及移动提供支承，如图3-5所示。

在非独立前悬架上，主销是将转向节连接到悬架并允许转向节转动的轴或销，如图3-6所示。在车轮上下运动期间，主销转向节保持车轮相对于工字钢的刚性，但围绕转向轴旋转以左右转动车轮，转向轴是主销的中心。

（2）摆臂　摆臂是将转向节或车轮法兰连接至车架，并为悬架系统提供结构支承。摆臂的一端连接到转向节或车轮法兰上，通常带有球铰接或衬套，摆臂的另一端，连接到框架构件上，通常在轴套上转动，如图3-7所示，连接到车架的端部必须可以转动，以允许车轴或转向节垂直移动。

（3）球铰接　球铰接实际上是球窝关节，功能类似于人肩关节，如图3-8所示。球铰接为转向和

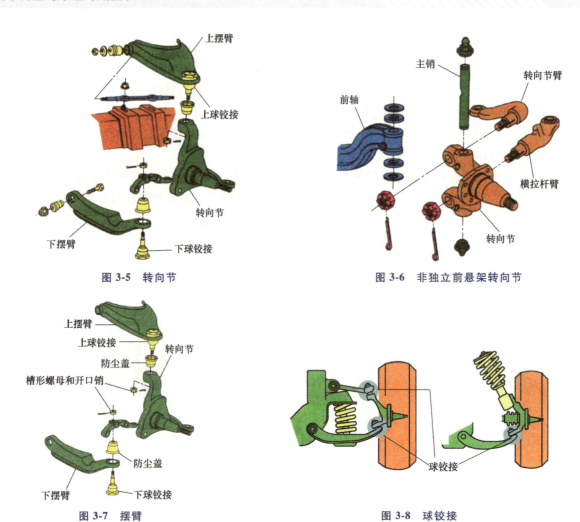

图 3-5　转向节

图 3-6　非独立前悬架转向节

图 3-7　摆臂

图 3-8　球铰接

悬架运动提供了上下移动以及左右移动的运动自由度。

　　如果螺旋弹簧连接到上摆臂的顶部，则上球铰接承载车辆的重量，称为承载球铰接。下球铰接被称为非承载或从动球铰接，如图 3-9 所示。

　　如果螺旋弹簧连接到下摆臂上的悬架，下球铰接为承载球铰接，上球铰接为从动球铰接，如图 3-10 所示。

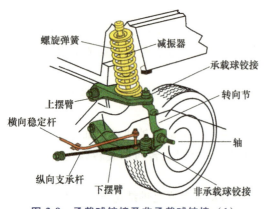

图 3-9　承载球铰接及非承载球铰接（1）

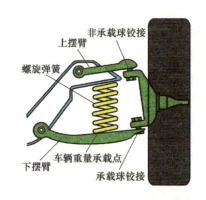

图 3-10　承载球铰接及非承载球铰接（2）

2. 弹性元件

弹性元件的作用是使车身（或车架）与车桥（或车轮）之间成为弹性连接，和弹性的充气轮胎一起缓和不平路面对车辆的冲击，提高乘员的舒适性，避免货物损伤，延长汽车的使用寿命。目前汽车上应用的弹性元件的类型有钢板弹簧、螺旋弹簧、扭杆弹簧和空气弹簧等几种类型。

（1）钢板弹簧 钢板弹簧是由若干片等宽但不等长的合金弹簧片组合而成的，如图 3-11 所示。钢板弹簧纵向安置时具有导向能力，所以采用纵置钢板弹簧的悬架不必另设独立的导向机构。多片钢板弹簧变形时，各片之间有相对滑动而产生摩擦，可以衰减车身的振动，因而在对舒适性要求不高的钢板弹簧悬架中，不安装减振器，以简化结构。

图 3-11 采用钢板弹簧的悬架

（2）螺旋弹簧 轿车上弹性元件广泛采用螺旋弹簧，特别是前轮独立悬架。螺旋弹簧可做成等螺距或不等螺距，等直径或不等直径，如图 3-12 所示，不等螺距以及不等直径螺旋弹簧刚度是可变的。

螺旋弹簧的优点是体积小，弹簧本身重量轻。但螺旋弹簧只能承受垂直载荷，所以必须装设导向机构，以传递垂直力以外的各种力和力矩；并且螺旋弹簧本身没有减振作用，因此在螺旋弹簧悬架中必须另装减振器。

（3）扭杆弹簧 扭杆弹簧本身是一根由弹簧钢制成的扭杆。扭杆断面通常为圆形，也有矩形和管形，其两端形状可以做成花键、方形、六角形或带平面的圆柱形等，以便一端固定在车架上，另一端固定在悬架的摆臂上，摆臂则与车轮相连，如图 3-13 所示。当车轮跳动时，摆臂便绕着扭杆轴线而摆动，使扭杆产生扭转弹性变形，保证了车轮与车架的弹性联系。

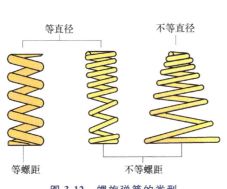

图 3-12 螺旋弹簧的类型

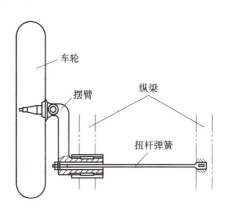

图 3-13 扭杆弹簧

扭杆弹簧采用铬钒合金弹簧钢制成，扭杆弹簧在汽车上的布置比较方便。它可以与汽车纵轴线平行布置，也可以横向布置。为消除扭杆弹簧在使用中因塑性变形对车身高度的影响，在安装时需要对扭杆施以预加载荷，预加载荷的大小可用调整螺栓来调整。

（4）空气弹簧 空气弹簧是在一个密封的容器中充入压缩气体（气压为 0.5～1MPa），利用气体的可压缩性实现其弹簧作用的，如图 3-14 所示。其弹簧的刚度是可变的，随着作用在弹簧上的载荷增加，容器内的定量气体受压缩，气压升高，则弹簧的刚度增大；反之，当载荷减小时，弹簧内的气压下降，刚度减小，所以它具有比较理想的变刚度特性。图 3-15 所示为轿车空气弹簧的悬架，图 3-16 所示为大型汽车空气弹簧悬架。

由于空气弹簧只能承受垂直载荷，空气弹簧悬架中必须设置纵向和横向推

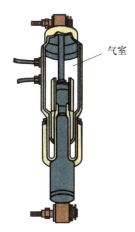

图 3-14 空气弹簧

力杆等导向机构。空气弹簧悬架中还必须装有减振器。空气弹簧可以借专门的控制阀（高度阀）自动调节气囊或气室的原始充气压力和充气量，以使车身离地高度保持一定。

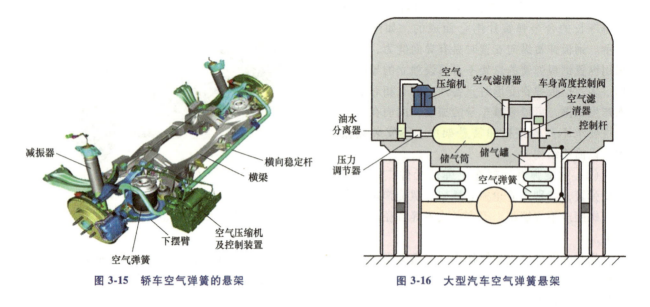

图 3-15 轿车空气弹簧的悬架　　　　　　图 3-16 大型汽车空气弹簧悬架

3. 减振器

减振器缓冲了来自路面的冲击，改善汽车行驶平顺性，减振器与弹性元件并联安装。

（1）单筒式减振器　单筒式减振器如图 3-17 所示，它在缸筒的下部装有一个浮动活塞，在浮动活塞的下面形成一个密闭的气室，充有高压氮气，由活塞杆进出油液而造成的液面高度变化就通过浮动活塞的浮动来自动适应。

（2）双向作用筒式减振器　目前，汽车上广泛采用双向作用筒式减振器，它能在压缩和伸张两个行程内均起减振作用。如图 3-18 所示，双向作用筒式减振器一般具有压缩阀、伸张阀、流通阀和补偿阀四个阀。流通阀和补偿阀是一般的单向阀，其弹簧很弱，只要有很小的油压，阀便能开启。压缩阀和伸张阀是卸载阀，其弹簧较强，预紧力较大，只有当油压升高到一定程度时，阀才能开启。双向作用筒式减振器的工作过程如下：

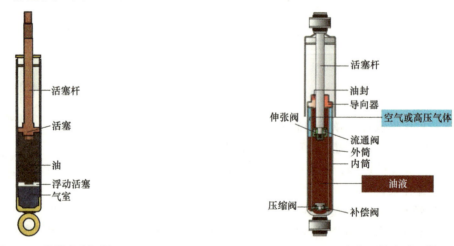

图 3-17 单筒式减振器　　　　　　　图 3-18 双向作用筒式减振器

压缩行程：当车轮滚上凸起和滚出凹坑时，车轮移近车架（车身），减振器受压缩，减振器活塞下移。活塞下面的腔室容积减小，油压升高，油液经流通阀流到活塞上面的腔室。由于上腔被活塞杆占去一部分空间，上腔内增加的容积小于下腔减小的容积，所以还有一部分油液推开压缩阀，流回储油室。这些阀对油液的节流造成对悬架压缩运动的阻尼力，起到减振的作用。

伸张行程：当车轮滚进凹坑或滚离凸起时，车轮相对车身移开，减振器受拉伸。此时，减振器活塞向上移动。活塞上腔油压升高，流通阀关闭，上腔内的油液便推开伸张阀流入下腔。同样，由于活塞杆的存在，自上腔流来的油液还不足以充满下腔所增加的容积，下腔内产生一定的真空度，这时储油室中的油液便推开补偿阀流入下腔进行补充，阀的节流作用造成对悬架伸张运动的阻尼力。

由于伸张阀弹簧的刚度和预紧力比压缩阀的大，在同样的油压力作用下，伸张阀及相应的常通缝隙的通道截面积总和小于压缩阀及相应的常通缝隙的通道截面积总和，这就保证了减振器在伸张行程内产生的阻尼力比压缩行程内产生的阻尼力大得多。

（3）橡胶减振器　当汽车振动幅度过大时，由于悬架上下位移的行程有限，会导致悬架上下的金属部件直接接触而发生碰撞，这样会导致零件的损坏。因此，在悬架上安装有橡胶减振器，如图 3-19 所示，橡胶具有良好的减振、隔声和缓冲性能，悬架上下位移较大时，最后由橡胶减振器来隔离振动和吸收冲击，从而提高汽车的使用寿命以及乘坐舒适性。

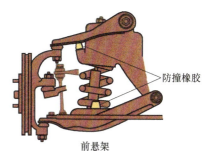

前悬架

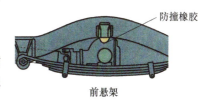

前悬架

图 3-19　橡胶减振器

4. 横向稳定杆

汽车在高速行驶中转向时，车身会产生很大的横向倾斜和横向角振动。为减少这种横向倾斜，一般在悬架中加设横向稳定杆。

弹簧钢制成的横向稳定杆呈 U 形，横向安装在汽车的前端或后端，如图 3-20 所示。稳定杆中部自由地支承在两个固定在桥壳上的橡胶套筒内。

当车身只进行垂直移动而两侧悬架变形相等时（图 3-21a），横向稳定杆在套筒内自由转动，横向稳定杆不起作用。当两侧悬架变形不等而车身相对于路面横向倾斜时（图 3-21b），车架的一侧移近弹簧支座，稳定杆的该侧末端就相对于车架向上移；而车架的另一侧远离弹簧支座，相应的稳定杆的末端则相对于车架向下移。这样在车身倾斜时，稳定杆两边的纵向部分向不同方向偏转，于是稳定杆便被扭转。弹性的稳定杆所产生的扭转的内力矩起到了阻止车身倾斜的作用，因而减小了车身的横向倾斜和横向角振动。

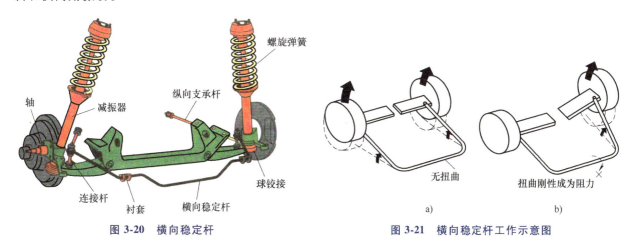

图 3-20　横向稳定杆　　　　　　**图 3-21　横向稳定杆工作示意图**

四、悬架的结构形式

1. 麦弗逊式前悬架

麦弗逊悬架由螺旋弹簧、减振器和摆臂组成，绝大部分车型还会加上横向稳定杆，如图 3-22 所示。麦弗逊独立悬架的减振器兼作主销，承受来自于车身抖动和地面冲击的上下预应力，转向节则沿

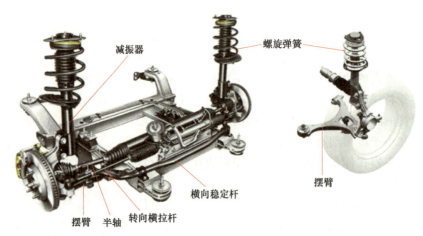

图 3-22　麦弗逊式前悬架

着主销转动；此外，其主销可摆动，特点是主销位置和前轮定位角随车轮的上下跳动而变化，且前轮定位变化小，拥有良好的行驶稳定性。

　　麦弗逊悬架结构简单，质量、体积小，制造成本低，主要用于发动机前置前轮驱动的车辆，是当今世界用得最广泛的轿车前悬架之一。

　　麦弗逊悬架与其他类型悬架相比，由于减振器和螺旋弹簧都是对车辆上下的晃动起到支承和缓冲的作用，因此对于侧向的力量没有提供足够的支承力度，使车辆在转向的时候车身有比较明显的侧倾，并且在制动的时候有比较明显的点头现象，需通过增加横向稳定杆，来减少车辆侧倾现象。

2. 双横臂前悬架

　　双横臂前悬架的结构示意图如图 3-23 所示，双横臂有上下两个摆臂，摆臂长度可以相等，也可以不等。等长双横臂式独立悬架中，当车轮上下跳动时，车轮平面没有倾斜，但轮距发生了较大的变化，这将增加车轮侧向滑移的可能性。在不等长双横臂式独立悬架中，如两臂长度选择适当，可以使车轮和主销的角度以及轮距的变化都不太大，不大的轮距变化在轮胎较软时可以由轮胎变形来适应。因此，不等长的双横臂式独立悬架在轿车前轮上的应用较为广泛，如图 3-24 所示。

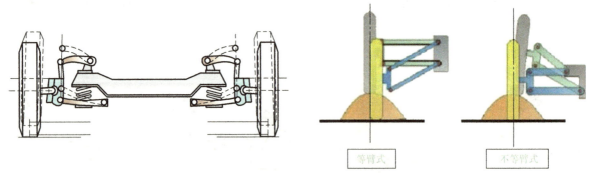

图 3-23　双横臂前悬架的结构示意图

　　为增强悬架刚度，双横臂的臂常做成 V 字形或 A 字形，又称为 A 形臂，横向力由两个摆臂同时吸收。

3. 多连杆悬架

　　一些轿车上为减轻车重和简化结构利用螺旋弹簧承受垂直载荷，采用三根以上不同方向的摆臂（或杆）来承受和传递侧向力及纵向力，并共同决定车轮的运动，组成多杆式悬架。

　　（1）多连杆悬架的优缺点　多连杆悬架在收缩时能自动调整外倾角和前束角，使后轮获得一定的转向角度，其原理就是通过对连接运动点的约束角度设计使悬架在压缩时能主动调整车轮定位，且这个设计自由度非常大，能完全针对车型做匹配和调校。因此，多连杆悬架能最大限度地发挥轮胎抓地力，从而提高整车的操纵稳定性，有效地减少轮胎的磨损，延长其使用寿命，性能是所有悬架设计中最好的。缺点是结构复杂，成本高。

（2）多连杆前悬架　图 3-25 所示为奔驰 S 级多连杆前悬架的结构，上摆臂通过支架与车身相连，其外端与定位臂相连。上摆臂的两端都装有橡胶隔振套，定位臂的下端与转向节连接。下前摆臂与下后摆臂内端通过橡胶隔振套与前横梁相连接，外端与定位臂相连。

图 3-24　双横臂前悬架

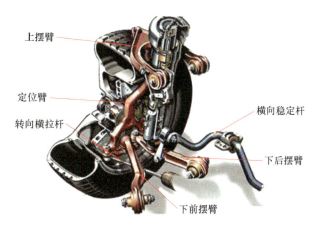

图 3-25　奔驰 S 级多连杆前悬架的结构

（3）多连杆后悬架　图 3-26 所示为多连杆后悬架，由于多连杆机构比较复杂，而且占用空间较大，使其不便于布置，通常都用于拥有较大空间的后桥上，在常见的中型和大型轿车上使用这种设计，如奔驰 E 级、宝马 3 系及 5 系、奥迪 B9 等车型。

4. 四连杆式非独立后悬架

四连杆式非独立后悬架是用四根推力杆控制车桥位置，采用的弹性元件多为螺旋弹簧，少数高档汽车采用空气弹簧。由于螺旋弹簧或空气弹簧只能承受垂直力，为了传递除垂直力之外的力和力矩，采用了推力杆结构，其中，横向推力杆又称为瓦特横向推力杆，左右各一条，承受车辆横向力，上下推力杆承受车辆纵向力，如图 3-27 所示。

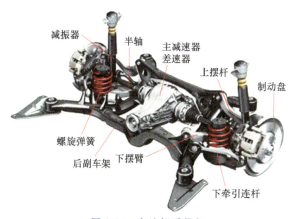

图 3-26　多连杆后悬架

四连杆式非独立悬架可以提供多方案设计的可能性，合理布置悬架导向杆系，能够获得满意的操纵性。缺点是零部件数量多，成本高，多用于越野车、客车和货车的后悬架，图 3-28 所示为越野汽车螺旋弹簧四连杆式非独立后悬架。

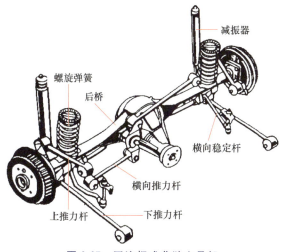

图 3-27　四连杆式非独立悬架

图 3-28　越野汽车螺旋弹簧四连杆式非独立后悬架

5. 扭力梁悬架

扭力梁悬架也称为半独立悬架或拖曳臂式悬架，如图 3-29 所示。扭力梁两侧前部通过连接轴与车架连接，车轮以及弹簧与减振器下部安装在扭力梁两端，弹簧与减振器可以分开安装或构成一体。

扭力梁悬架的工作原理：当一边车轮上下跳动时，扭力梁绕着连接轴转动，由于其自身具有一定的扭转刚度，可以起到与横向稳定杆相同的作用，因此会带动另一侧车轮也相应地跳动，减小整个车身的倾斜或摇晃，提高车辆的侧倾稳定性。

由于扭力梁悬架结构简单，成本低廉，占用空间小，因此在微型或小型车的后悬架以及对舒适性要求不高的车辆上广泛使用，但其舒适性较差，操控性一般，是专为后轮设计的悬架系统。图 3-30 所示为轿车扭力梁后悬架。

图 3-29　扭力梁悬架

图 3-30　轿车扭力梁后悬架

6. 钢板弹簧非独立后悬架

钢板弹簧非独立后悬架（驱动桥）的结构如图 3-31 所示，钢板弹簧纵向安置，中部用两个 U 形螺栓固定在车桥轴上。图 3-32 所示为钢板弹簧非独立后悬架分解图（支持桥）。

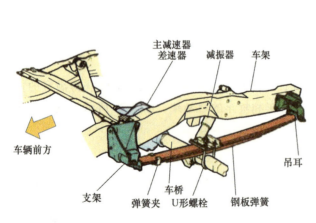

图 3-31　钢板弹簧非独立后悬架（驱动桥）的结构

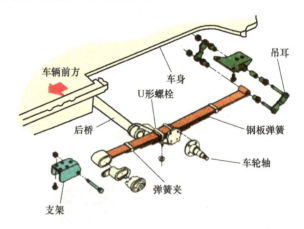

图 3-32　钢板弹簧非独立后悬架分解图（支持桥）

钢板弹簧可兼作导向装置，钢板弹簧在载荷作用下变形时，各片之间有相对滑动而产生摩擦，可以促使车架振动的衰减。但各片间的干摩擦，将使车轮所受的冲击在很大的程度上传给车架，既降低了悬架缓和冲击的能力，又使弹簧各片加速磨损。为减少弹簧片的磨损，在装配钢板弹簧时，各片间须涂上较稠的润滑剂（石墨润滑脂），并定期进行维护。

钢板弹簧非独立悬架结构简单、承载力大、使用可靠、制造方便，当车轮上下跳动时，车轮定位参数变化小、轮胎磨损小，但非簧载质量大，车轮接地性和乘坐舒适性不好，钢板弹簧非独立悬架用于许多轻型和中型货车的后部，图 3-33 所示为越野汽车采用的钢板弹簧非独立后悬架。

五、簧载质量与非簧载质量

由弹性元件（包括弹簧和减振筒）所承载的质量称为簧载质量，主要包括底盘骨架及其他所有弹性部件所承载的质量。自悬架摆臂或者弹性元件向车轮端延伸的部件，均归属于非簧载质量。简单来说，能和车轮一起跳动的部件属于非簧载质量，而只能和车身保持相对静止的部件属于簧载质量，图 3-34 所示为整车悬架的模型。

图 3-33 越野汽车采用钢板弹簧非独立后悬架

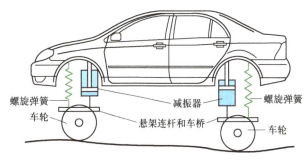

图 3-34 整车悬架的模型（簧载质量和非簧载质量）

簧载质量和非簧载质量对于汽车的舒适性及操控性有着非常重要的影响。如果一辆车的簧载质量较小而非簧载质量很大，那么车轮在遇到颠簸时，弹簧和减振筒就需要很长时间来吸收振动的能量，车身会上下晃动不止。所以，在簧上质量一定的情况下，需要尽可能地减小簧下质量。

簧载质量和非簧载质量根据不同的悬架设计区别较大，对于非独立悬架，整个车桥和车轮都属于非簧载质量，而对于独立悬架，只有部分车桥是非簧载质量，而主减速器、差速器、壳体等都装在车架或车身上，则成了簧载质量，所以独立悬架的非簧载质量比非独立悬架的小。独立悬架的非簧载质量小，可以减少来自路面的冲击和振动，提高行驶的平顺性及操控性。

六、悬架的常见故障

悬架的常见故障见表 3-2。

表 3-2 悬架的常见故障

常见故障	故障现象	故障原因	故障排除方法
车身倾斜	汽车车身横向或纵向倾斜	1)弹性元件损坏 2)减振器损坏	1)更换弹性元件 2)检查、更换减振器
悬架异响	车辆行驶时悬架发出异响	1)弹性元件折断 2)减振器或支柱座磨损 3)悬架各铰链点磨损、松旷 4)车轮螺栓松旷	1)检查、更换弹性元件 2)检查、更换减振器 3)更换、调整各铰接球头 4)紧固车轮螺栓
轮胎摆振或抖动	车辆行驶时，车身出现摆振、摇振或抖动	1)悬架各铰链点磨损 2)转向横拉杆端头磨损 3)车轮不平衡	1)更换、调整各铰接球头 2)检查、调整转向横拉杆 3)车轮平衡试验
车轮定位参数不正确	行驶跑偏、轮胎磨损不均匀或严重磨损	1)上、下摆臂变形 2)悬架各铰链点磨损、松旷 3)车轮定位不符合规定	1)检查、更换摆臂 2)更换、调整各铰接球头 3)检查、调整四轮定位
减振器漏油	减振器表面有油渍	1)减振器油封或垫圈磨损 2)密封垫圈损坏 3)缸筒损坏	1)更换密封垫圈或油封 2)更换减振器 3)更换缸筒

1. 为什么非簧载质量尽量要小一些？
2. 为什么减振器在伸张行程内产生的阻尼力比压缩行程内产生的阻尼力要大？
3. 承载球铰接有哪些好处？
4. 简述横向稳定杆的用途和功能。
5. 简述承载球铰接和非承载球铰接之间的区别。

测试题

学习模块二 电子悬架

情景导入

一辆雷克萨斯汽车行驶4万km后，车主说在行驶时，车身出现明显的左右倾斜现象，调节模式开关，车身可上下移动，但倾斜现象依旧存在，车主将车开进维修厂要求检修车辆。假如你是维修技师，需要完成检修任务，并回答客户提出的问题。

知识提升

一、电子悬架的功能

传统悬架系统的刚度和阻尼参数无法调节，使悬架只能保证汽车在一种特定的道路和速度条件下达到性能最优匹配，不能根据道路和车速的不同而改变悬架参数。

电子悬架能够根据汽车行驶状况主动地对悬架的刚度和阻尼系统进行调整，使悬架处于最佳的工作状态。该系统为快速转弯、快速加速和制动提供了良好的操控性，同时为正常行驶提供了舒适的乘坐体验。图3-35所示为装备传统悬架与电子悬架转弯时的比较。

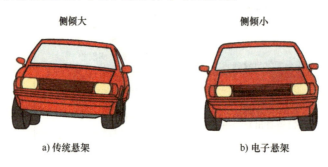

图 3-35 装备传统悬架与电子悬架转弯时的比较

二、电子悬架的类型

电子悬架按有源和无源分为半主动式和全主动式。

（1）半主动式电子悬架 半主动式电子悬架为无源控制，采用调节悬架减振器阻尼的方法来控制。它不能对悬架的刚度和阻尼进行有效的控制，但可以根据汽车运行时的振动及行驶工况变化情况，对悬架阻尼参数进行自动调整。

（2）全主动式电子悬架　全主动式电子悬架又称为主动式悬架，是一种有源控制悬架，它的附加装置用来提供能量和控制作用力。全主动式电子悬架可以在汽车行驶过程中，根据行驶状况，自动调整弹簧刚度和减振器阻尼以及前后悬架的匹配，控制车身姿态变化，防止转弯、制动、加速等工况造成的车身姿态的改变，还可以根据路面起伏、车速高低和载荷大小，自动控制车身高度变化，以确保汽车行驶平顺性和操纵稳定性。

三、电子悬架的结构

悬架系统因生产企业的不同，其功能及零部件组成略有不同，但其电子控制系统总体上都是由各种传感器和控制开关、ECU 和执行机构等组成的。电子悬架的结构如图 3-36 所示。

电子控制悬架系统的传感器将汽车路面行驶的情况（包括振动、车速、起步、加速、转向、制动等信息）转变为电信号，传送给 ECU。悬架 ECU 将传感器传回的电信号进行综合处理，然后发出对悬架的刚度、阻尼系数及车身高度进行调节的控制信号。悬架系统的执行机构，根据悬架 ECU 的控制信号执行动作，及时调整悬架的刚度、阻尼系数及车身高度。悬架系统的执行机构一般由电磁阀、步进电动机和气泵电动机等组成。

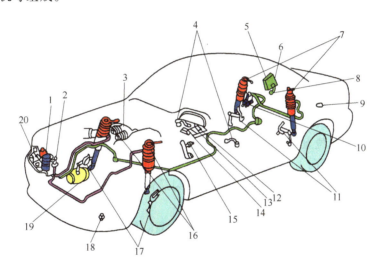

图 3-36　电子悬架的结构

1—高度控制压缩机　2—1 号高度控制阀　3—主节气门位置传感器　4—门控灯开关　5—悬架 ECU　6—2 号高度控制继电器
7—后悬架控制执行器　8—高度控制插接器　9—高度控制开关　10—2 号高度控制阀和溢流阀　11—后高度控制
传感器　12—LRC 开关　13—高度控制开关　14—转向传感器　15—制动灯开关　16—前悬架控制执行器
17—前高度控制传感器　18—1 号高度控制继电器　19—IC 调节器　20—干燥器和排气阀

四、电子悬架控制及传感器

1. 信号输入和输出

电子悬架各种传感器向 ECU 提供输入信号，ECU 经过计算，并向执行元件输出指令，由执行元件调节减振器阻尼或弹簧刚度，如图 3-37 所示。

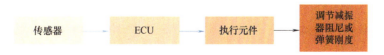

图 3-37　电子悬架信号输入和输出过程

2. 车身高度传感器

车身高度传感器用来感应悬架部件和车身之间的位置关系及变化大小，其信号输入 ECU 用来指示车架或车身的高度。车身高度传感器的类型有多种，常见的是光电式传感器。图 3-38 所示为一种典型的车身高度传感器，通过传感器杆和连接杆连接车身与下摆臂。

汽车上一般有四个车身高度传感器，每个车轮一个，向 ECU 提供四个车轮部位的车身高度信号。四个传感器都使用的是一个传感器杆、连接杆、开槽圆盘、四对发光二极管和光电二极管，如图 3-39 所示。

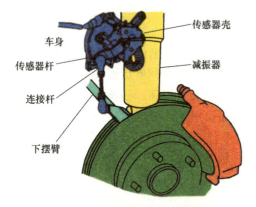

图 3-38　典型的车身高度传感器

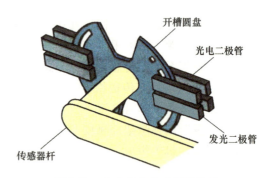

图 3-39　车身高度传感器的结构

ECU 通过四个车身高度传感器确定车身与悬架的相对位置或车辆的姿态。将前轮输入信号与后轮输入信号进行比较，确定是由加速还是减速引起的变化，同时可以检测转向时产生的车身侧倾。

有的车身高度传感器一般采用三线电位计式，如图 3-40 所示，传感器包括与部件相连的可移动铁心。当铁心移动时，它会改变内部传感器线圈相对于悬架位置的电感。悬架 ECU 使线圈每秒通电和断电约 20 次，从而测量与悬架位置相关的传感器电感。三线电位计式传感器需要参考电压和接地，它产生可变模拟电压信号。当悬架向上或向下移动时，车身高度传感器电压随着变化。传感器接收来自悬架 ECU 的 5V 参考电压信号，车身高度传感器根据悬架摆臂位置在 0~5V 范围内变化。

3. 转向盘位置传感器

转向盘位置传感器的功能是向 ECU 提供与转向盘位置、转动速度和转动方向有关的信号。该传感器适用于大多数实时减振阻尼及弹簧刚度的调整。转向盘位置传感器通常位于转向柱的底部，如图 3-41 所示。

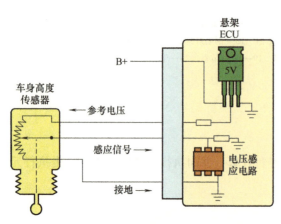

图 3-40　三线电位计式车身高度传感器示意图

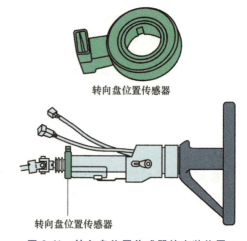

图 3-41　转向盘位置传感器的安装位置

转向盘位置传感器产生两个或两个以上数字信号，输入牵引力 ECU，图 3-42 所示为转向盘位置传感器接线示意图以及信号随转向盘转动的变化情况。转向盘位置传感器使用 5V 参考电压，当转向盘向左和向右移动时，信号电压值在 0~5V 范围内增大或减小。

4. 车速传感器

目前，车速传感器常采用电磁感应式，主要由永久磁铁和电磁感应线圈组成，车速传感器信息通过 2 级串行数据，先输入动力传动 ECU 再传输至牵引力 ECU，如图 3-43 所示。当变速器输出轴转动时，感应转子的凸齿不断靠近或离开车速传感器，使感应线圈内的磁通量发生变化，从而产生交流感应电压。车速越高，输出轴的转速也越高，感应电压的脉冲频率也越大。ECU 根据感应电压脉冲频率来计算车速。

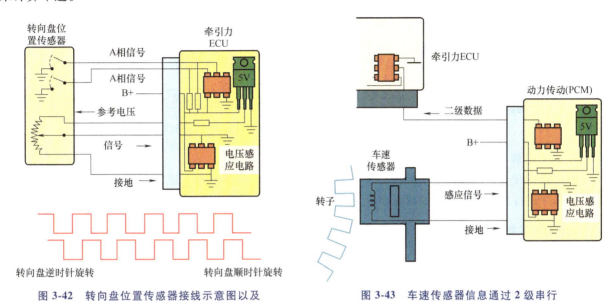

图 3-42　转向盘位置传感器接线示意图以及信号随转向盘转动的变化情况

图 3-43　车速传感器信息通过 2 级串行数据传输至牵引力 ECU

5. 压力传感器

压力传感器通常安装在压缩机总成上，通常应用于空气悬架、实时减振的电子悬架等系统上。压力传感器的主要功能是向悬架 ECU 提供有关压缩机工作的状态。压力传感器可确保系统保持最小气压，且不超过最大值，如图 3-44 所示。压力传感器感应信号的电压输出将根据系统中的气压在 0~5V 范围内变化，电压高表示气压高，电压低表示气压低。

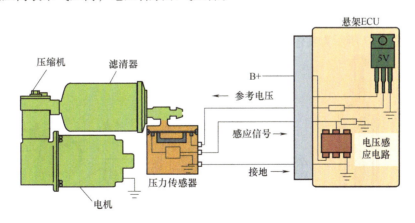

图 3-44　空气压力传感器

6. 横摆角速度传感器

横摆角速度传感器向悬架 ECU 和牵引力 ECU 提供信息，此信息用于确定车辆偏离驾驶人预期方向的距离。横摆角速度传感器用于配备车身稳定控制系统的车辆，该传感器可以是独立的单元，也可以与横向加速度传感器组合。通常，传感器安装在前排座椅下的乘客舱、中控台或行李舱车架上。

当车辆横摆率变化时，横摆角速度传感器产生 0~5V 的电压信号，即是牵引力 ECU 的输入信号。牵引力 ECU 的横摆角速度输入指示车辆偏离预定方向的度数。

例如，当横摆角速度为 0° 时，传感器输出为 2.5V。在紧急操作期间，信号将在 2.5V 以上或以下变化，横摆角速度传感器通常的安装位置和横摆角速度传感器的结构原理图如图 3-45 所示。

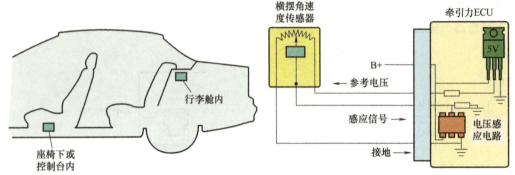

图 3-45 横摆角速度传感器通常的安装位置和横摆角速度传感器的结构原理图

7. 模式选择开关

模式选择开关，通常位于中控台，设有 SPORT（运动）或 NORM（正常）两种模式，由驾驶人根据行驶条件进行选择，从而确定减振器阻尼力和悬架刚度或车身高度的调节模式。

五、电子控制减振器

一般电子控制减振器的结构是：减振器外壳为一个长圆柱缸筒，带有活塞的活塞杆插入减振器缸筒内，缸筒内充满液压油，活塞上有节流孔，如图 3-46 所示。

减振器的阻尼力根据减振器内杆活塞量孔液压油的数量改变而变化。活塞杆上下伸缩运动时，具有黏性的液压油通过活塞孔产生阻力，当活塞上下运动较慢时，阻尼力小；当活塞上下运动较快时，就会产生很大的阻尼力。节流孔越大，阻尼力越小。

电控悬架系统由执行元件将减振器阻尼力控制为以下三种情况：

1）较弱的阻尼力（舒适）。由活塞上流量大的节流孔通过油液。

2）中等水平阻尼力（正常）。由活塞上流量小的节流孔通过油液。

3）强阻尼力（运动）。活塞上流量大的节流孔全部关闭。

减振器的位置信号输入 ECU，与减振器执行元件（电动机或电磁阀）的状态进行比较，来决定电控系统如何操作，图 3-47 所示为整体式电子控制减振器。

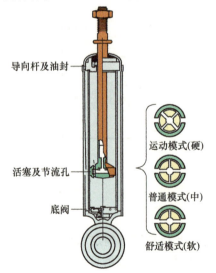

图 3-46 电子控制减振器内部结构示意图

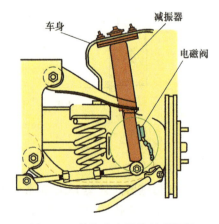

图 3-47 整体式电子控制减振器

六、空气悬架

典型的空气悬架结构如图 3-48 所示，该系统使用三个高度传感器（两个在前部，一个在后部）来监测配平高度并向悬架 ECU 提供输入信号。

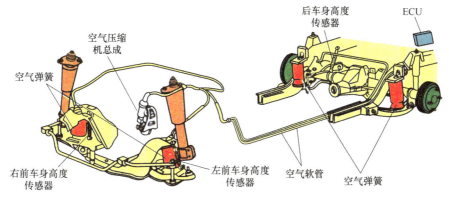

图 3-48　典型的空气悬架结构

1. 空气弹簧

空气弹簧安装于气动减振器的上端，与可变化阻尼力的减振器一起构成悬架支柱，上端与车架相连，下端安装在悬架摆臂上。空气悬架的空气弹簧由空气室和空气阀两部分组成，其结构如图 3-49 所示。

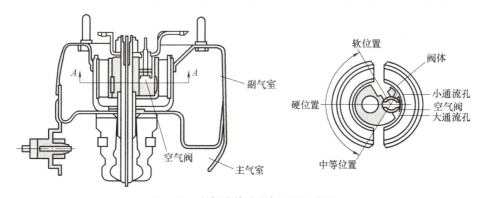

图 3-49　空气弹簧的空气室和空气阀

空气弹簧的空气室分为主气室和副气室。空气阀安装在气动减振器的顶部。悬架执行器可同时驱动空气阀和活塞旋转阀控制杆。空气阀可调节由主气室到副气室的空气流量，来调节空气弹簧的刚度。

2. 执行电动机

悬架控制执行电动机位于每个车轮的空气弹簧及可调减振器总成的顶部支座上。执行电动机是由四个定子线圈和一个永久磁铁铁心组成的电动机装置，同时控制空气弹簧的刚度及减振器的阻尼，如图 3-50 所示。

悬架 ECU 同时向两个定子线圈施加电流，在永久磁铁铁心周围产生相反的磁场，从而使永久磁铁铁心旋转到一个新的位置，不同线圈通电决定铁心的位置，如图 3-51 所示。执行电动机通过将电流从一对线圈切换到另一对线圈，将改变铁心的位置，通过反转线圈的极性，将永久磁铁底部的齿轮与空气弹簧的空气阀控制杆相连，该齿轮驱动可变减振器的控制杆，从而同时调节空气弹簧的刚度与减振器的阻尼。执行电动机的定子线圈通过三种通电方式，实现空气弹簧和减振器柔软、中等或硬的状态。

3. 自动高度控制

自动高度控制是空气悬架系统根据车辆装载和卸载的变化自动调整车辆的后部高度。系统通过监测后车身高度传感器，由空气压缩机产生压缩空气，通过高度控制电磁阀来控制车身高度，如图 3-52 所示。

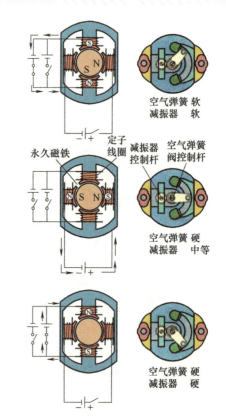

空气弹簧 软
减振器 软

空气弹簧
阀控制杆

永久磁铁 定子线圈 减振器
控制杆

空气弹簧 硬
减振器 中等

空气弹簧 硬
减振器 硬

图 3-51 执行电动机的工作过程

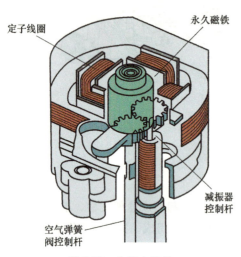

定子线圈 永久磁铁

减振器
控制杆

空气弹簧
阀控制杆

图 3-50 执行电动机

空气悬架系统可使车辆在不同车载质量下保持某一个恒定的高度位置，操作高度控制开关使汽车的目标高度变为"正常"或"高"的状态，但如果车辆超载，则自动高度控制功能将停用如图 3-53 所示。

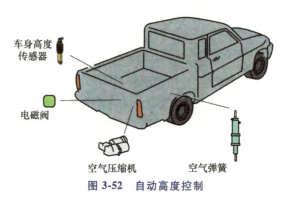

车身高度
传感器

电磁阀

空气压缩机 空气弹簧

图 3-52 自动高度控制

需提高车身高度时，ECU 驱动空气压缩机电动机工作，空气压缩机产生压缩空气，使车身升高。当车身升高至目标高度时，ECU 停止压缩机电动机的工作，高度调节自动停止。

空气压缩机由活塞和曲柄连杆机构等组成，直流永磁电动机驱动，具有大转矩和快速起动等特点，同时，压缩空气经空气干燥瓶去除系统的水分，如图 3-54 所示。

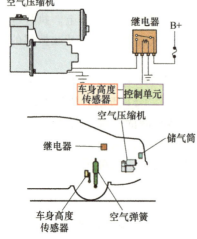

空气压缩机

继电器 B+

车身高度
传感器 控制单元

空气压缩机

继电器 储气筒

车身高度
传感器 空气弹簧

图 3-53 空气悬架压缩机总成和传感器

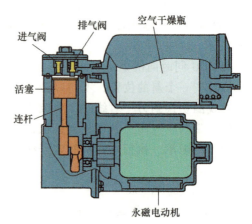

进气阀 排气阀 空气干燥瓶

活塞

连杆

永磁电动机

图 3-54 空气压缩机内部结构图

高度控制电磁阀的结构及工作情况如图 3-55 所示，当电磁阀柱塞伸出和缩回时，它会打开和关闭系统储气筒和空气弹簧之间的空气通道。如果车辆的负载发生变化，可通过改变空气弹簧的进气量或排气量来保持车身高度不变。图 3-56 所示为空气弹簧及高度控制电磁阀的安装位置。

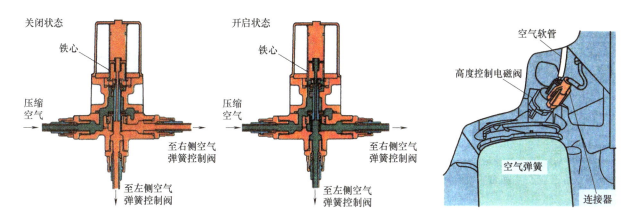

图 3-55　高度控制电磁阀的结构及工作情况

图 3-56　空气弹簧及高度控制
电磁阀的安装位置

七、磁流体可控阻尼减振器

磁流体可控阻尼减振器是利用磁流体作为阻尼器的介质，通过控制阻尼介质中的磁场来达到调节阻尼介质的流体特性。图 3-57 所示为磁流体可控阻尼减振器的结构及原理。在减振液中掺了一些微小的铁质，在磁场的作用下，减振液的物理特性能够发生变化，会变稀或变稠，从而使阻尼系数随之而变。磁场是由减振器中的线圈产生的，通过控制电流实现磁场强度控制，以最终达到控制阻尼的目的，图 3-58 所示为雪佛兰磁流体可控阻尼减振器。

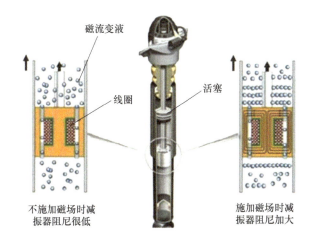

图 3-57　磁流体可控阻尼减振器的结构及原理

图 3-58　雪佛兰磁流体可控阻尼减振器

八、电子悬架常见故障

电子悬架常见故障及现象、原因、排除方法见表 3-3。

表 3-3　电子悬架常见故障及现象、原因、排除方法

常见故障	故障现象	故障原因	故障排除方法
空气弹簧瘫陷	空气弹簧瘫陷，不能充气	1）储气筒压力较低 2）空气控制管路泄漏或堵塞 3）溢流阀失效或接反 4）高度控制阀失效 5）调节杆松脱或与底盘件干涉	1）检查空气弹簧周围间隙是否小于 15mm 2）检查空气弹簧上盖板或下座止口处是否损漏气 3）检修空气弹簧、缓冲块偏心接触 4）检查空气弹簧是否破裂 5）检修调节杆
空气弹簧弹性下降	车辆行驶时，车身比较硬，舒适性下降	1）空气弹簧供气管路中空气未经干燥处理或干燥器失效 2）空气弹簧高度较高或较低 3）减振器安装错误 4）减振器型号错误 5）减振器周围间隙不够	1）检修空气弹簧供气管路 2）储气罐中的水汽没有及时排出，空气弹簧内积聚了较多的水分，及时干燥及排出水分 3）重新安装减振器 4）更换正确型号减振器 5）检查空气弹簧高度
车辆倾斜	车辆两侧高度不一致，有明显倾斜现象	1）某个高度阀故障或管路不通 2）高度阀反应迟缓 3）横摆杆或测节杆接头处变形、损坏	1）检查某个高度阀是否有故障或管路不通 2）检查高度阀是否反应迟缓 3）检查横摆杆或测节杆接头处是否变形、损坏
汽车车身高度控制失灵	调节车身高度开关，汽车车身高度控制失灵	1）车身高度控制执行器故障 2）车身高度控制执行器电路故障 3）车身高度控制 ECU 故障	用设备诊断车身高度控制执行器、电路及 ECU 是否工作正常

思考题

1. 汽车悬架的最佳性能是什么？
2. 普通悬架的缺点有哪些？
3. 电子悬架有哪些类型？
4. 电子悬架在哪些情况要调硬一些？
5. 电子悬架如何调节车身的高度？
6. 为什么汽车在高速时悬架不能太硬？

测试题

测试题

学习模块三　车轮与轮胎

情景导入

　　一辆国产的奥迪 A6 轿车，在车速为 100km/h 以下时，没异响声出现；当车速提高到 120km/h 左右时，便发出有节奏感的异响，同时行驶过程中出现制动打滑现象。车主不仅要求检修车辆，还希望维修技师解释更换轮胎的依据。假如你是维修技师，请完成检修任务并回答客户提出的问题。

 知识提升

一、车轮与轮胎的作用

轮胎安装在车轮的轮辋上，直接与路面接触，是汽车的行驶部件。其主要作用是支承汽车的全部重量，吸收和缓和汽车行驶时所受到的冲击和振动。与路面产生摩擦力，传送牵引力和制动的扭力，保证车轮和路面之间有良好的附着性，以提高汽车的动力性、制动性和行驶平顺性。

二、车轮

车轮是介于轮胎和车桥之间承受负荷的旋转组件，通常由轮辐、轮辋及轮毂组成，轮辐固定在车桥轮毂上，轮辋上安装轮胎，它们一起旋转并承受车重及各种作用力及力矩，使汽车平顺行驶，如图3-59所示。轮辋是轮胎装配和固定的基础，根据汽车的用途，设有多种形状的轮辋。

1. 车轮的分类

1）按轮辐的构造分：车轮可分为辐板式车轮和辐条式车轮。

2）按车轮材质分：车轮可分为钢制车轮、铝合金车轮和镁合金车轮等。

3）按车轴一端安装一个或两个轮胎分：车轮分为单式车轮和双式车轮。

轿车和货车上广泛采用辐板式车轮。此外，还有对开式车轮、组装轮辋式车轮、可反装式车轮和可调式车轮。

2. 车轮的构造

（1）车轮

1）辐板式车轮。普通轿车和轻、中型货车普遍采用辐板式车轮（图3-60），其由挡圈、轮辋、辐板和气门嘴伸出口组成。车轮中用以连接轮毂和轮辋的钢质圆盘称为辐板，大多是冲压制成的，少数是和轮毂铸成一体，后者主要用于重型货车。

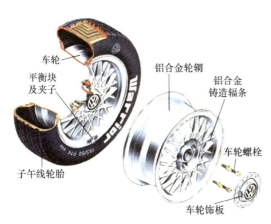

图3-59 汽车车轮的结构

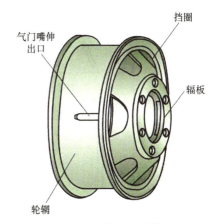

图3-60 辐板式车轮

辐板与轮辋通过焊接或铆接的方式固定成为一个整体，轿车的辐板所用板料较薄，常冲压成起伏多变的形状，以提高其刚度。目前，广泛采用的轿车车轮为铝合金车轮，且多为整体式的，即轮辋和轮辐铸成一体。它重量轻，尺寸精度高，生产工艺好，美观大方，可以明显改善车轮的空气动力学特性，以降低汽车油耗。

2）辐条式车轮。按辐条结构的不同，辐条式车轮又分为钢丝辐条式车轮和铸造辐条式车轮，如图3-61所示。钢丝辐条式车轮的结构与自行车车轮完全一样，由于其价格昂贵、维修安装不便，故仅用于赛车和某些高级轿车上。铸造辐条式车轮常用于重型货车上，辐条与轮毂铸成一体，轮辋是用螺栓和特殊形状的衬块固定在辐条上的，为了使轮辋和辐条很好地对中，在轮辋和辐条上都加工出配合锥面。

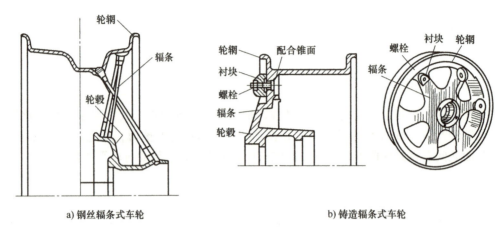

a) 钢丝辐条式车轮　　　　　　　　　　　　　b) 铸造辐条式车轮

图 3-61　辐条式车轮

（2）轮辋　轮辋又称为钢圈，是车轮上安装轮胎的部件，一般由冲压钢板铆接或焊接在一起而制成的圆形环体。轮辋主要有钢质轮辋和铝合金轮辋两种，前者用于货车和普通轿车，后者一般用于中、高级轿车。轮辋常见的类型主要有深槽轮辋、平底轮辋和对开式轮辋，见表 3-4。

表 3-4　轮辋的类型

轮辋类型	图例	特点
深槽轮辋		一种整体轮辋,用钢板冲压成整体结构,断面的中部为深凹槽,以便于拆装轮胎。结构简单、刚度大、重量较轻,多用于轿车
平底轮辋		挡圈是整体的,用开口弹性锁圈锁紧,以防止挡圈脱出,其特点是轮辋断面中部为平直,方便拆装,多用于中型货车
对开式轮辋		轮辋由内外两部分组成,靠螺栓紧固在一起,内外两部分轮辋可以是等宽度的,也可以是不等宽度的,这种轮辋拆装方便,多用于中重型越野车

3. 车轮材料

汽车车轮所用的材料基本分为钢材和铝合金两种。钢制车轮的优点是低成本、安全性好，广泛运用于货车车轮。缺点是结构和外形单一，质量大，目前逐渐被铝合金车轮所代替。

铝合金车轮非荷载质量小、惯性小，改善了加速性和制动性，还具有良好的导热性能、耐蚀性强、成形性好、减振性能好、轮胎使用寿命长、尺寸精确、平衡好、加工精准、材料利用率高等显著优点，符合现代汽车安全、节能、环保三大主题的要求，因此，铝合金已成为汽车车轮的首选材料。

三、轮胎的结构及类型

1. 轮胎的类型

1）现代汽车几乎都采用充气轮胎，按轮胎内空气压力的大小可分为高压胎（0.45~0.7MPa）、低压胎（0.15~0.45MPa）和超低压胎（0.15MPa 以下）。

2）按轮胎内保持空气方法的不同，充气轮胎可分为有内胎轮胎（图 3-62）和无内胎轮胎（图 3-63）两种。

3）按轮胎胎体帘布层的结构不同，轮胎可分为普通斜交轮胎和子午线轮胎。

4）按轮胎花纹结构的不同，轮胎可分为普通花纹轮胎、越野花纹轮胎和混合花纹轮胎三种。

5）按气候条件不同，轮胎可分为雪地轮胎、夏季轮胎和全季节轮胎。

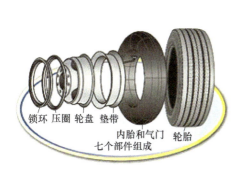

图 3-62　有内胎轮胎

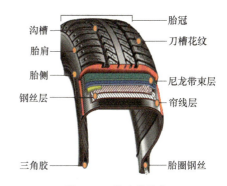

胎体

轮胎中的帘布层是轮胎的主要受力部件，其作用是耐冲击、耐曲挠

胎侧

轮胎侧面的橡胶层，应具有良好的耐曲挠性。其作用是保护胎体提高乘车舒适感及操纵稳定性

气密层

无内胎轮胎使用，由特殊橡胶制造，防止漏气、替代内胎贴在轮胎内侧

图 3-63　无内胎轮胎

2. 轮胎的结构

轮胎直接与地面接触，其性能直接影响轮胎使用寿命和汽车行驶性能。轮胎的结构如图 3-64 所示，主要由胎冠、胎肩、胎侧、胎圈、钢丝层、带束层和帘布层（胎体层）等组成。

（1）胎冠　胎冠又称为胎面，直接和路面接触，承受摩擦和全部负荷。胎面根据汽车用途的不同塑造有各种形状的凹凸花纹，以使轮胎与地面有良好的附着性能和排污性能，防止纵、横向滑移。轮胎胎冠花纹类型见表 3-5。

沟槽　　胎冠
胎肩　　刀槽花纹
胎侧　　尼龙带束层
钢丝层　帘线层
三角胶　胎圈钢丝

图 3-64　轮胎的结构

表 3-5　轮胎胎冠花纹类型

类型	花纹形状	花纹特性	适用条件	实例
条形花纹	花纹沿圆周连接在一起	1) 低滚动阻力 2) 优良的乘坐舒适性 3) 防侧滑，转向稳定性优异 4) 噪声小	铺装路面 高速	
横向花纹	横向切割的花纹	1) 出色的驱动力和制动力 2) 强大的牵引力	普通路面 非铺装路面	
混合花纹	横纹和纵纹相结合的花纹	1) 纵纹提供转向稳定性并有助于防止侧滑 2) 横纹改善了驱动力、制动力及牵引力	普通路面 非铺装路面	
越野花纹	由独立的块组成的花纹	1) 出色的驱动力和制动力 2) 在雪地和泥泞路面上具有良好的转向稳定性	普通路面 非铺装路面	

（2）胎侧　胎侧的主要作用是保护轮胎免受路肩撞击，提高轮胎的强度。在胎侧上还可以找到各种标记，包含了有关轮胎的重要信息。

（3）胎圈　胎圈的主体是钢丝圈，胎圈的作用是将轮胎牢牢地固定在轮辋上。

（4）带束层　带束层的作用是为胎面提供刚性支撑，包含具有足够强度的钢丝材料，为轮胎提供抵消离心力和侧向力的强度，并具有一定的弹性，以确保驾乘舒适度。

（5）帘布层　帘布层又称为胎体，是轮胎的骨架，其作用是承受负荷，保护轮胎的形状和外缘尺寸。由多层胶布用橡胶黏合而成，帘布由纵向强韧的经线和放在各个经线之间的少数纬线织成。帘线有棉丝、人造丝线、尼龙线和钢丝等多种类型。

3. 斜交轮胎和子午线轮胎

帘布层中的帘线都与轮胎的子午线面呈一定角度排列（称为胎冠角）。胎冠角对轮胎的性能有很大影响。按帘布层中帘线的排列角度（胎冠角）不同，轮胎分有斜交轮胎和子午线轮胎。

斜交轮胎与子午线轮胎胎体结构区别如图3-65所示。

子午线轮胎的优点如下：

1）接地面积大，附着性能好，对地面单位压力小，滚动阻力小，节省油耗。

2）胎面较厚且有坚硬的带束层，刚性大，承载时触地面变形小（图3-66a），不易被刺穿，使用寿命长。

a) 普通斜交胎帘布层　　　　b) 子午线轮胎帘布层

图3-65　斜交轮胎与子午线轮胎胎体结构区别

3）帘线横向排列，在承受横向力时，胎侧虽然有些变形，但触地面积变形小（图3-66b），操纵稳定性好。

4）缓冲能力好，负荷能力较大，散热性能好。

其缺点是：因胎侧较薄、胎面较厚，制造成本高。子午线轮胎应用广泛，而斜交轮胎除特殊专用车使用外，基本已被淘汰。

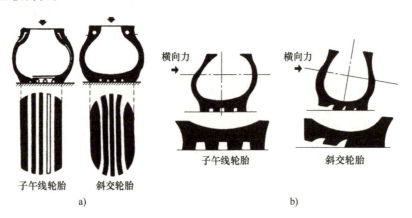

图3-66　轮胎变形

四、轮胎的尺寸与规格

轮胎的尺寸与规格常用一组数字标志在轮胎侧面。轮胎规格的表示方法有米制、英制和米/英制结合三种。目前，大多数国家（包括我国）采用英制，但已经逐渐向米制过渡。典型米制轮胎其宽度用mm表示，充气压力用kPa表示，承载能力用kg表示。

1. 轮胎的规格

轮胎高宽比：又称为扁平比，是轮胎断面高 H 与轮胎断面宽 W 之比 H/W×100%，如图 3-67 所示。它对轮胎的滚动及操纵性能影响大，采用扁平率小的宽轮胎是提高侧偏刚度的主要措施。

轮胎结构标志：R 代表子午线轮胎，无 R 代表斜交胎。

轮胎负荷指数：即轮胎的负载能力，以数字代号表示，需查表检索具体负荷数值。

速度级别符号：表示该轮胎允许的最高行驶速度。

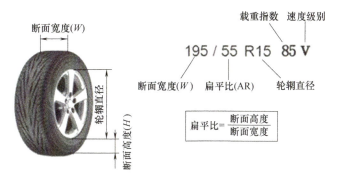

$$扁平比 = \frac{断面高度}{断面宽度}$$

图 3-67　轮胎规格尺寸

2. 轮胎标识

根据国际的有关规定和方便使用者购置，外胎两侧除标注上述基本轮胎规格外，还应该标注帘线材料、平衡标志、滚动方向和磨损极限等，如图 3-68 所示。

图 3-68　轮胎标识

3. 速度级别

轮胎速度等级表明轮胎在规定承载条件下允许的最高行驶速度。不同轮胎的胎壁上会用英文字母表示轮胎的速度等级，如"V"表明该轮胎的最高时速为 240km/h，其对应关系见表 3-6。在更换某个速度级别的轮胎时，建议使用具有等效速度级别或更高级别的轮胎来更换它。

表 3-6　轮胎的速度级别对照表　　　　　　　　　　　　　　　　　（单位：km/h）

速度等级	最高车速	速度等级	最高车速	速度等级	最高车速
G	90	N	140	T	190
J	100	P	150	H	210
K	110	Q	160	V	240
L	120	R	170	W	270
M	130	S	180	Y	300

4. 全季节轮胎

全季节轮胎是指在各种季节、气候及路面条件下均适用的轮胎。一款真正的全季节轮胎全年均可使用，结合了夏季胎和冬季胎的优点，特殊的胎面花纹设计可以保证轮胎在四季不同的气候和路况条件下保持优异的抓地和排水性能，如图 3-69 所示。

a) 冬季轮胎(冰雪专用)　　　　b) 全季节轮胎　　　　c) 夏季轮胎

图 3-69　不同季节轮胎

全季节轮胎常见于越野车和 SUV 车型，轮胎表面花纹较大较深。在常温下摩擦力较好，胎噪稍大，主要用途是为了提高通过性。全季节轮胎胎侧上标示 A/T，A 是 ALL 的缩写、T 是 Terrain 的缩写，加在一起就是全路况的意思。

5. 防爆轮胎

防爆轮胎又称为"泄气保用轮胎"，英文缩写 RSC，由加强的侧壁、附加的气门嘴条带和高耐热性的合成橡胶材料组成，即使失去气压，侧壁也能够支承车辆的重量，如图 3-70 所示。

防爆轮胎在轮胎泄气的情况下，车辆仍然可以80km/h 的车速行驶 80km。

6. 轮胎的选择

当轮胎超过磨损极限或因损伤无法继续使用时，就应该更换轮胎。按照一般的规则，更换的轮胎应符合规定的尺寸规格（包括轮胎尺寸、类型、充气压力和旋转方向等），具有足够的承载能力和速度能力；较小的滚动阻力；能够适应不同路面条件，具有尽可能大的附着系数；此外，还要求轮胎具有耐磨损、抗老化、噪声小、良好的气密性；或应使用汽车厂家或轮胎制造商推荐的可供选择的轮胎。

图 3-70　普通轮胎和防爆轮胎

五、轮胎监控系统

汽车胎压监测系统（Tire Pressure Monitoring System，TPMS）是一种能对汽车轮胎气压和温度进行自动检测，并对轮胎异常情况进行报警的预警系统，确保行车安全。根据统计，汽车轮胎压力每降低30kPa，轮胎寿命会缩短 25%；轮胎气压过低时，车辆高速行驶就会因碾压而使轮胎过热，从而发生"爆胎"，85%的"爆胎"可归因于缓慢漏气。因此，对轮胎胎压监测非常必要，胎压监测系统能在轮胎出现高压、低压、高温、漏气时报警提醒车主，及时了解轮胎状况，预防爆胎。

1. 胎压监测系统类型

汽车胎压监测系统的类型包括间接式（WSB）、直接式（PSB）和复合式三种。现在所有车辆都配置直接式的胎压监测系统，间接式和复合式 TPMS 基本已经淘汰。

直接式胎压监测系统（Pressure-Sensor Based，PSB TPMS），是利用安装在每一个轮胎里的压力传感器来直接测量轮胎的气压，利用无线发射器将压力信息从轮胎内部发送到中央接收器模块上，然后对各轮胎气压数据进行显示，当轮胎气压太低或漏气时，系统会自动报警，一旦发生异常，会立即指向故障轮胎提示。

2. 直接式胎压监测系统的工作原理

不同类型的胎压监测系统其工作原理基本相同，如图 3-71 所示。

1）安装于轮胎内的传感器及发射器，一般传感器和发射器二合一，集成为一个完整的模块单元。传感器每个车轮一个，有外置与内置两种，外观虽然小巧，但内嵌了气压检测装置、无线发送装置和长使用寿命电池单元。

2）安装于驾驶室内的接收器及显示器、无线接收和报警器，通常是将接收器和显示器二合一，集成为一个完整的模块单元。无线接收器使用有源天线，可以接收并显示四个轮胎传感器的无线信号，并由天线转换成数字信号。当汽车开动时，安装到各个轮胎的传感器就会将胎压数据通过无线信号传输到报警器，报警器接收到数据后对胎压数据做出分析判断，并根据情况进行显示和警告。

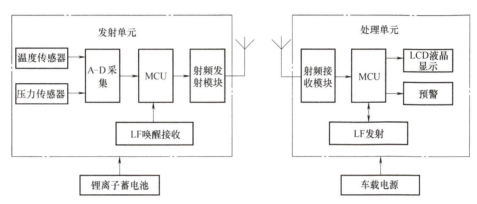

图 3-71 胎压监测系统的原理框架图

3. 直接式胎压监测系统的组成

胎压监测系统主要由传感器与发射器总成、天线与接收器、胎压监测系统 ECU、设定开关、显示器与胎压警告灯组成，如图 3-72 所示。

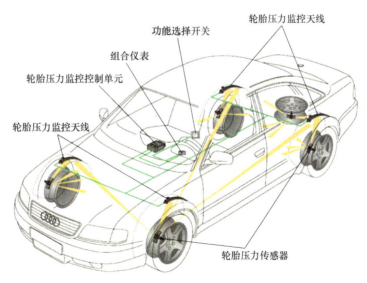

图 3-72 胎压监测系统

（1）轮胎压力传感器与发射器总成 按传感器的安装位置，直接式胎压监测系统分为内置式胎压监测和外置式胎压监测，轮胎压力传感器内部集成有发射器、压力和温度传感器、测量和控制电子装置、电池等部件。外置式胎压监测系统与内置式胎压监测的传感器部分区别不大，主要的区别在于压力传感器的安装方式。轮胎压力传感器的发射天线发送下述信息有：专用识别码（ID-Code），每个轮胎压力传感器都有一个专用的识别码（ID-Code），用于"轮胎识别"；实时轮胎压力（绝对压力）；实时轮胎空气温度；集成电池的状态；以及为保证数据的安全传递所需的状态、同步和控制方面的信息。

内置式胎压监测系统的轮胎压力传感器与发射器安装在轮胎内部，如图 3-73 所示，轮胎压力传感器拧在金属气门嘴上，在更换车轮或轮辋时，该传感器仍可再用。用它来检测轮胎内的气压和温度并把测出的实际值和识别代码发送给胎压监测系统天线与接收器上。如果电池电压降低，必须要更换胎压监测系统气门嘴与发射器总成。

外置式胎压监测系统的轮胎压力传感器像一枚气嘴帽一样"拧"到轮胎气嘴上面，如图 3-74 所示，这样的安装方式最大的优点是安装简便，缺点是裸露在外的传感器容易受到灰尘和雨雪等外部因素的干扰。

图 3-73　内置式胎压监测系统传感器

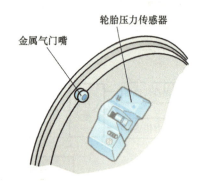

图 3-74　外置式胎压监测系统传感器

（2）天线与接收器和系统 ECU　如图 3-72 所示，轮胎压力监控天线接收来自轮胎压力传感器的无线电信号，并将此信号传至轮胎压力监控控制单元，以便进一步处理。胎压监测系统共有四根用于轮胎压力监控的天线，分别安装于左前、右前、左后、右后车轮罩内的衬板后。这四根天线经高频天线导线与轮胎压力监控控制单元相连，并根据安装位置与控制单元进行匹配。实际上系统的天线与接收器接收到轮胎气压数据和传感器识别数据，同时确认接收到的数据信号是否来自汽车本身的轮胎。

（3）显示器与胎压警告灯　显示器与胎压警告灯安装在组合仪表上面。如果汽车轮胎气压过低或者系统中出现故障是胎压监测系统 ECU 给组合仪表输出信号显示，并以使胎压警告灯点亮或闪烁告知驾驶人，如图 3-75 所示。显示器使用了低功耗的芯片，耗电极小；内置了停车智能检测装置，车辆静置超过 15min 后，

图 3-75　胎压警告显示

会自动进入低功耗休眠模式。用户可利用声音、振动（如开关车门）或按下显示器任一按键将其唤醒，进入正常工作状态。

六、车轮和轮胎常见故障

1. 车轮不平衡

车轮不平衡会导致轮胎不规则磨耗和车辆悬架系统的不必要磨损，而且不平衡的轮胎行驶在路面上也会引起车辆颠簸，从而产生驾驶疲劳。车轮的平衡对于现代的车辆来讲，是非常重要的一项工作，车辆在出厂前或者运行一段时间后，都要对车轮进行平衡调试，测出轮圈内外不平衡量，在轮圈边上适当的位置嵌扣上平衡块，以保证车轮平衡。

2. 轮胎异常磨损

轮胎异常磨损的特征及原因见表 3-7。

表 3-7　轮胎异常磨损的特征及原因

名称	中央磨损	两边磨损	局部磨损
外观			
原因	轮胎气压过高,使胎面中心部分接地压力过高而造成	轮胎压力过低,使两胎肩接地压力过高造成	1)制动抱死及制动不均 2)轮辋变形及组装件等造成偏心

名称	羽状磨损	单边磨损
外观		
原因	四轮定位不当 (倾角及前束等)	四轮定位不当 (倾角及前束等)

3. 轮胎刺穿或划破,胎侧出现龟裂或鼓包

轮胎因局部受尖锐硬物瞬间撞击,超过了胎侧的承受能力,致使胎侧帘线松弛或断裂引起鼓包。出现鼓包的轮胎非常危险,随时都有爆裂可能,不能修补,要尽快更换轮胎。

4. 爆胎

爆胎的原因主要有轮胎气压不足或过高行驶,轮胎充气过高,轮胎质量不合格,轮胎的选型不对,车轮不平衡等。

七、车轮和轮胎维修

1. 轮胎磨损的检查

当汽车轮胎磨损超过一定程度时,轮胎附着性能就无法保证,高速行驶时,易出现车轮滑转或侧滑,制动距离大大延长,制动稳定性下降,在严重时,易造成爆胎。大多数轮胎都设置了轮胎磨损标记(TWI),如图 3-76 所示,表明轮胎需要更换的时间。轮胎胎冠磨损到 1.6mm 时,作为磨损标记的横跨外胎的一个宽带将会显现出来,就应该更换轮胎。

2. 轮胎换位

轮胎换位是使轮胎磨损均匀、延长轮胎的使用寿命,按汽车维护规定定期对轮胎进行换位。轮胎换位间隔一般新车为 10000km,以后每行驶 5000~10000km 进行一次轮胎换位。

由于各轮胎工作条件和负荷不相同,货车一般后轮负荷大于前轮,轿车行驶一般前轮负荷大于后轮。轮胎换位的方法随轮胎结构的不同而不同,如图 3-77 所示。对斜交

图 3-76　轮胎磨损标记

轮胎可用交叉换位法(图 3-77a),即仅一次更换轮胎的位置,就可以实现所有轮胎从汽车一侧完全换到另一侧;而对子午线轮胎可用循环换位法(图 3-77b)。轮胎换位要在专业的维修站进行,调换完轮胎后要再做一次四轮定位。

3. 轮胎与车轮平衡

车轮平衡主要有静平衡和动平衡两种,更换轮胎时要再次进行平衡。静平衡是指轮胎周向上的质量均衡,动平衡是指轮胎沿轴向上的质量均衡。这两种不平衡,都会在高速行驶时产生强烈的振动。

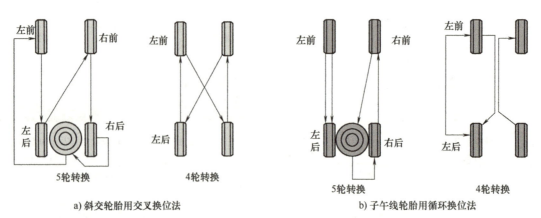

a) 斜交轮胎用交叉换位法　　　　　　　　　　　b) 子午线轮胎用循环换位法

图 3-77　轮胎换位

汽车在出厂时，已经做过轮胎的平衡，但在使用过程中，平衡可能受到破坏。车轮的平衡校正，应在专门的车轮动平衡机上进行。车轮不平衡会导致轮胎不规则磨耗和车辆悬架系统的磨损，轮胎不平衡会引起车辆颠簸，从而产生驾驶疲劳。

车轮动平衡机能够测量轮胎不平衡量的大小和位置并显示出来。轮胎平衡的过程就是根据测出轮圈内外不平衡量，在轮圈边上适当的位置嵌扣上平衡块，以达到车轮的平衡精度，如图 3-78 所示。

平衡块是用铅合金做成的，质量以 g 为单位，计有 5g、10g、15g 等多达十几种规格，如图 3-79 所示。

图 3-78　汽车车轮动平衡机（卧式）

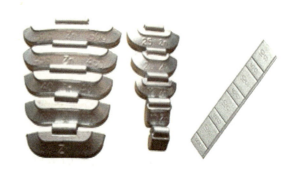

图 3-79　卡夹式和黏结式平衡块

车轮动平衡机按测量平衡原理可分为静平衡机和动平衡机。由于动平衡的车轮一定处于静平衡状态，因此，只要检测了动平衡，就没有必要检测静平衡。

动平衡机按检测方法可分为离车式和就车式，常见的是离车式动平衡试验。

离车式检测就是把车轮从车上拆下，然后在平衡机上检测其平衡状态。离车式车轮动平衡机按照其主轴的布置不同，分为卧式和立式两种。

卧式车轮动平衡机的特点是被测车轮装卸方便，机械结构和传感装置简单，造价低廉，因此深受汽车修理厂的欢迎，应用广泛。

思考题　· ·

1. 列出轮胎的各个部分，并解释轮胎的结构。

2. 解释轮胎的宽高比（扁平比）。

3. 列出购买轮胎时应考虑的因素。

4. 子午线轮胎有哪些优点？

5. 如何确定合适的轮胎充气压力？

6. 解释轮胎静平衡和动平衡的区别。

 **测试题** •••

测试题

学习模块四　车轮定位

情景导入

　　一辆 2016 款福特翼虎轿车进店维修，车主抱怨车辆两个前轮轮胎内侧磨损严重，其不仅要求检修车辆，还希望维修技师解释轮胎磨损的原因、车轮定位的原理以及常见故障。假如你是维修技师，需要完成检修任务并回答客户提出的问题。

知识提升

一、车轮定位的定义

　　车轮定位是指汽车每个车轮与转向节、车桥和车架之间的安装相对位置。车轮定位的作用是保持汽车直线行驶的稳定性，保证汽车转弯时转向轻便，且使转向轮自动回正、减少轮胎的磨损等。

　　为了提高汽车行驶的安全性、平顺性和乘坐的舒适性，现代许多车辆设计了四轮定位，四轮定位参数有前轮前束、后轮前束、主销后倾、主销内倾、前轮外倾角、后轮外倾角、包容角、前展和最大转向角、磨胎半径、退缩角和推进角等，车轮定位参数是由厂家制定的标准值。

　　车辆在使用过程中，由于悬架及转向系统中元件的磨损、变形、损坏会使车轮定位参数发生变化而失准，从而导致操纵稳定性、舒适性下降和轮胎磨损。因此，如果轮胎出现偏磨和转向沉重等现象，或在更换球销、摆臂、横拉杆等零件后要对车辆的车轮定位参数进行调整。

二、车轮定位参数

1. 车轮外倾

　　（1）车轮外倾的定义　车轮外倾角是指车轮从垂直位置向里或向外倾斜的角度，如图 3-80 所示。如果轮胎顶端向外倾斜，那么外倾角是正值；如果轮胎顶端向内倾斜，那么外倾角是负值，如图 3-81 所示，正常的车轮外倾角角度范围为 $-2° \sim 30'$。

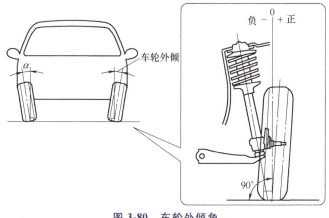

图 3-80　车轮外倾角

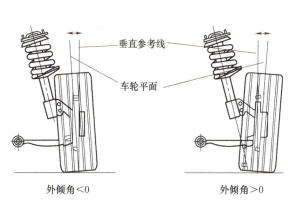

图 3-81　车轮正、负外倾角

（2）车轮外倾的作用　车轮外倾的作用是为了提高车轮行驶的安全性和转向操纵轻便性。由于主销与衬套、轮毂与轴承之间等都存在间隙，满载后上述各处间隙将发生变化以及车桥变形，可能出现车轮内倾。车轮内倾后，路面对车轮的垂直反力，使外轴承及其锁紧螺母等零件的载荷增大，使用寿命缩短。当预留有车轮外倾角时，就能防止上述不良影响，还能使车轮与拱形路面相适应。此外，车轮外倾与主销内倾相配合还能使汽车转向轻便。

现代轿车正外倾角都在逐渐减小，由于轿车轮胎正在逐渐向宽胎转变，轮胎本身已经具有平稳性，许多轿车都采用了负外倾角的设计，这样可使内外侧滚动半径近似相等，使轮胎的内外侧磨损均匀，提高了车身的横向稳定性。

2. 车轮前束

（1）前束的定义　车轮前束是指从顶部俯视时，从车轮轴线的高度处测量轮胎前缘内侧之间的距离与后缘内侧间的距离的差。当一对轮胎后缘内侧之间的距离大于轮胎前缘之间的距离时，轮胎的设置称为前束（正前束）。当一对轮胎前缘内侧之间的距离大于轮胎后缘之间的距离时，轮胎的设置称为负前束，如图3-82所示。

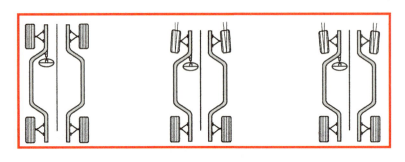

图 3-82　车轮前束（零前束、正前束、负前束）

（2）车轮前束的作用　车轮前束的作用是减小或消除汽车前进中因车轮外倾和纵向阻力致使车轮前端向外滚开所造成的滑移，减少或消除轮胎偏磨，控制轮胎地面阻力，以获取行驶的稳定性。

如图3-83所示，车轮有了外倾角后，向前滚动时就类似滚锥绕着锥尖滚动，其运动轨迹不再是直线，而是逐渐向外偏斜。但受车桥和转向横拉杆的约束，车轮不可能做向外偏斜的纯滚动，只能是向外侧滚动的同时向内侧横向滑动，车轮将在地面出现边滚边滑的现象，使轮胎磨损增加，轮毂轴承载荷增大。为了消除车轮外倾带来的这种不良后果，在安装车轮时设置了车轮前束，只要前束和车轮外倾配合适当，就可以使车轮每一瞬时滚动方向接近于正前方向，从而减轻或消除由于车轮外倾引起的轮胎和零件磨损。

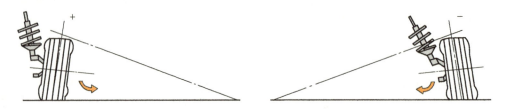

图 3-83　车轮外倾引起车轮向外滚滑，车轮负外倾引起车轮向内滚滑

（3）前轮前束与后轮前束　在前轮驱动的汽车上，前驱动轴的驱动力有使前轮增大前束的趋势，过大的正前束会造成转向不足，轮胎形成由外侧胎肩向内的锯齿状磨损。由于轮胎正在逐渐向宽胎转变，轮胎自身已经具有稳定性，因此，汽车制造厂通常在这类车辆的前轮上设定较小的前束，有的甚至是负前束。

现代轿车的速度越来越高，在中、高档轿车上已经开始设置后轮定位角。为了防止高速行车时出现的"激转"及危险的自动转向现象，在结构设计上应当确保汽车具有不足转向特性。汽车后轮具有一定程度的外倾和前束可使后轮获得合适的侧偏角，提高汽车高速行驶的操纵稳定性。后轮前束不当会造成车辆推力线方向偏差，造成在车轮打滑路摆尾、轮胎斜向磨损等危害。

3. 主销后倾

（1）主销后倾的定义　主销后倾是指前主销上端从垂直方向向前或向后倾斜的角度，如图 3-84 所示。主销后倾角也有正负之分，相对于垂直方向，向后倾斜角为正，向前倾斜角为负。

（2）主销后倾的作用　主销后倾的作用是保持汽车直线行驶的稳定性，并使汽车转弯后车轮能自动回正。如图 3-85 所示，主销后倾之后，其轴线与路面的交点 a 位于轮胎与路面的接触点 b 之前，这样 b 点到转向轴线之间就有一段距离 l。在汽车转弯时（如图 3-85 中所示向右转弯），由于汽车本身产生的惯性力作用，将引起路面对车轮的侧向反作用力 F（向心力）。F 通过 b 点作用于轮胎上，形成绕转向轴线的回正力矩（M），其方向与车轮偏转方向相反，该力矩有使车轮恢复到原来中间位置的作用，所以称为稳定力矩。后倾角越大、车速越高，车轮的稳定效应也越强；但后倾角不宜过大，否则在转向时会使转向沉重或回正过猛而打手。一般取 $\gamma < 3°$，有些轿车和客车的轮胎气压较低，后倾角可以减小，甚至减到负值，即主销前倾（负主销后倾）。

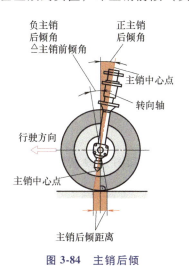

图 3-84　主销后倾

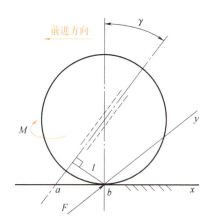

图 3-85　主销后倾产生的回正力矩

负主销后倾角的作用：当主销后倾角为负值，前轮驶入路面凹陷时，主销线并不会指向凹陷处，这就减缓了路面对悬架和底盘的冲击，减小了转向作用力，改善了车辆行驶的平顺性。

4. 主销内倾

（1）主销内倾的定义　向左或向右转向时，车轮会围绕一条轴线转动，该轴线称为转向轴线。车辆悬架类型不同，转向轴线的定义有所不同。在整体桥悬架中，车桥前轴两端都装有一个称为转向主销的零件，转向主销轴线便相当于其他类型悬架中的转向轴线（图 3-86a）。在双叉式悬架中，上球节与下球节之间的连接便构成了转向轴线（图 3-86b）。从车辆前面看，该转向轴线上端略向内倾斜，这种现象称为主销内倾。

对于麦弗逊式悬架，在减振器上支承轴承和悬架下摆臂球节之间，画一条假想直线，就是转向轴线，如图 3-87 所示。该转向轴线也向内倾斜，即主销内倾。

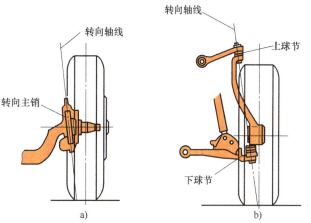

图 3-86　整体车桥和双横臂悬架的主销内倾

（2）主销内倾的作用　主销内倾后，主销轴线的延长线与地面交点到车轮中心平面与地面交线的距离 c 减小，如图 3-88a 所示，从而可以减小转向时驾驶人加在转向盘的力，使转向轻便，也可以减小从转向轮传到转向盘上的冲击力。同时，当车轮转向或偏转时，转向节沿一条弧线运动，车轮有向下陷入地平面的倾向，但显然这是不可能发生的，此时车辆底盘被抬高。当完成转向时，在重力作用下迫使车轮自动地回归到直线行驶的方向上，如图 3-88b 所示。因此，主销内倾的作用是使转向轮自动回正、转向轻便，改善车辆直线行驶的稳定性。主销内倾角越大或前轮转角越大，则汽车底盘抬起就越高，前轮的自动回正作用就越明显，但转向时转动转向盘费力，转向轮的轮胎磨损增加。所以，主销内倾角一般控制在 $5° \sim 8°$ 为宜，主销内倾是由前轴设计来保证的。

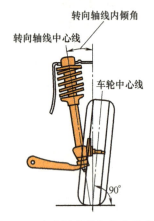

图 3-87　麦弗逊式悬架的主销内倾

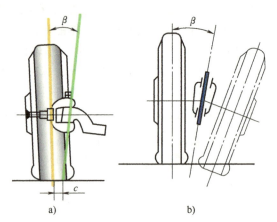

图 3-88　主销内倾的作用

5. 包容角

（1）包容角的定义　包容角是指主销内倾角与车轮外倾角之和，如图 3-89 所示。包容角是由汽车刚性件（转向拉杆铰接组件或麦弗逊式悬架减振器）确定的，汽车制造商没有特别设置该参数，也没有包容角专用的调整部位，但在利用悬架撑杆下方的螺栓等调整车轮外倾角时，包容角的数值也会发生变化。

（2）包容角的作用　包容角的作用是可以用来诊断悬架系统故障，判断轮轴及减振器变形情况。在悬架系统没有损坏的情况下，主销内倾角和车轮外倾角会有变化，但包容角不变。包容角不正确时，会影响转向主销的内倾内置量（磨胎半径），有损于车辆的行驶稳定性和操纵性。表 3-8 所示为主销内倾角、车轮外倾角和包容角与故障点之间的关系。

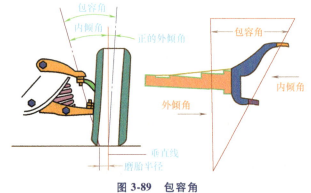

图 3-89　包容角

表 3-8　主销内倾角、车轮外倾角和包容角与故障点之间的关系

车轮定位角			故障点
主销内倾角	车轮外倾角	包容角	
正确	小于规定	小于规定	轴颈弯曲
小于规定	大于规定	正确	下悬架臂弯曲
大于规定	小于规定	正确	上悬架臂弯曲
小于规定	大于规定	大于规定	上悬架臂及轴颈弯曲

6. 前展和最大转向角

（1）前展　转向前展（Toe-out on Turn）为车辆转向时前轮内外轮的转向角度之差，一般内侧车

轮转角大于外侧车轮转角，即 $\beta>\alpha$，由转向梯形机构或转向节臂保证，如图 3-90 所示。前展的作用是保证转向时所有车轮有一个共同的回转中心，保证各车轮在转向过程中均进行纯滚动，减小转向阻力，减少轮胎磨损。当梯形臂变形，则转向前展角会发生变化。

（2）最大转向角　最大转向角指当转向盘转到极限位置时，内侧车轮和外侧车轮中心线与车辆中心线的转角。最大转向角决定汽车的最小转弯半径，转弯半径越小，汽车的机动性能越好。

若前轮最大转向角不符合规定，可调整前轮转向角限位螺钉的长度，调整后将螺钉锁止。

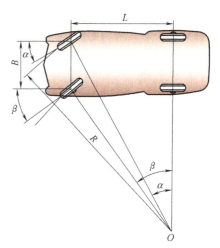

图 3-90　转向前展

（R—转弯半径，L—轴距，β—内侧车轮转角，α—外侧车轮转角）

7. 磨胎半径

（1）磨胎半径的定义　磨胎半径（Scrub Radius）是指主销或其延长线的落地点与车轮接地印迹中心线的距离。磨胎半径随车型而不同，如果主销延长线与路面的交点在轮胎中心线内侧，磨胎半径为正；如果主销延长线与路面的交点在轮胎中心线外侧，磨胎半径为负，如图 3-91 所示。

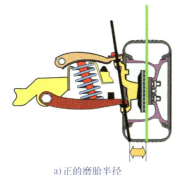
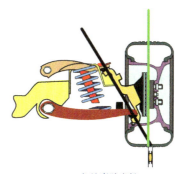

a) 正的磨胎半径　　　　　　　　　　　b) 负的磨胎半径

图 3-91　磨胎半径

（2）磨胎半径的作用　磨胎半径的作用是使转向轮转向轻便、具有自动回正能力，保证急加速、制动时的方向稳定性。

普通的双横臂前悬架系统通常有正的磨胎半径，也有许多前轮驱动车辆有负的磨胎半径。当前轮驱动车辆的磨胎半径为负时，制动时使前轮向内转而不会跑偏，方向稳定性也得到保证。

8. 退缩角

（1）退缩角的定义　退缩角是指前桥与汽车纵轴线垂线构成的角度，主要反映了车辆轴距的变化，如图 3-92 所示。退缩角一般是由于事故车辆上前后轴的不平行导致的，不正常的退缩角会影响主销后倾，造成车辆行驶跑偏、制动跑偏、操纵不稳等。退缩角可以修正，但不可调节。退缩角可以用四轮定位仪进行测量，或通过测量车辆两侧的轴距确定。

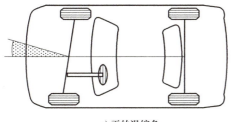
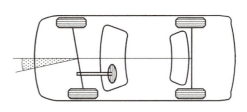

a) 正的退缩角　　　　　　　　　　　　b) 负的退缩角

图 3-92　前轮的退缩角

（2）产生退缩角的原因

1）前轮驱动车辆上的主销支架位置不正确。可能是更换或维修变速器、离合器或发动机后，没有正确安装主销支架引起的。

2）车辆事故碰撞导致底盘变形。

9. 推进角

推进角是指后轴推进线与汽车几何中心线的夹角，或称偏离角为推力角，如图 3-93 所示。汽车几何学中心线是指连接前轮之间中心点与后轮之间中心点的假设的中心直线。后轴推进线是指后轮中前束的平分线，即车辆后半部朝前行驶的方向线。

推进角的作用是保持汽车直线行驶，转向盘端正，减少轮胎非正常磨损。车辆后轮前束不正确或后桥变形会产生推进角，推进角越接近 0 值越好。

推进角的出现使车辆在冰、雪或湿路面上的方向稳定性变差。在车辆制动或急剧加速时，会使车辆跑偏。当车辆行驶出现向左跑偏或向右跑偏的现象时，需要调整推进角。推进角是通过调节后轮的前束来进行调整的，推进角的调整必须在进行前轮前束调节以前进行。

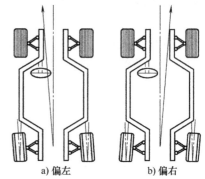

a) 偏左   b) 偏右

图 3-93　推进角

三、车轮定位常见故障

车轮定位参数角度是存在于悬架系统和与转向机构、前后车轴之间的相对角度，车轮定位失常会引起转向沉重，加剧转向机构和转向轮胎的磨损，使燃油消耗量增加，不能保持直线行驶，造成汽车操纵失灵。车轮定位常见故障见表 3-9。

表 3-9　车轮定位常见故障

故障现象	故障原因
转向盘沉重	主销后倾角太大、磨胎半径不正确
	轮胎压力过低
	动力转向机构故障
转向盘发抖	车轮动态不平衡
	车轮中心点偏离,产生凸轮效应
	发动机运转不顺畅
	制动盘异常磨损,厚度不均匀
行驶跑偏	主销后倾角不正确
	车轮外倾角不正确
	推进角或退缩角不正确
	左右车轮气压不相等
	轮胎变形或不良
	车身高度左右不相等,转向系统卡住,制动片卡住
转向盘漂浮不定	主销后倾角太小
	包容角不正确
	零部件磨损严重,间隙太大
转向盘自动回正不良	主销后倾角太小或车轮外倾角不正确
	零部件运动干涉、卡滞
	助力转向机构故障

（续）

故障现象	故障原因
转向盘不正	转向盘在中间位置时,单边前束不等
	前束或推进角不正确
轮胎羽毛状磨损	前束不正确
轮胎单边磨损	车轮外倾角不正确
	推进角不正确
轮胎凹凸状磨损	车轮动态不平衡或后轮前束不正确

四、四轮定位检测与调节

1. 进行四轮定位检测的条件

汽车一般在具备以下条件之一，需要进行四轮定位检测：

1）每行驶 20000km 或车辆每使用 1 年后。

2）直线行驶时车辆往左或往右拉。

3）直行时需要紧握转向盘。

4）直行时转向盘不正。

5）感觉车身会漂浮或摇摆不定。

6）前轮或后轮单轮磨损。

7）安装更换新的轮胎后。

8）碰撞事故维修后。

9）换装新的悬架或转向有关配件后。

2. 四轮定位仪

四轮定位仪是用于检测汽车车轮定位参数，指导使用者对车轮定位参数进行相应调整，使其符合原设计要求，保障汽车操纵轻便、行驶稳定可靠、减少轮胎偏磨损的精密测量设备。

四轮定位仪有拉线式、光学式、计算机拉线式和计算机式等几种类型，目前，四轮定位仪的主要生产厂家，国外品牌有德国百斯巴特（BEISSBARTH）、美国战车（JOHN-BEAN）、美国猎人（HUNTER 亨特）、意大利科基等；国内主要品牌有台湾万达、上海一成、烟台海德、深圳元征、青岛金华、北京科技（明斯克）、珠海战神等。

以德国百斯巴特（BEISSBARTH）四轮定位仪（图 3-94）为例介绍其使用情况。

主机

传感器

图 3-94　百斯巴特四轮定位仪

3. 四轮定位的调节

当检测发现汽车车轮定位参数与原厂设计参数不符时，需要对其进行调整。在进行四轮定位调节前，先用转向盘锁将转向盘固定成水平状，再升起举升机到合适调整的高度。将四个传感器调整为水平状态，再进行定位参数调整操作。

很多汽车只有前束和外倾这两项参数可以调整，其他定位参数在汽车设计和制造安装后保证参数的精度。有些车辆如果车轮定位调整不到标准范围内，可以更换前轮上臂改变前轮外倾角和主销后倾角，如奥迪和宝马车型。

有些车辆经过长时间的使用或者事故修复后，无法在正常范围内调整其定位参数，但是可以通过加装调整垫片或者更换偏心螺栓等方法进行深度加工调整，下面介绍此类车轮定位调整方法。

（1）前轮前束的调整　要调整前轮前束，可改变与转向节臂相连的转向横拉杆长度。对于转向横拉杆位于轴颈之后的车型，增加转向横拉杆的长度，便可增大前轮前束，如图 3-95 所示。对于转向横拉杆位于轴颈之前的车型，增加转向横拉杆的长度，则可减少前束。

对于前桥独立悬架的车辆，要在左、右转向横拉杆长度一致的前提下，调整前轮前束。如左、右转向横拉杆长度不相等，即使前轮前束调整正确，也会导致转向盘偏斜，前轮偏转角不对称，如图 3-96 所示。

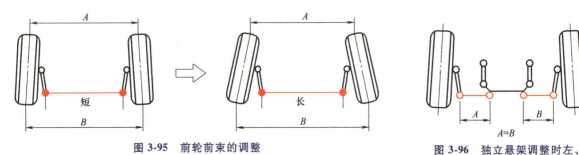

图 3-95　前轮前束的调整

图 3-96　独立悬架调整时左、右横拉杆长度应相等

（2）车轮外倾角和主销后倾角的调整　车轮外倾角和主销后倾角的调整位置和调整方法，随车型和悬架类型而异。调整时根据悬架装置结构的不同，可分开进行，也可以同时进行。

由于单独调整车轮外倾角或主销后倾角，或者同时调整车轮外倾角和主销后倾角都会使前轮前束发生改变，所以一定要在车轮外倾角和主销后倾角调整完毕后，检查前轮前束。调整程序请参考相应车型的维修手册。

在调整车轮外倾角的同时，主销内倾角同时发生改变，两者在调整时一定要兼顾到。有些车型装有可对车辆外倾角和主销后倾角分别进行调整的调节机构，其调整方法如下：

1）车轮外倾单独调整。对于某些车型，可以通过调整减振器螺栓来调节车轮外倾角，如图 3-97 所示。松开减振器支架上两个螺栓，旋转上部带偏心凸轮的螺栓即可调整前轮外倾角。

2）主销后倾角单独调整。通过调节支承杆的螺母或间隔垫圈，改变下臂与支承杆之间的距离 "L" 来调节主销后倾。这种调整通常在柱式悬架上或者在双摇臂悬架上使用，支承杆位于下臂的前面或后面，如图 3-98 所示。

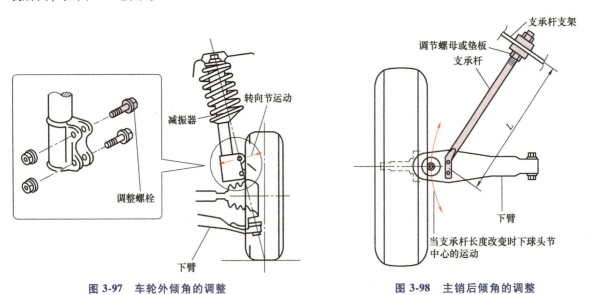

图 3-97　车轮外倾角的调整

图 3-98　主销后倾角的调整

3）同时调整车轮外倾和主销内倾角。

① 偏心凸轮式安装螺栓位于下臂的内侧接头上。旋转该螺栓，移动下球头节的中心，使其倾斜并

调节车轮外倾和主销后倾。这种调整方法通常在柱式悬架上或在双摇臂悬架上使用。

②通过调节前后下臂上的安装螺栓来改变下臂安装角并且改变下球头节的位置。这种调整方法通常在柱式悬架或双摇臂悬架上使用。

③用增加或减少垫片数量和/或厚度来改变上臂安装角，也就是上球头节位置。这种调整方法通常在双摇臂悬架上使用，如图3-99所示。

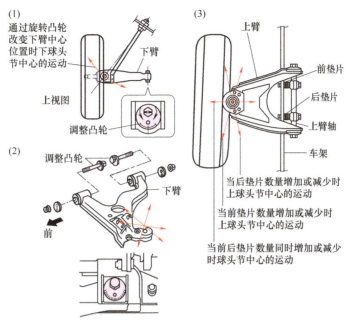

图3-99　同时调整车轮外倾和主销内倾角

（3）后轮定位参数的调整　独立式后悬架的后轮校正，通过调整后轮外倾角和后轮前束来实现。后轮外倾角和后轮前束的调整方法随悬架类型而异。有些车型上，并未安装调整后轮外倾角的机构。

1）后轮前束的调整。车辆悬架上一般装有用于确定车轮与车身之间相对位置的偏心凸轮。转动凸轮，便可使悬架臂向左、右移动，以改变车轮的方向，从而调整后轮前束，如图3-100所示。

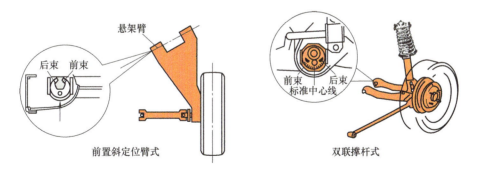

图3-100　后轮前束的调整

与前轮前束一样，如果不将后悬架臂（左、右）的长度调至相等，便分别调整后轮前束，则不论前束有多准确，左、右后轮平面与车身纵轴线的夹角（转向角）仍然会不一样，从而产生推力角，使车辆有行驶跑偏的可能。因此，一定要先校正左、右后轮的转向角，然后再调整后轮前束。

2）后轮外倾角的调整在双横摆臂式悬架中，后轮外倾角和后轮前束可同时调整。两个偏心凸轮安装在位于车轮中心线下的1号和2号下摆臂上，如图3-101所示。如果其中一个摆臂向左或向右移动，则后轮前束也随之改变。如果两个摆臂向左、右等量移动，后轮外倾角便会改变。

按照前轮外倾角和主销后倾角的调整方法，便可进行后轮的调整。

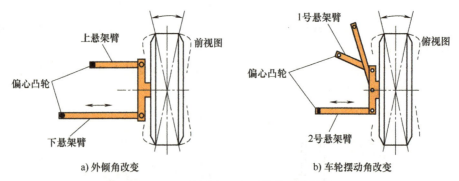

a) 外倾角改变   b) 车轮摆动角改变

图 3-101   后轮外倾角和后轮前束的调整

4. 道路试验

在前桥、悬架、转向和车轮定位等项目调整完毕后，为检查调整效果，要进行道路试验。道路试验的内容主要包括车辆向前行驶、转向、制动以及检查有无异常噪声等。

在平坦的路面上行驶时，车辆应向前直行，不应向左或向右偏行，而且不应发生过大的转向摆振或振颤。车辆转向时，转向盘应很容易地向左、右转动；放开时，应可迅速、平稳地返回中间位置。车辆在平滑的路面上制动时，转向盘不应拉向任何一侧。

道路试验时，不应听到任何异常噪声。此外，当转向盘转至极限位置时，转向和悬架零件也一定不可与底盘或车身接触。

 **思考题**

1. 解释车轮外倾的作用。
2. 解释前轮前束与后轮前束的作用，如何调整？
3. 解释主销后倾角与主销内倾角的作用。
4. 分析汽车轮胎偏磨的故障原因。
5. 分析汽车转向沉重的故障原因。
6. 通过检测发现汽车的推进角参数过大，分析可能导致的后果。

 **测试题**

测试题

项目四　汽车转向系统

学习目标

知识目标	能力目标	素养目标
1）能描述汽车转向系统的作用、类型与组成 2）能解释转向器的类型、结构与工作原理 3）能描述液压助力转向系统和电动助力转向系统的结构与原理	1）能拆装与维护循环球式转向器 2）能拆装与维护齿轮齿条式转向器 3）能对汽车转向系统进行维护、维修与调整 4）能列出汽车转向系统的常见故障，并分析故障原因	1）学会自主学习，了解汽车转向系统电动化、智能化发展 2）培养较强的口头与书面表达能力、人际沟通能力 3）培养独立工作的能力

学习模块一　机械转向系统

情景导入

一辆 2016 款大众速腾轿车，行驶里程约为 9.5 万 km，该车主反映车辆在颠簸路面上行驶时，转向盘抖动很厉害，车主不仅要求检修车辆，还希望维修技师解释汽车转向系统的结构原理以及常见故障。假如你是维修技师，需要完成检修任务，并回答客户提出的问题。

知识提升

一、转向系统的作用与组成

1. 转向系统的作用

汽车转向系统（Steering System）是指用来改变或保持汽车行驶或倒退方向的系列装置。汽车转向系统的作用就是按照驾驶人的意愿控制汽车的行驶方向。汽车转向系统对汽车的行驶安全至关重要，一旦行驶方向失控，将会发生行车事故。汽车转向系统和制动系统都是汽车安全必须要重视的两个系统。

2. 汽车转向系统的组成

尽管现代汽车转向系统的结构形式多种多样，但都由转向操纵机构、转向器和转向传动机构三大部分组成，如图 4-1 所示。转向操纵机构的功能是产生转动转向器所必需的操纵力。转向器的功能是将转向盘的回转运动转换为传动机构的往复运动。转向传动机构的功能是将转向器输出轴的运动传递给转向臂，转向臂偏转车轮而改变汽车的行驶方向。

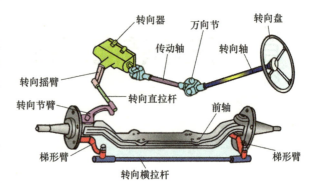

图 4-1　汽车转向系统的组成

3. 汽车转向系统的要求

1）汽车转弯行驶时，全部车轮应绕瞬时转向中心旋转。

2）转向轮具有自动回正能力，转向盘没有摆动。

3）转向传动机构和悬架导向装置产生的运动不协调，应使车轮产生的摆动最小。

4）转向灵敏，操纵轻便，最小转弯直径小。

5）转向轮传给转向盘的反冲力要尽可能小。

6）转向系统应有能使驾驶人免遭或减轻伤害的防伤装置。

二、汽车转向原理

1. 汽车转向车轮的运动规律

汽车转向时，要保证每个车轮都是纯滚动而不发生侧滑，必须使汽车车轮转向轨迹符合一定的规律，必须使各个车轮的轴线都相交于一点，使所有的车轮能围绕它们的共同圆心转动，如图 4-2 所示，交点 O 称为转向中心，这个转向中心随驾驶人操纵的转向轮转角的变化而改变，因此转向中心也称为瞬时转向中心。

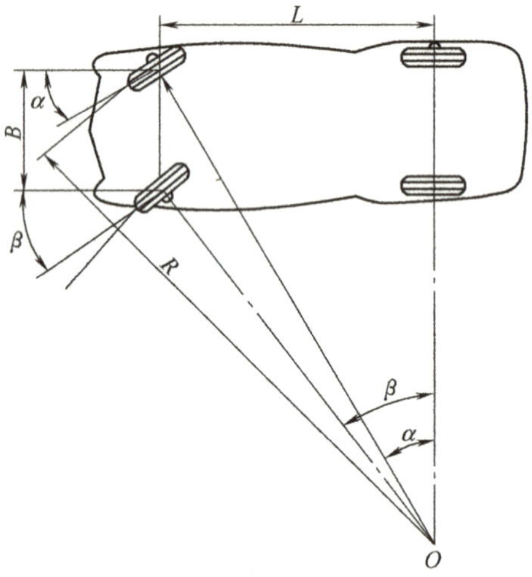

转向时，为使汽车车轮在同心圆上行驶，且左右车轮的转弯半径不一样，必须要让内侧车轮的转角大于外侧车轮转角。它是通过左右梯形臂与横拉杆构成的梯形使内侧转向轮的偏转角度总是大于外侧转向轮的偏转角度，在车轮为刚体的假设条件下，内侧转向轮偏转角 β 与外侧转向轮偏转角 α 需满足的关系为

$$\cot\alpha = \cot\beta + B/L$$

式中　B——两侧主销轴线与地面交点之间的距离；

　　　L——汽车轴距。

图 4-2　汽车转向时理想的两侧
转向轮偏转角关系

这一关系是由转向梯形机构来保证的，所以上式也称为转向梯形理论特性关系式。迄今为止，所有汽车转向梯形的设计实际上都只能保证在一定的车轮偏转角范围内，使两侧车轮偏转角大体上接近以上关系式。转向梯形机构可以在转向桥轴线后，也可以在转向桥轴线前，如图 4-3 所示。

从转向中心 O 到外侧转向轮与地面接触点的距离 R 称为汽车转弯半径。转弯半径越小，则汽车转向所需场地就越小，汽车的机动性越好。当外侧转向轮偏转角达到最大值时，转弯半径 R 最小。汽车内侧转向轮的最大偏转角一般在 35°~42° 范围内。货车的最小转弯半径一般为 7~13m。

2. 转向器传动效率

转向器输出功率与输入功率之比称为转向器传动效率。当功率由转向盘输入，从转向摇臂输出时，

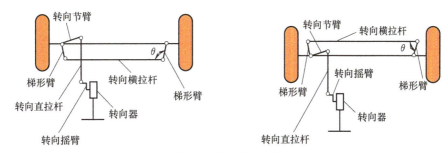

图 4-3　转向梯形机构

所求得的传动效率称为正传动效率；反之，转向摇臂受到道路冲击而传到转向盘的传动效率则称为逆传动效率。正、逆传动效率都很高的转向器称为可逆式转向器。可逆式转向器有利于汽车转向后转向轮的自动回正，但转向盘"路感"很强，在坏路面行驶时容易出现"打手"现象，所以主要应用于经常在良好路面行驶的车辆。正传动效率远大于逆传动效率的转向器称为极限可逆式转向器。极限可逆式转向器能实现汽车转向后转向轮的自动回正，只有路面冲击力很大时，才能部分地传到转向盘，其"路感"较差，主要应用于中型以上的越野汽车和工矿自卸汽车等。

三、汽车转向系统的类型与应用

1. 传统机械转向系统

机械转向系统由转向操纵机构、机械转向器和转向传动机构三部分组成，如图 4-4 所示。汽车转向时，驾驶人作用于转向盘上的力，经过转向轴（转向柱）传到转向器，转向器将转向力放大后，又通过转向传动机构的传递，推动转向轮偏转，使汽车行驶方向改变。这种转向系统具有结构简单、工作可靠、路感性好、生产成本低、维护方便等优点；但该系统以驾驶人的体力作为转向能源，所有传递力的构件都是机械，转向操纵难度增大，增加了驾驶人的精神和体力负担，因此已经逐渐被淘汰。

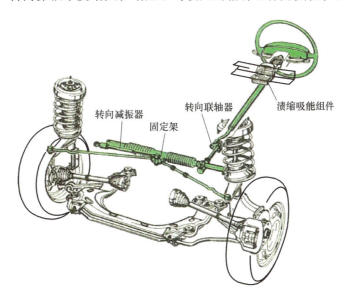

图 4-4　机械转向系统的结构

2. 液压助力转向系统

液压助力转向系统（HPS）是在机械转向系统的基础上额外加装了一套液压助力系统，一般由伺服液压泵、油管、供油装置、助力装置和控制阀等组成，如图 4-5 所示。它以液压油为动力，通过液压泵产生的动力来推动机械转向器工作。由于液压助力转向系统工作可靠、技术成熟，能提供大的转向助力，目前被广泛应用。

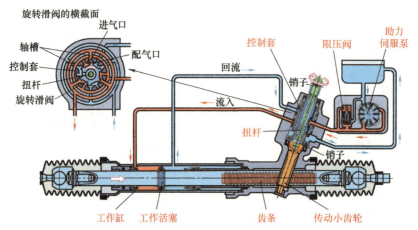

图 4-5　液压助力转向系统

3. 电控液压助力转向系统

电控液压助力转向系统（ECHPS）是在液压助力转向系统的基础上增加了控制液体流量的电磁阀、转矩传感器、车速传感器以及转向控制单元等元件，如图 4-6 所示。理想情况下，汽车在原地转向时要求尽量轻便，在汽车以不同的速度运行时，能实时提供相应的转向助力，以克服该运行速度下的转向阻力，使驾驶人既能轻便地操纵转向盘，又有足够的路感。

在转向过程中，通过转矩传感器、车速传感器等感应器件将转向速率和车速等参数传递给转向控制单元。经解算后，控制电磁阀使液体流量随车速的变化而改变，进而改变助力矩的大小，使驾驶人的转向力根据车速和行驶条件变化而改变，使操纵轻便性和稳定性达到和谐统一。但该转向系统也存在着由于液压泵的持续工作所造成的多余能量消耗，整个液压系统占用空间大、容易泄漏、噪声大、不便于安装维修等缺点，而且增加了车速检测控制装置，控制阀的结构复杂且成本较高，目前主要应用于高级轿车及运动型乘用车上。

4. 电动助力转向系统

电动助力转向系统（EPAS 或 EPS）包括机械部分和控制部分，主要由转向器、电动机、离合器和转向柱总成、ECU、转矩传感器和车速传感器等组成，如图 4-7 所示。其特点是通过电动执行机构（电动机）在不同的驾驶条件下为驾驶人提供合适的助力。

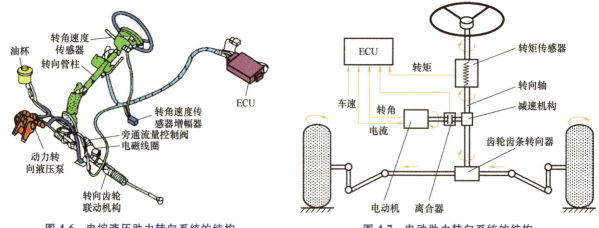

图 4-6　电控液压助力转向系统的结构　　　图 4-7　电动助力转向系统的结构

电动助力转向系统的工作原理是：驾驶人操纵转向盘转向时，传感器将驾驶人作用于转向盘上的转矩信号、车速信号、发动机转速信号输入转向 ECU，ECU 对输入信号进行运算，确定目标电流的大小和方向，从而控制电动机的电流和方向，电动机经减速机构及离合器将转矩传递给转向机构，为驾驶人提供合适的助力。该系统可以实时地在不同的车速下为汽车转向提供不同的助力，保证汽车在低速行驶时轻便灵活，高速行驶时稳定可靠。电动助力转向系统已成为目前汽车转向系统技术发展的主流，目前已大量装备到中高级轿车上，如丰田卡罗拉、大众宝来和奥迪等，并逐渐向普通型轿车和小型商用汽车发展。

5. 四轮转向系统

四轮转向（Four Wheel Steering，4WS）是指汽车转向过程中，四个车轮可根据前轮或行车速度等信号同时相对车身偏转。四轮转向汽车的后轮可以与前轮同向偏转，也可以反向偏转，如图 4-8 所示。

四轮转向的功用主要是确保车辆良好的操纵性与稳定性，即有效控制车辆横向的运动特性，以充分保证车辆的操纵稳定性。具体而言，四轮转向低速转向时利用前后轮逆向转向特性来提高机动性，而高速转向时利用前后轮同相转向特性来提高方向稳定性。

四轮转向是提高汽车主动安全性的方法之一，近年来，本田、日产、马自达等汽车厂商纷纷推出了带有四轮转向控制系统的概念车，并把一些成熟的四轮转向技术应用到了它的普及型汽车中，提高了其汽车的主动安全性。四轮转向系统的工作方式有机械式、液压式和电动式等实现方式。

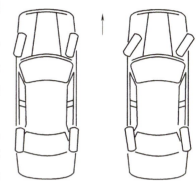

图 4-8　四轮转向前后轮转向控制

6. 线控动力转向系统

线控动力转向系统（Steering By Wire，SBW）是随着汽车电子技术发展的最新成果而成长起来的一种全新转向系统。线控动力转向系统在转向盘和转向轮之间没有机械连接，而是用传感器记录驾驶人的转向意图和车辆的行驶状况，通过数据线将信号传递给车载 ECU，ECU 据此做出判断并控制前轮转向模块，使转向轮偏转相应角度实现汽车转向，所以该系统也称作柔性转向系统。

线控动力转向系统主要由转向盘模块、前轮转向模块、ECU 三个主要部分以及自动防故障系统和电源等辅助系统等组成，其结构如图 4-9 所示。

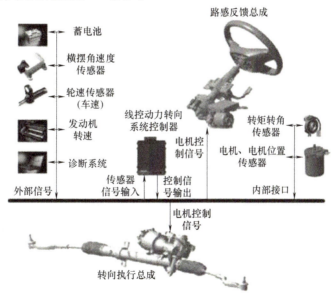

图 4-9　线控动力转向系统的结构

四、机械转向系统的结构

1. 转向盘

转向盘由轮圈、轮辐和轮毂组成，如图 4-10 所示。轮辐和轮圈由钢、铝或镁合金制成的骨架，外表面通过注塑方法包裹一定形状的塑料外层或合成橡胶，以改善操纵转向盘的手感并提高驾驶室的安全性。轮辐一般为三根辐条或四根辐条，也有用两根辐条的。转向盘轮毂孔具有细牙内花键，借此与转向轴连接。

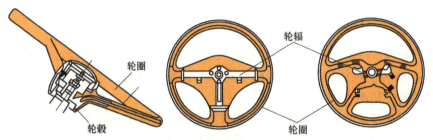

图 4-10　转向盘的结构

2. 转向柱

转向柱是转向系统连接转向盘和转向器的元件。通过转向柱，驾驶人把转矩传递给转向器，带动转向器实现转向。一般将转向轴和转向柱管统称为转向柱，转向轴多用无缝钢管制成，它的上部用轴承或衬套支承在转向管柱内，下端与转向万向节相连。为了保证驾驶人的安全，同时也为了更加舒适、可靠地操纵转向系统，现代汽车通常在转向操纵机构上增设相应的安全、调节装置，如转向柱都增设有能量吸收机构、斜度调整机构、伸缩转向机构和转向锁止机构等。

（1）可分离式吸能转向柱　有很多轿车的转向操纵机构都采用了可分离式吸能转向柱，如图 4-11 所示。

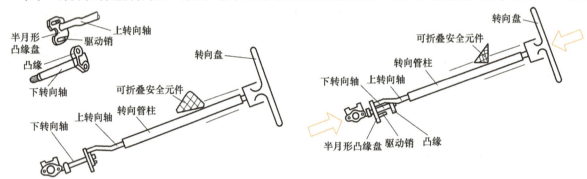

图 4-11　可分离式吸能转向柱

此类转向操纵机构的转向轴分为上下两段，用安全联轴器连接，上转向轴下部弯曲并在端面上焊接有半月形凸缘盘，盘上装有两个驱动销，与下转向轴上端凸缘压装尼龙衬套和橡胶圈的孔相配合，形成安全联轴器。一旦发生撞车事故，驾驶人因惯性以胸部扑向转向盘时，迫使转向柱压缩位于转向柱上方的可折叠安全元件而向下移动，使两个驱动销迅速从下转向轴凸缘的孔中退出，从而形成缓冲，以减少对驾驶人的伤害。

（2）缓冲吸能式转向柱　缓冲吸能式转向柱从结构上能使转向轴和转向管柱在受到冲击后，轴向收缩并吸收冲击能量，从而有效地缓和转向盘对驾驶人的冲击，减轻其所受伤害的程度，如图 4-12 所示。

（3）可调节式转向柱　驾驶人不同的驾驶姿势和身材对转向盘的最佳操纵位置有不同的要求。而且，转向盘的这一位置往往会与驾驶人进、出汽车的方便性发生矛盾。为此，一些汽车装设了可调节式转向柱，使驾驶人可以在一定的范

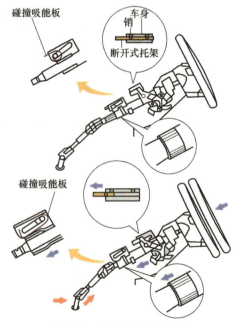

图 4-12　缓冲吸能式转向柱

围内调节转向盘位置。下面以奥迪 A8L 车型为例介绍可调节式转向柱。

可调节式转向柱有机械调节和电动调节两种，转向柱一般都配有电动转向锁。

1）机械式调节转向柱。如图 4-13 所示，机械式调节转向柱是通过两组金属薄片来固定的，每组各有八个钢片，每四个钢片均可进行轴向调节，钢片上用于调节的间隙是轴向布置的。调整转向柱时，当向下扳动调整杠杆，转向柱通过钢片的调节间隙在一定范围内可上下、垂直移动，确定了转向柱的合适位置后，向上扳动调整杠杆，由两个辊子沿盘形偏心轮的斜面向上运动完成夹紧过程，调整杠杆由一个偏心弹簧固定。

2）电动式调节转向柱。电动式调节转向柱的结构如图 4-14 所示，带有减速器的电动机与箱式摇臂是固定在一起的，带有转向管柱的导板盒与调整座组装在一起，螺杆拧在调整座的内螺纹内。

螺杆的旋转运动转换成带有导板盒和转向管柱的轴向运动，电动机内有一个霍尔效应传感器，该传感器会测出电动机转动的圈数，控制单元由此可计算出转向柱当前的位置。

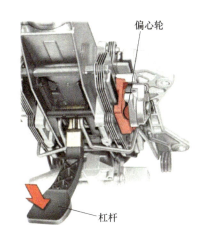

图 4-13　机械式调节转向柱的结构

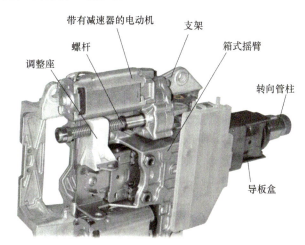

图 4-14　电动式调节转向柱的结构

如图 4-15 所示，带有导板盒和转向管柱的箱式摇臂是支承在支架内可以转动的，带有柔性轴、螺杆和减速器的电动机与箱式摇臂是固定在一起的，支架内装有一个螺纹套，螺杆拧在该套内。螺杆的转动可以使螺纹套在垂直方向上运动，使转向管柱垂直调整，其当前位置同样由控制单元计算出。

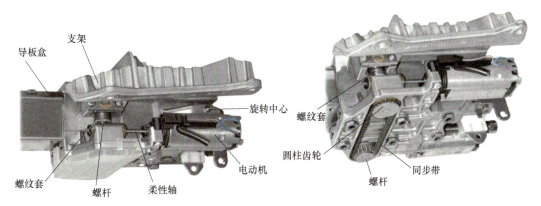

图 4-15　电动式调节转向柱垂直调整

3）电动转向柱锁（ELV）。转向柱锁的作用是当驾驶人从钥匙筒拔出钥匙后，转向柱便被锁杆锁住，即使起动发动机，汽车仍不能够转向，无法驾驶。

电动转向柱锁的结构如图 4-16 所示，带有圆锥形外花键的锁止轮通过一个滑动摩擦联轴器与转向管柱相连，带有圆锥形内花键的锁止滑块支承在导板盒内，可以纵向移动。电动机通过蜗杆来驱动圆柱齿轮，换向杠杆支持在电动转向柱锁总成内，可以纵向移动，并通过拉杆与锁止滑块相连。

3. 转向传动机构

转向传动机构的功用是将转向器输出的力和运动传给转向轮，使两侧转向轮按一定偏转角变化，以实现汽车顺利转向。

转向传动机构的组成因转向器的结构形式、安装位置和悬架类型而异。转向传动机构按照悬架的分类可分为与非独立悬架配用的转向传动机构和与独立悬架配用的转向传动机构两大类。

（1）与非独立悬架配用的转向传动机构

与非独立悬架配用的转向传动机构如图 4-17 所示，它一般由转向摇臂、转向直拉杆、转向节臂、两个转向梯形臂和转向横拉杆等组成。各杆件之间都采用球形铰链连接，并设有防止松动、缓冲吸振、自动消除磨损后的间隙等的结构。

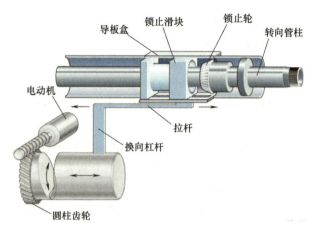

图 4-16　电动转向柱锁的结构

当前桥仅为转向桥时，由左、右梯形臂和转向横拉杆组成的转向梯形一般布置在前桥之后，如图 4-17a 所示，称为后置式，这种布置简单方便，且后置的横拉杆有前面的车桥作为保护，可避免直接与路面障碍物相碰撞而损坏。当发动机位置较低或前桥为转向驱动桥时，一般将转向梯形布置在前桥之前，如图 4-17b 所示，称为前置式。若转向摇臂不是在汽车纵向平面内前后摆动而是在与路面平行的平面内左右摆动，则可将转向直拉杆横向布置，并借球头销直接带动转向横拉杆，从而推动左右梯形臂转动，如图 4-17c 所示。

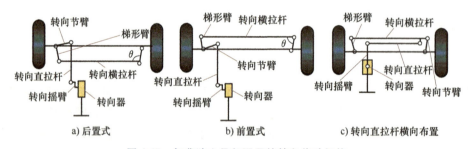

a) 后置式　　　　　b) 前置式　　　　　c) 转向直拉杆横向布置

图 4-17　与非独立悬架配用的转向传动机构

1）转向摇臂。转向摇臂的作用是把转向器输出的力和运动传给转向直拉杆和转向横拉杆，进而推动转向轮偏转。转向摇臂的典型结构如图 4-18 所示，它多采用中碳钢经锻造和机械加工制成。

2）转向直拉杆。转向直拉杆的作用是将转向摇臂传来的力和运动传给转向梯形臂或转向节臂。它所受的力既有拉力，又有压力，因此转向直拉杆都是采用优质特种钢制造的，以保证工作可靠。图 4-19 所示为常见汽车的转向直拉杆。在转向轮偏转或因悬架弹性变形而相对于车架跳动时，转向直拉杆、转向摇臂及转向节臂的相对运动都是空间运动，为了不发生运动干涉，三者之间的连接都采用球头销。

直拉杆体由两端扩大的钢管制成，在扩大的端部里，装有由球头销、球头座、弹簧座、压缩弹簧和端部螺塞等组成的球铰链。为保证球头与座的润滑，可从油嘴注入润滑脂。

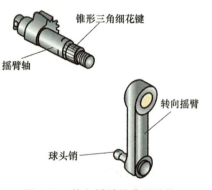

图 4-18　转向摇臂的典型结构

3）转向横拉杆。如图 4-20 所示，转向横拉杆是转向梯形机构的底边，转向横拉杆由横拉杆体和旋装在两端的接头组成，横拉杆体用钢管制成。两端的接头结构相同，其中，球头销的尾部与梯形臂相连。上、下球头座用聚甲醛制成，有很好的耐磨性。装配时两球头座的凹凸部互相嵌合。弹簧保证

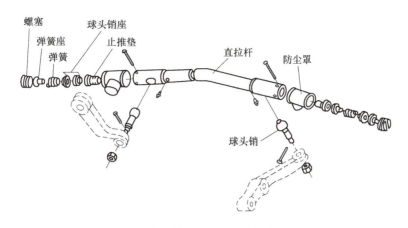

图 4-19　常见汽车的转向直拉杆

两球头座与球头紧密接触，并起缓冲作用，其预紧力由螺塞调整。横拉杆体两端的螺纹，一端为右旋，另一端为左旋。在旋松夹紧螺栓以后，转动横拉杆体，即可改变转向横拉杆的总长度，从而可调整转向轮前束。

（2）与独立悬架配用的转向传动机构　当转向轮采用独立悬架时，由于每个转向轮都需要相对于车架（或车身）做独立运动，转向传动机构中的转向梯形必须是断开式的。图 4-21 所示为几种与独立悬架配用的转向传动机构示意图。其中，图 4-21a、b 所示机构与循环球式转向器配用，图 4-21c、d 所示机构与齿轮齿条式转向器配用。

若齿轮齿条式转向器为两端输出式，转向器齿条本身就是转向传动机构的一部分，转向横拉杆的内端通过球头销与齿条铰接，外端通过螺纹与连接转向节的球头销总成相连。图 4-22 所示为与两端输出的齿轮齿条式转向器齿条配用的转向横拉杆，当需要调前束时，松开锁紧螺母，转动横拉杆体，达到合理的前束值时，再将锁紧螺母锁死。

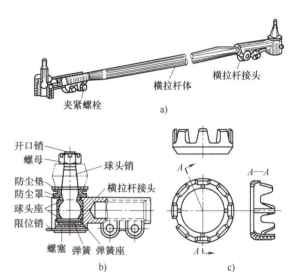

图 4-20　转向横拉杆

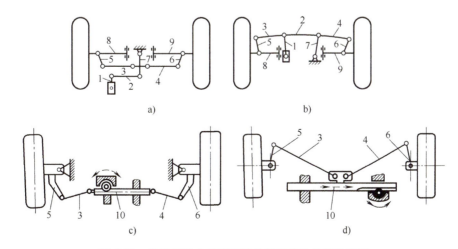

图 4-21　几种与独立悬架配用的转向传动机构示意图

1—转向摇臂　2—转向直拉杆　3—左转向横拉杆　4—右转向横拉杆　5—左梯形臂
6—右梯形臂　7—摇杆　8—悬架左摆臂　9—悬架右摆臂　10—齿轮齿条式转向器

4. 循环球式转向器

汽车转向器主要有蜗杆指销式（WP型）、蜗杆滚轮式（WR型）、循环球式（BS型）、齿条齿轮式（RP型）四种类型。这四种转向器已经被广泛使用在汽车上，在世界范围内，循环球式转向器占其中45%左右，齿条齿轮式转向器占40%左右。循环球式转向器和齿轮齿条式转向器已成为当今世界汽车上主要的两种转向器。

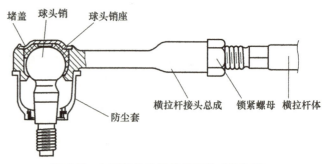

图 4-22　与两端输出的齿轮齿条式转向器
齿条配用的转向横拉杆

（1）循环球式转向器的结构与工作原理

循环球式转向器主要由螺杆、螺母、转向器壳体以及许多小钢球等部件组成，它由两级传动副、壳体、钢球和间隙调整装置等组成。第一级是螺杆-螺母传动副，第二级是齿条-齿扇传动副。齿条位于螺母的下平面，所以螺母既是一级传动副的从动件，也是二级传动副的主动件，如图4-23所示。

循环球是指转向器内的钢球被放置于螺母与螺杆之间的密闭管路内，起到将螺母螺杆之间的滑动摩擦转变为阻力较小的滚动摩擦的作用。当转向盘转动时，转向轴带动转向螺杆旋转，通过钢球将力传给转向螺母，使转向螺母沿轴向移动，钢球则在钢球导管与滚道通道内循环滚动；通过螺母上的齿条带动齿扇及轴转动，进而带动转向摇臂摆动，通过其他转向传动装置的传动，实现车轮的偏转。如果将齿条的齿顶面制成鼓形弧面，齿扇上每一个齿的节圆半径也相应变化，使中间齿节圆半径小，两端齿节圆半径大，便可得到变传动比的转向器，这样操纵省力，转向轻便。

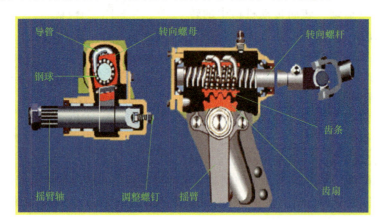

图 4-23　循环球式转向器的结构

（2）循环球式转向器的特点

1）正传动效率高，转向轻便。

2）布置方便。特别适合大、中型车辆和动力转向系统配合使用，易于传递驾驶人操纵信号，逆效率高、回位好。

3）通过大量钢球的滚动接触来传递转向力，具有较大的强度和较好的耐磨性。

4）转向稳定性好。

5. 齿轮齿条式转向器

齿轮齿条式转向器主要由转向器壳体、转向齿轮和转向齿条等组成，如图4-24所示，转向器通过转向器壳体的两端用螺栓固定在车身（车架）上。齿轮齿条式转向器结构简单、灵敏度高、可靠性好、传动效率高、使用寿命长。不需要转向摇臂和转向直拉杆，使转向传动机构得以简化，齿轮齿条无间隙啮合且无须调整，便于独立悬架的布置，所以在各类型汽车上的应用越来越多。

齿轮齿条式转向器的传动副是转向齿轮和转向齿条，齿轮轴通过球轴承、滚柱轴承垂直安装在壳体中，其上端通过花键与转向轴上的万向节相连，其下部分是与轴制成一体的转向齿轮。转向齿轮是转向器的主动件，它与相啮合的从动件转向齿条水平布置，齿条背面装有压簧垫块。在压簧的作用下，压簧垫块将齿条压靠在齿轮上，保证两者无间隙啮合。调整螺塞可用来调整压簧的预紧力。压簧不仅起消除啮合间隙的作用，而且还是一个弹性支承，可以吸收部分振动能量，缓和冲击。转向齿条通过拉杆支架与左、右转向横拉杆连接。转动转向盘时，转向齿轮转动，与之相啮合的转向齿条沿轴向移动，从而使左、右转向横拉杆带动转向节转动，使转向轮偏转，实现汽车转向。

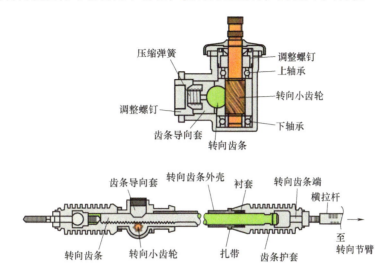

图 4-24　齿轮齿条式转向器的结构

五、机械转向系统常见故障

机械转向系统常见故障、现象、原因及排除方法见表 4-1。

表 4-1　机械转向系统常见故障、现象、原因及排除方法

常见故障	故障现象	故障可能的原因	故障的排除方法
转向沉重	转动转向盘时，感觉转向沉重	1）转向器故障 2）横、直拉杆球头销装配过紧或接头缺油 3）转向节主销与衬套配合过紧 4）转向轴或柱管弯曲、互相摩擦或卡住 5）轮胎气压不足 6）车轮定位不正确	1）检修转向器，检查转向器机油 2）检修横、直拉杆球头销 3）检修转向节主销衬套 4）检修转向轴 5）检查与补充轮胎气压 6）检查与调整车轮定位
转向盘自由行程过大、转向不灵敏	汽车转向时，转向盘自由行程过大，转向不到位	1）转向器传动副啮合间隙过大或轴承松旷 2）转向轴与转向盘连接部位松动 3）转向传动机构各球头销处或连接处松动 4）前轮轮毂轴承间隙过大 5）转向节主销与衬套磨损松旷 6）前轮定位不准	1）检修转向器传动副啮合间隙与轴承 2）检修转向轴与转向盘连接是否松动 3）检修转向传动机构各球头销是否松动 4）检查与调整前轮轮毂轴承间隙 5）检修转向节主销衬套 6）检查、调整前轮定位
转向盘抖动	汽车行驶时转向盘有明显抖动现象	1）转向轮存在不平衡 2）车轮定位不准确 3）前轴或车架弯扭变形 4）转向传动机构与前悬架的运动互相干涉 5）转向器传动副啮合间隙或轴承间隙太大 6）转向传动机构或前轮轮毂轴承松旷	1）转向轮进行动平衡检修 2）检查、调整车轮定位 3）检修前轴或车架弯扭变形 4）检修转向传动机构的运动干涉情况 5）检查、调整转向器传动副啮合间隙或轴承间隙 6）检查转向传动机构或前轮轮毂轴承是否松旷

1. 转向过度和转向不足有什么区别？
2. 描述循环球式转向器的结构与工作原理。
3. 描述齿轮齿条式转向器的结构与工作原理。
4. 典型的齿轮齿条式转向器可以进行哪些转向器调整？
5. 分析导致汽车转向沉重的可能原因。

测试题

学习模块二　动力转向系统

情景导入

　　一辆 2018 款丰田卡罗拉轿车，行驶里程约为 7.6 万 km，车主反映车辆行驶过程中组合仪表上的 p/s 故障灯亮，并转向特别沉重，车主不仅要求检修车辆，还希望维修技师解释电动转向系统的结构原理以及常见故障。假如你是维修技师，需要完成检修任务，并回答客户提出的问题。

知识提升

一、动力转向系统的类型

　　动力转向系统（Power Steering System）是将发动机或电动机作为主要转向能源的转向系统，主要的类型有液压助力转向、电控液压助力转向和电动助力转向。动力转向系统具有转向操纵灵活、轻便，能吸收路面对车轮产生的冲击等优点，已在汽车上广泛采用。

二、液压助力转向系统

　　液压助力转向系统是最常见的一种助力转向系统，已有百年历史，由于技术成熟可靠，而且成本低廉，被广泛普及。对液压助力转向器结构形式的选择，主要是根据汽车的类型、前轴负载和使用条件等决定的，最为常用的是齿轮齿条式转向器和循环球式转向器。

　　液压助力转向系统主要由转向盘、转向柱、机械转向器、转向助力液压泵、转向动力缸、转向控制阀、安全阀、转向油罐及油管组成。

　　当汽车直线行驶时，转向控制阀将转向助力液压泵与转向油罐相通，转向液压泵处于卸荷状态，液压助力系统不工作。汽车左转向时，驾驶人转动转向盘，转向控制阀将转向液压泵和动力缸的一腔接通，同时将动力缸的另一腔和转向油罐接通。在高压油的作用下，活塞及活塞杆移动，使驾驶人用较小的力量转向，实现助力作用。

1. 液压助力转向器的类型

　　根据机械转向器、转向动力缸和转向控制阀三者在转向装置中的布置和连接关系的不同，液压助力转向器分为整体式、半整体式和分离式（即转向加力器）三种类型，其中，整体式液压助力转向器由于结构紧凑、布置方便，在轿车与重型汽车上广泛应用，半整体式液压助力转向器主要应用于部分重型货车，分离式液压助力转向器应用较少。

（1）整体式液压助力转向器 整体式液压助力转向器将机械转向器、转向动力缸和转向控制阀组合成一个整体，安装在转向轴的下端，其结构如图4-25所示。

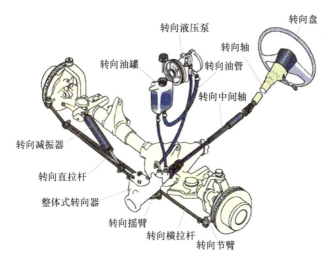

图 4-25 整体式液压助力转向器的结构

（2）半整体式液压助力转向器 半整体式液压助力转向器将转向控制阀与机械式转向器组合在一起，而转向动力缸则作为独立部件，其结构如图4-26所示。

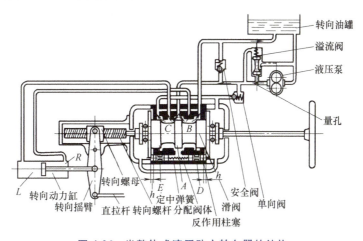

图 4-26 半整体式液压助力转向器的结构

2. 转向液压泵

转向液压泵是动力转向装置的动力源，由发动机驱动工作。转向液压泵有齿轮式、叶片式和转子式三种，这里介绍最常用的双作用叶片式转向液压泵，其结构如图4-27所示。

转子通过花键安装在液压泵驱动轴上，转子上均匀地开有8~10个径向叶片槽，矩形叶片能在槽内径向滑动。定子内表面由两段大半径R的圆弧、两段小半径的圆弧和过渡圆弧组成腰形结构，转子和定子同圆心。当转子高速旋转时，由于离心力的作用，叶片的顶端会紧贴在定子的内表面上，并在槽内进行往复运动。相邻的叶片之间形成密封腔，其容积随转子由小到大、由大到小周期变化，

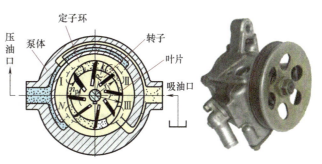

图 4-27 双作用叶片式转向液压泵的结构

当容积由小变大时形成一定真空度吸油；当容积由大变小时，压缩油液，由压油口向外供油。转子每旋转一周，每个工作腔各自吸压油两次，称双作用式。双作用式叶片泵两个吸油区、两个排油区对称布置，所以作用在转子上的油压作用力互相平衡。

3. 整体转阀式液压助力转向器

（1）整体转阀式液压助力转向器的结构　整体转阀式液压助力转向器通常采用循环球式转向器，由于有结构紧凑、管路短和接头少等优点，广泛应用于丰田普拉多、北京切诺基和一汽大众生产的奥迪等越野车上。整体转阀式液压助力转向器由循环球-齿条齿扇式机械转向器、转阀式转向控制阀和转向动力缸、调整螺塞等组成，如图4-28所示。

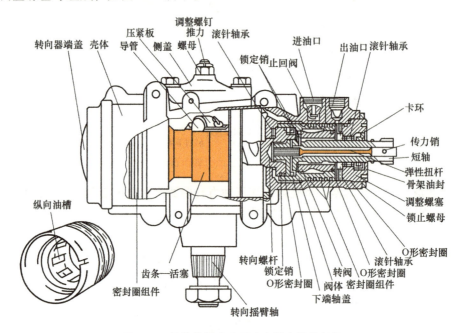

图 4-28　整体转阀式液压助力转向器的结构

（2）整体转阀式液压助力转向器的工作原理　整体转阀式液压助力转向器的工作原理图如图4-29所示。

1）当汽车直线行驶时：转阀处于中间位置，如图4-30a所示，来自转向液压泵的工作液从转向器壳体的进油口流到阀体的中油环槽中。如图4-30b所示，经过其槽底的通孔进入阀体和转阀之间，此时因转阀处于中间位置，所以进入的油液分别通过阀体和转阀纵槽槽肩，形成两边相等的间隙，再通过转阀的纵槽和阀体的纵槽以及阀体的径向孔流向阀体外圆上、下油环槽，然后通过壳体中的两条油道分别流到动力缸的上、下腔中，即左转向动力腔 L 和右转向动力腔 R，但上、下腔油压相等且很小。此时齿条-活塞既没有受到转向螺杆所造成的轴向推力，也没有受到上、下腔因压力差造成的轴向推力，所以齿条-活塞处于中间位置，助力转向系统不工作。流入阀体内腔的油液在通过转阀纵槽流向阀体上、下油环槽的同时，通过转阀槽肩上的径向油孔流到转阀与扭杆轴组件之间的空隙中，经阀体组件和调整螺塞之间的空隙流到回油口，经油管回到油罐中，形成了常流式油液循环。

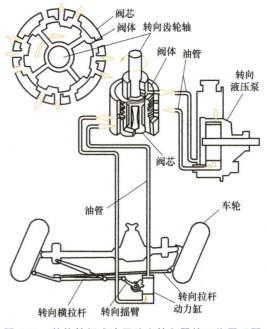

图 4-29　整体转阀式液压助力转向器的工作原理图

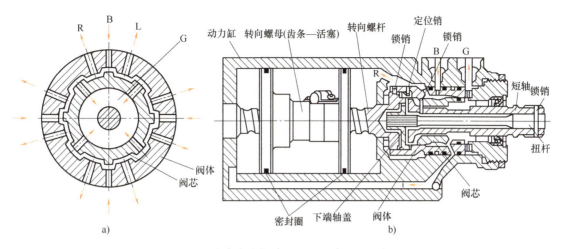

图 4-30　汽车直线行驶时助力系统的工作情况

2）当汽车左转向时：如图 4-31 所示，转动转向盘，使短轴逆时针转动，通过其下端轴锁销带动转阀同步转动，这个转矩也通过具有弹性的扭杆轴传给下端轴盖，下端轴盖边缘上的缺口通过固定在阀体上的锁销带动阀体转动，阀体通过其下端缺口和锁销把转向力矩传给螺杆。由于转向阻力的存在，要有足够的转向力矩才能使转向螺杆转动。这个转矩促使扭杆轴发生弹性扭转，使阀芯相对于阀体扭转一个角度，如图 4-31a 所示。与下动力腔相通的进油缝隙减小（或封闭），回油缝隙增大，油压降低；与上动力腔相通的进油缝隙增大而回油缝隙减小（或关闭），油压升高，上、下动力腔产生油压差。齿条-活塞在上、下腔油压差的作用下移动，产生左转向助力作用。此时来自转向液压泵的液压油通过槽隙流向动力缸上腔，动力缸下腔的油则通过阀体径向孔、槽隙、转阀径向孔和回油口流向转向油罐，如图 4-31b 所示。

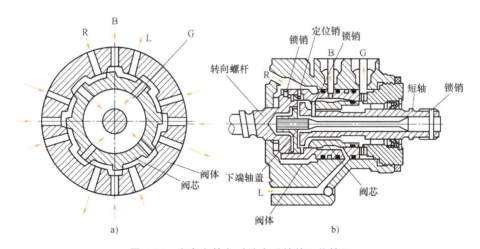

图 4-31　汽车左转向时助力系统的工作情况

3）汽车右转向时的工作原理基本相似，不同的是由于转向方向相反，造成的阀体和转阀的角位移相反，齿条-活塞下腔压力升高而上腔油压降低，产生右转向助力。

4）当转向盘停在某一位置不再继续转动时：此时阀体随螺杆在液力和扭杆轴弹力的作用下，沿转向盘转动方向旋转一个角度，使之与转阀相对角位移量减小，上、下动力腔油压差减小。但仍有一定的助力作用，此时的助力转矩与车轮的回正力矩相平衡，使车轮维持在某一转向位置上。

5）渐进随动原理：在转向过程中，若转向盘转动的速度快，阀体与转阀相对的角位移量也大，上、下动力腔的油压差也相应加大，前轮偏转的速度也加快，如转向盘转动的慢，前轮偏转的速度也慢；若转向盘转在某一位置上不变，对应着前轮也转在某一位置上不变，即谓"渐进随动原理"，也就是"快转快助，大转大助，不转不助"的原理。

6）转向后需回正时，如果驾驶人放松转向盘，转阀回到中间位置，失去了助力作用，此时转向轮在回正力矩的作用下自动回位；若驾驶人同时回转转向盘时，转向助力器助力，帮助车轮回正。

7）当汽车直线行驶偶遇外界阻力使转向轮发生偏转时：阻力矩通过转向传动机构、转向螺杆、螺杆与阀体的锁销作用在阀体上，使之与转阀之间产生相对角位移，这样使动力缸上、下腔油压不等，产生了与转向轮转向相反的助力作用。在此力的作用下，转向轮迅速回正，保证了汽车直线行驶的稳定性。

一旦液压助力装置失效，该动力转向器即变成机械式转向器。此时转动转向盘，带动短轴转动，短轴下端法兰盘边缘有弧形缺口，转过一定角度后，通过螺杆上端法兰盘的凸块带动螺杆旋转，以保证汽车转向。此时转向盘的自由行程加大，转向沉重。

三、电动助力转向系统

电动助力转向系统将电力电子技术和高性能的电动机控制技术应用于汽车转向系统，能显著改善汽车动态性能和静态性能，提高行驶中驾驶人的舒适性和安全性，减少环境污染等。

电动助力转向系统是在传统机械转向系统的基础上，增加了传感器装置、电子控制装置和转向助力机构等。其特点是使用电动执行机构在不同的驾驶条件下为驾驶人提供合适的助力。系统主要由ECU、转矩传感器、车速传感器、电动机、减速机构和转向柱总成等组成。其基本结构如图4-32所示。

1. 电动助力转向系统的优点

与其他转向系统相比，电动助力转向系统的优点体现在：

1）不转向时不消耗功率，与液压转向系统相比，可降低燃油消耗3%~5%。

2）改善车辆操纵性能，助力大小可通过控制单元来控制，可以随车速的变化而变化。

3）结构紧凑、重量轻。

4）工作噪声小。

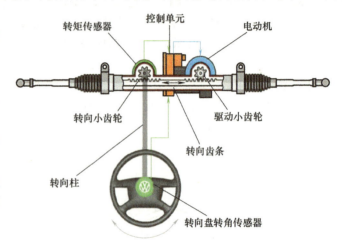

图4-32 电动助力转向系统的基本结构

5）结构比液压式转向系统简洁，无液压泵、液压油、橡胶软管和油罐等。

6）符合环保要求，车辆报废时，不需处理液压油和橡胶软管等，也无液压油的泄漏问题。

7）安装简化（特别对于发动机后置和中置的车辆，可节省装配时间）。

2. 电动助力转向系统的类型

根据电动机对转向系统产生助力部位的不同，电动助力转向系统可分为转向柱助力式、转向齿轮助力式和转向齿条助力式三类，见表4-2。

3. 电动助力转向系统的结构与工作原理（以卡罗拉轿车为例）

（1）卡罗拉电动助力转向系统的结构 卡罗拉轿车电动助力转向系统主要由转矩传感器、转向电动机、减速装置、转角传感器、电动助力转向系统ECU、齿条轴的外壳、左右横拉杆等组成。卡罗拉轿车电动助力转向系统的结构如图4-33所示。

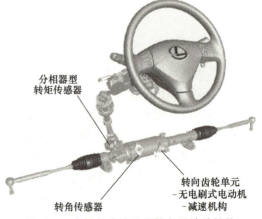

图4-33 卡罗拉电动助力转向系统的结构

表 4-2 电动助力转向系统的类型

类型\特点	转向柱助力式	转向齿条助力式	转向齿轮助力式
结构布置	助力电动机、控制器以及转矩传感器配置在转向柱上	助力电动机配置在齿条轴上	助力电动机设置在转向器的齿轮轴上
安装优势	系统结构紧凑,安装到车辆上时极为简便	助力电动机可安装在齿条轴上的任意位置处,增加了配置设计的自由度	助力电动机位于车厢外,可在保持静噪性的前提下,获得更大的辅助力
特点	除用于固定式转向柱外,还适用于可倾斜式等所有类型的转向柱	采用减速比很大的助力电动机,抑制了惯性力,具有优异的操纵感	与变比率式转向器组合使用,可实现助力电动机的小型化,提供操纵特性优异的转向系统
示意图			

（2）卡罗拉电动助力转向系统的工作原理　卡罗拉电动助力转向系统的工作原理图如图 4-34 所示,当操纵转向盘时,装在转向柱上的转矩传感器不断地测量转矩和转角信号,该信号与车速信号同时输入 ECU,经过 ECU 计算处理后控制电动机输出相应大小和方向的转矩信号,电动机的助力转矩通过减速器减速增矩后加到转向系统中,以实现汽车助力转向的作用。

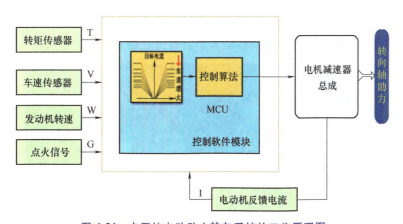

图 4-34　卡罗拉电动助力转向系统的工作原理图

电动助力转向系统的关键是 ECU,其根据各种传感器信息决定助力电动机输出电流的大小和方向,即控制算法。同时,保护程序和故障诊断程序同样处于关键地位,必要时会发出警报或者采取必要的措施。

卡罗拉电动助力转向系统转向助力电动机动力传给转向齿条的原理:如图 4-35 所示,转向助力电动机的转子是空心的,它通过滚珠与齿条轴相啮合。当转向助力电动机转动时,它的转子只能左右转动,而不能轴向移动,因此,转向助力电动机转动时驱动滚珠迫使齿条轴向左或向右移动。在这个过程中,循环滚珠式减速机构起到减速增矩的作用,将转向助力电动机传来的速度减慢、转动转矩放大。

所以转向轮上最终得到的转向力矩是驾驶人转向力矩和转向电动助力之和（车辆低速时，后者远大于前者），转角传感器反馈转向助力电动机转子转角的大小与转向方向，以便电动助力转向系统 ECU 对转向控制进行及时修正。当转向盘保持在某一转向位置时，由于不再打方向，车轮要克服的路面转向阻力消失，弹性扭转杆被释放，在弹力作用下慢慢恢复，弹性扭转杆上下不再存在转角差，ECU 不再提供转向助力。车辆保持在转向位置是靠驾驶人把住转向盘来维持的。

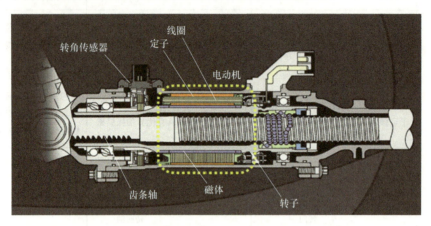

图 4-35　卡罗拉电动助力转向系统转向齿轮单元的结构

4. 转向转矩传感器的结构与工作原理

转向转矩传感器包括分相器单元 1 与分相器单元 2 两部分，分别安装在转向盘的输入轴和转向小齿轮的输出轴上，如图 4-36 和图 4-37 所示。

1）转子部分由上下两层构成，均装有转矩传感器线圈。输入轴和输出轴由一根细金属销刚性连接成一体，转子轴上方有连接用的销孔，如图 4-38 所示。输入轴由汽车转向盘直接驱动，再通过金属销、弹性扭转杆的传递来驱动输出轴；输出轴小齿轮推动齿条平移，驱动转向轮向左或向右转向。

2）定子部分也有上下两层线圈，分别对应转子的上下部分。定子线圈有两种，分别是励磁线圈和检测线圈。励磁线圈对转子部分的线圈通过电磁感应起励磁作用；检测线圈用于检测输入、输出轴的上下转角差（转向转矩），向电动助力转向系统 ECU 输送电信号，这个电信号是定子线圈上两列正弦波的相位差，反映此时转矩传感器检测到的转矩大小。相位差越大，转矩越大。

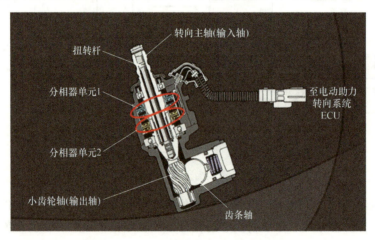

图 4-36　卡罗拉转向转矩传感器装配图

5. 转角传感器的结构与工作原理

丰田卡罗拉转角传感器属于电磁感应式传感器，它及时将转向电动机的转向及转向角度信号反馈给电动助力转向系统 ECU，形成一个闭环控制。这个传感器转子为凸台，转子与助力电动机转子连成一体，图 4-38 所示为转角传感器的结构与感应凸台。转向传感器的定子线圈呈圆环状，装在助力电动机定子线圈端面，感应凸台随助力电动机转子的转动，通过电磁感应原理，检测出助力电动机转子的转角。

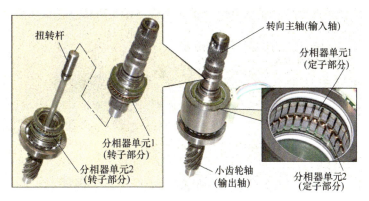

图 4-37　卡罗拉转向转矩传感器的分解图

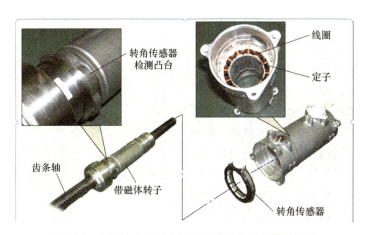

图 4-38　卡罗拉电动助力转向系统转角传感器的结构

6. 助力电动机的电源

由于目前汽车蓄电池的电压只有 12V，助力电动机的功率非常有限。为了提高转向助力的力矩，丰田卡罗拉助力电动机的电源为 27~34V 的三相交流电压。其电动助力转向系统 ECU 中还专门设置有提升电压的逆变器和电感储能线圈，由类似三相桥式、能将蓄电池的电压转为 27~34V 的电路完成。驾驶人操纵转向盘时，助力电动机会根据转向阻力大小自动输出 27~34V 的可变电压。

四、主动转向系统

1. 主动转向系统的特点

主动转向系统是通过附加一套电动机械驱动装置来驱动转向器的主动齿轮，使之与驾驶人的转向动力并存，提供适时的转向辅助，从而实现车辆在各种行驶状态下均能得到最合适的转向传动比。当该系统出现故障时，仍可使用普通的转向系统来实现转向。

主动转向系统可以根据车速调整转向比和转向力，从而使转向更为灵活、驻车更为容易、高速行驶时更为稳定。在低速行驶时，主动转向系统可以使电动机的运转与驾驶人转动转向盘的方向一致，转向传动比增大，可以减少驾驶人对转向力的需求。在高速行驶时，电动机的运转方向与驾驶人转动转向盘方向相反，减少了前轮的转向角度，转向传动比减小，转向稳定性提高。目前，许多高端车型（如奥迪车系中的奥迪 A4L、A5、A6L、A7 及 A8L 等和宝马部分车型）都装配了主动转向系统。

2. 主动转向系统的结构与工作原理

主动转向系统的结构如图 4-39 所示（以奥迪车型为例），在转向系统内集成了一个并行的（叠加的）转向器（执行元件），转向盘和前桥之间的机械式耦合器总是通过这个并行的转向器来保持接合。在该系统出现严重故障时，并行转向器的电动机轴就被锁住，这样可避免功能失误。

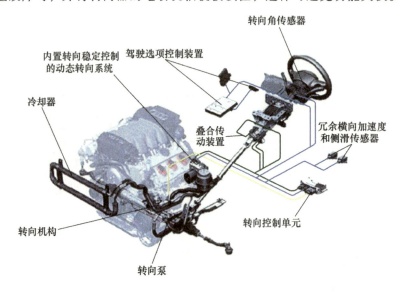

图 4-39　主动转向系统的结构

（1）主动转向系统控制单元　主动转向系统控制单元用于计算出电动机驱动转向器的转角，以便实现可变转向传动比，一般是根据车速和驾驶人所实施的转角来确定的。

（2）主动转向系统电动机械驱动装置　主动转向系统内集成了一个电动机械驱动装置（同时也是执行元件），如图 4-40 所示。

（3）主动转向电动机　主动转向电动机采用三相永久励磁型的同步电动机，其转子与空心轴固定在一起，由八个磁极可变的永久磁铁构成，如图 4-41 所示。定子由六个线圈组构成，线圈布置在执行元件壳体内，由控制单元来进行触发控制，屏蔽线插在执行元件壳体上，如图 4-42 所示。

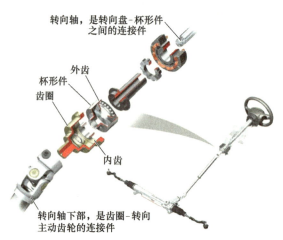

图 4-40　主动转向系统电动机械驱动装置

电动机采用三相交流电压可以在固定不动的线圈周围建立可转动的磁场，这个交变磁场的力作用在空心轴上转子的永久磁铁上，转子就会转动。电动机这种构造形式的主要优点是反应快。

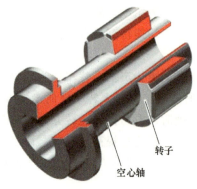

图 4-41　主动转向电动机转子

图 4-42　主动转向电动机定子

（4）电动机位置传感器　电动机位置传感器如图 4-43 所示，其作用是感知空心轴的位置和轴承的偏心，传感器的磁圈安装在空心轴上，该磁圈由八个电极组成。

电动机每转 15°（相当于转向盘转 3°）就产生一个信号，该信号经单独的导线被送往主动转向控制单元。在关闭点火开关时，控制单元内会储存当前的位置信息。在传感器电路突然断电时，通过基准传感器来识别零位。

（5）基准传感器　基准传感器的作用是评定转向器的中间位置以及完成故障检修的初始化，该传感器是磁性预紧的霍尔传感器。转向盘每转一圈或者执行元件输出轴每转一圈，基准传感器就输出一个信号。

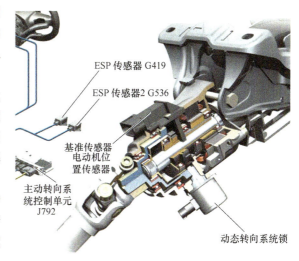

图 4-43　电动机位置传感器

（6）ESP 传感器　ESP 传感器用于测定车辆各方向的加速度信号，装备主动转向的车辆上需要两个这样的传感器，以用于安全校验。

（7）转向角传感器　主动转向系统控制单元需要转向角信号计算所需的电动机驱动转向角，以便实现可变转向比。

五、四轮转向系统

四轮转向（Four Wheel Steering，4WS）是指汽车转向过程中，四个车轮可根据前轮或行车速度等信号同时相对车身偏转。若后轮的转向与前轮转向方向相同，则称为同向控制模式，其转弯半径比两轮转向的转弯半径大。若后轮的转向与前轮转向方向相反，称为反向（逆向）控制模式，其转弯半径比两轮转向的转弯半径小，提高了汽车停车或在狭小空间转向的机动性。

1. 四轮转向的优缺点

四轮转向是提高主动安全性的方法之一，主要优点是改善车辆高速行驶的稳定性，能有效降低车辆侧滑事故的发生，明显改善车辆高速行驶的稳定性及安全性，缩小车辆低速转向时的转弯半径。

四轮转向系统的主要缺点是成本高，增加了大量装置，可靠性下降。

四轮转向系统主要应用于法拉利、兰博基尼、奥迪、宝马、雷克萨斯等高端车型和大型货车。

2. 四轮转向的类型

四轮转向系统按工作方式分为机械式、电控液压式和电动式三种类型。

（1）机械式四轮转向系统　机械式四轮转向系统前后轮都设置有转向器，两转向器之间用机械装置连接，前轮转向角决定后轮转向角，如图 4-44 所示。

当转动转向盘时，前轮转向器中的后轮转向取力齿轮由齿轮—齿条式转向器的齿条带动，将齿条的左右运动再变换为齿轮的转动，经中央轴使后轮转向器的转向齿轮产生动作。

当转向盘转动量小时，后轮与前轮同向偏转；当转向盘转动量大时，后轮与前轮反向偏转。这样可以提高汽车高速时的操纵稳定性，并可以减小汽车的转弯半径。

（2）电控液压式四轮转向系统　电控液压式四轮转向系统主要由转向盘、转向液压泵、前动力转向器、后转向传动轴、车速传感器、ECU 和后轮转向系统等组成，如图 4-45 所示。

这种液压式四轮转向系统对汽车的运行状况随时进行综合判断，可以精确控制后轮偏转角，从而提高汽车中、高速行驶过程中的操纵稳定性。液压油自液压泵输入电磁阀和后轮控制阀，根据四轮转向 ECU 的指令，控制后轮偏转角的动力缸。四轮转向 ECU 对后轮偏转角的控制分成基本控制和修正控制两部分。基本控制包含稳定性控制和回正控制。

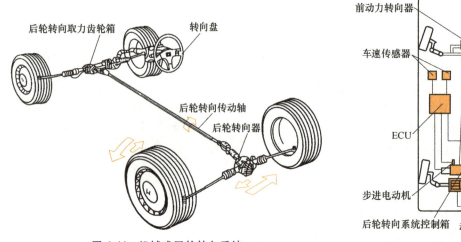

图 4-44　机械式四轮转向系统

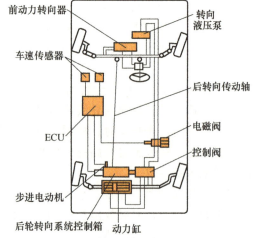

图 4-45　电控液压式四轮转向系统

　　汽车高速行驶时，慢速转动转向盘，后轮与前轮同向偏转，进行稳定性控制；汽车低、中速行驶时，在转动转向盘的最初阶段，后轮与前轮逆向偏转，然后逐渐回正，即进行回正控制。修正控制则是根据道路交通状况和驾驶人的操作情况对后轮的同向偏转量或逆向偏转量进行修正，使后轮达到期望的偏转角度。该转向系统的后轮最大偏转角较小，汽车最小转向半径的减小有限。

　　（3）电动式四轮转向系统　　电动式四轮转向系统主要由输入传感器（主、副前轮转角传感器，主、副后轮转角传感器，后轮转速传感器和车速传感器）、ECU 和前、后轮转向执行器等组成，如图 4-46 所示。该系统采用车速感应的方法，能够根据车速不同进行逆相位、同相位偏转，从而提高汽车低速转向时的机动性和高速行驶转向时的操纵稳定性。

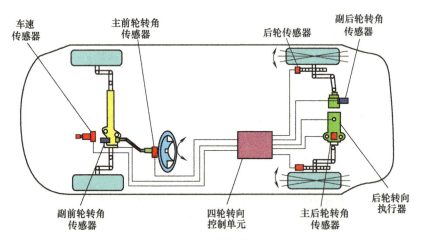

图 4-46　电动式四轮转向系统

　　电动四轮转向系统前后轮转向器均为电动助力，两转向器之间无任何机械连接装置及液压管道等部件，直接对前后轮的转向进行控制，具有前后轮转向角关系控制精确、控制自由度高、机构简单等优点。

　　后轮转向执行器包括一个通过循环球螺杆机械驱动转向齿条的电动机，转向横拉杆从转向执行器连接到后轮转向臂和转向节处，如图 4-47 所示。执行器内的回位弹簧在点火开关关闭或四轮转向系统失效时将后轮推到直线行驶位置。一个后轮转角传感器和一个副后轮转角传感器安装在后轮转向执行器的顶端。

　　发动机工作时，如果转动转向盘，四轮转向控制单元接收所有传感器的信息并进行分析，通过内部预设的控制模式，计算出适当的后轮转向角，然后将蓄电池电压输入控制后轮偏转机构中的电动机驱动球形滚道螺母转动，使后轮发生偏转，ECU 再根据后轮偏转机构中的主、辅偏转角传感器反馈信号，对后轮的偏转角进行修正。

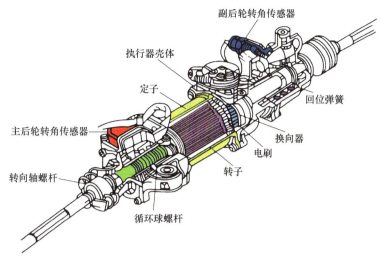

图 4-47　电动四轮转向系统后轮转向执行器

3. 电控四轮转向的控制方式

（1）转角比例控制式四轮转向系统　转角比例控制式四轮转向系统的结构如图 4-48 所示，其主要由前轮转向齿轮箱、车速传感器、转向角比传感器、转向 ECU、连接轴、扇形齿轮、后轮转向枢轴、四轮转向转换器和伺服电动机等组成。

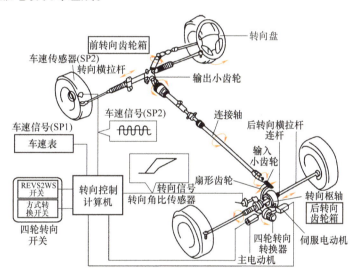

图 4-48　转角比例控制式四轮转向系统的结构

转角比例控制式四轮转向系统控制原理图如图 4-49 所示。

1）转角比控制。工作中转向 ECU 可根据车速传感器和转向角比传感器的输入信号，计算出车速与转向角的实际数值，然后把它们的实际数值与标准数据进行比较，向主电动机发出控制指令，控制主电动机驱动从动杆转动。在此过程中，驾驶人可使用四转转向模式切换开关，选择 "NORMAL" 或 "SPORT" 模式。

2）两轮转向选择控制。当两轮转向选择开关被设定在 ON（导通）位置，且变速器被挂入倒档位置时，ECU 就设定后轮转向角的转向量为零。

3）安全性控制。主电动机异常时，驱动副电动机以常规模式（NORMAL）按照车速进行转向角比控制；车速传感器异常时，在 SP1 和 SP2 的任何一个输出中，用车速高的值通过主电动机只对同相方向进行转向角控制；转向角比传感器异常时，通过副电动机驱动到同相方向最大值时停止控制。ECU 异常时，通过副电动机驱动到相同方向最大值为止，然后停止控制。

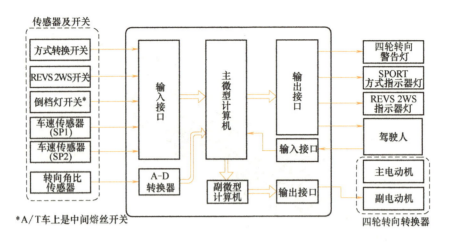

图 4-49　转角比例控制式四轮转向系统控制原理图

（2）横摆角速度比例控制式四轮驱动系统　横摆角速度比例控制是根据检测出的车身横摆角速度来控制后轮转向量的控制方法，其结构如图 4-50 所示。与转向角比例控制相比，具有以下两方面优点：

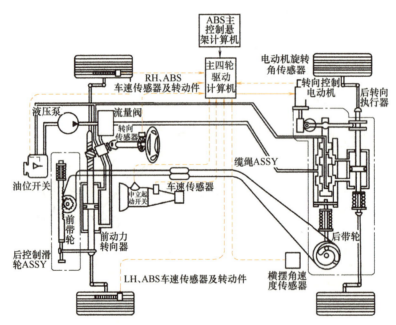

图 4-50　横摆角速度比例控制式四轮驱动系统的结构

1）可以使汽车的车身方向从转向初期开始就与其行进方向保持高度一致（只有极小偏差）。

2）以通过检测车身横摆角速度感知车身的自转运动。

六、自动泊车系统

自动泊车系统（Automated Parking System，APS）又称为自动泊车入位，即汽车不用人工干预，通过车载传感器（泊车雷达）和车载处理器，来实现自动识别可用车位，自动正确地完成停车入车位动作的系统。目前的自动泊车系统还需要驾驶人的介入，正在向更加智能化发展，实现全自动泊车。

自动泊车系统由传感器系统、自动泊车系统 ECU 和执行系统组成。

（1）传感器系统　传感器系统的主要作用是探测环境信息，在泊车过程中实时探测车辆的位置信息和车身状态信息。在车位探测阶段，采集车位的长度和宽度。在泊车阶段，监测汽车相对于目标停车位的位置坐标，计算车身的角度和转角等信息，确保泊车过程的安全可靠。

（2）自动泊车系统 ECU　ECU 是自动泊车系统的核心部分，主要作用是接收车位监测传感器采集到的信息，计算车位的有效长度和宽度，判断该车位是否可用；规划泊车路径，根据停车位和汽车的相对位置，计算出最优泊车路径。

（3）执行系统　执行系统主要包括电动助力转向系统和汽车发动机电控系统。根据中央控制系统的决策信息，电动助力转向系统将数字控制量转化为转向盘的角度，控制汽车的转向。汽车发动机电控系统控制汽车节气门开度等，从而控制汽车泊车速度。

图 4-51 所示为大众途观车系自动泊车各子系统 CAN 总线中的网联关系。图中各系统结构分别为自动泊车辅助系统（E266 泊车辅助系统按键，E581 自动泊车辅助系统按键，G203 左后泊车辅助系统传感器，G204 后部左中泊车辅助系统传感器，G205 后部右中泊车辅助系统传感器，G206 右后泊车辅助系统传感器，G252 右前泊车辅助系统传感器，G253 前部右中泊车辅助系统传感器，G254 前部左中泊车辅助系统传感器，G255 左前泊车辅助系统传感器，G568 左前自动泊车辅助系统传感器，车辆左侧，G569 右前自动泊车辅助系统传感器，车辆右侧，G716 左后自动泊车辅助系统传感器，G717 右后自动泊车辅助系统传感器，H15 后部泊车辅助系统警告蜂鸣器，H22 前部泊车辅助系统警告蜂鸣器，J791 自动泊车辅助系统控制单元，K136 泊车辅助系统指示灯，K241 自动泊车辅助系统指示灯）、电控机械助力转向系统（G85 转向角传感器，G269 转向力矩传感器，J500 助力转向控制单元，V187 电控机械式助力转向电动机）、制动系统（F 制动灯开关，G44 右后车轮转速传感器，G45 右前车轮转速传感器，G46 左后车轮转速传感器，G47 左前车轮转速传感器，J104 ABS 控制单元）、发动机和变速器管理系统（F4 倒车灯开关，F416 起动/停止装置按键，J217 自动变速器控制单元，J623 发动机控制单元，J519 车载网络控制单元）、组合仪表和转向柱电子装置（E2 转向灯开关，E86 多功能显示器调用按键，G17 车外温度传感器，J285 组合仪表内控制单元，J527 转向柱电子装置电制单元，J533 数据总线诊断接口）、信息娱乐系统（R 收音机/导航系统）。

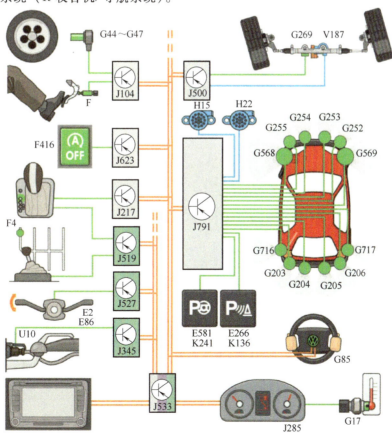

图 4-51　大众途观车系自动泊车各子系统 CAN 总线中的网联关系

七、动力转向系统常见故障

动力转向系统常见故障、现象、原因及排除方法见表4-3。

表4-3　动力转向系统常见故障、现象、原因及排除方法

常见故障	故障现象	故障可能的原因	故障的排除方法
转向沉重、助力不足	转动转向盘时，感觉转向沉重	1）转向液压泵故障 2）转向控制阀故障 3）动力转向器内部泄漏 4）助力电动机故障 5）相关传感器故障 6）轮胎气压不足	1）检修液压泵 2）检修转向控制阀 3）检修转向器 4）检修助力电动机 5）检修传感器 6）检查与补充轮胎气压
转向盘发飘或跑偏	汽车行驶时转向盘发飘或跑偏	1）转向控制阀回位弹簧损坏 2）油液脏污导致转向控制阀卡滞 3）转向控制阀不在中间位置	1）检修转向控制阀 2）更换转向液压油
转向时有异响	汽车转向时有噪声	1）转向液压油管中有空气 2）转向液压泵传动带松动	1）排除转向液压油管中空气 2）检修、调整转向液压泵传动带

 思考题

1. 描述典型整体式液压动力转向器的结构。
2. 描述液压助力转向器的类型与工作原理。
3. 描述电动助力转向系统的结构与控制原理。
4. 描述四轮转向的类型与工作原理。
5. 描述自动泊车系统的结构与工作原理。
6. 分析导致动力转向系统转向沉重的可能原因。

测试题

测试题

学习目标

知识目标	能力目标	素养目标
1）能描述汽车制动系统的组成与功用 2）能解释汽车制动系统的工作原理 3）能描述鼓式制动器与盘式制动器的结构、类型与调整方式 4）能描述制动主缸的结构与工作原理 5）能解释真空助力器的功能与原理 6）能解释车辆动态管理系统的功能与原理 7）能描述制动控制模块传感器的结构和类型	1）能完成汽车制动系统的检查与维护 2）能正确更换制动液，并对制动系统进行排空 3）能规范调整汽车制动踏板 4）能进行鼓式制动器的检修与调整 5）能进行盘式制动器的检修与调整 6）能找出制动控制模块的元器件位置 7）能进行制动控制模块的零部件和传感器检修 8）能分析汽车制动系统的故障原因	1）树立绿色环保意识，更换和排空的制动液用专用容器收集，不能随便排放 2）能自主学习汽车制动系统新知识、新技术，了解汽车工业电动化、智能化、网联化、绿色化发展趋势，培养创新思维 3）能合理制订工作计划，培养团队合作精神

学习模块一　制动系统基础

情景导入

一辆 2018 款丰田汉兰达轿车，驾驶过程中发现仪表显示制动系统警告灯亮起，该车车主检查驻车制动器已经完全松开，担心现在车辆的行驶安全情况，打电话咨询 4S 店师傅是否能继续驾驶该车辆，该如何处理？假如你是维修技师，回答客户提出的问题。

一、制动系统的作用与组成

1. 制动系统的作用

制动系统是汽车重要的安全系统，其作用是根据行车的要求，实现汽车减速和停车，并在停放汽车时确保停放可靠，如图 5-1 所示。制动系统性能的好坏直接影响汽车运行的效率和安全性。

2. 制动系统的组成

汽车上设置有彼此独立的制动系统，它们起作用的时刻不同，但组成相似。制动系统一般有以下四个组成部分：

（1）供能装置　供能装置包括供给、调节制动所需能量以及改善传能介质状态的各种部件，如气压制动系统中的空气压缩机、液压制动系统中的制动助力器等。

（2）控制装置　控制装置包括产生制动动作和控制制动效果的各种部件，如制动踏板等。

（3）传动装置　传动装置将驾驶人或其他动力源的作用力传到制动器，同时控制制动器的工作，从而获得所需的制动力矩，如制动总泵、制动管路、制动分泵等。

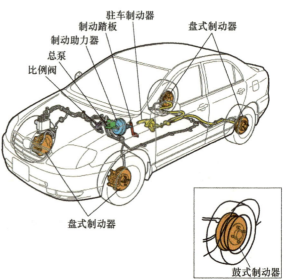

图 5-1　制动系统的基本组成

（4）制动器　制动器是产生阻碍车辆运动或运动趋势的力的部件，制动器是一种能量吸收装置，在停止车轮转动的同时将车辆运动转化为热量，有盘式制动器、鼓式制动器、驻车制动器等类型。

较为完善的制动系统还包括制动力调节装置（比例阀）及报警装置、压力保护装置、防抱死制动系统（ABS）等，用于确保快速、平衡压力地重新应用制动器，以确保安全操作。

二、制动系统的分类

1. 制动系统按受控制方式分类

汽车制动系统按受控制方式可分为两类，一类为传统或非受控制动系统，另一类为受控制动系统（如包含 ABS、电子制动力分配系统、驱动防滑系统等）。

（1）传统或非受控制动系统　传统或非受控制动系统是指制动系统工作时，轮胎的打滑、制动力分配等制动性能不受控制，其结构如图 5-2 所示。

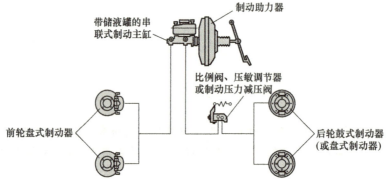

图 5-2　传统或非受控制动系统的结构

（2）受控制动系统　受控制动系统指采用制动控制模块自动防止轮胎由于紧急制动而抱死、打滑或驱动打滑，以提高车辆的稳定性和缩短制动的距离，其结构如图5-3所示。

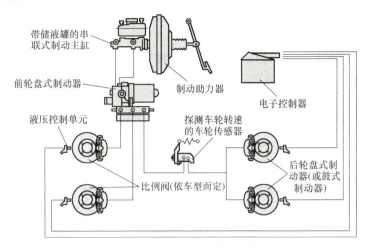

图 5-3　受控制动系统的结构

2. 汽车制动系统其他分类法

汽车制动系统其他分类法见表5-1。

表 5-1　汽车制动系统其他分类法

分类方法	类型	特点
按功能分	行车制动系统	使行驶中的汽车减速或停车
	驻车制动系统	使汽车停在各种路面驻留原地不动
	应急制动系统	在行车制动系统失效后使用的制动系统
	辅助制动系统	增设的制动装置，以适应山区行驶及特殊用途汽车需要
按制动能源分	人力制动系统	以人力为唯一能源
	动力制动系统	以发动机动力转化为液压或气压制动
	伺服制动系统	兼用人力和发动机动力制动
按制动能量传输方式分	机械系统	以机械传输制动能量
	液压系统	以液压传输制动能量
	气压系统	以气压传输制动能量
	电磁系统	以电磁力传输制动能量
	组合系统	多种传输制动能量综合
按制动回路分	单回路	全车制动用一条制动回路
	双回路	全车制动用两条制动回路

三、制动基本原理

　　汽车制动系统的基本原理是脚踏板上的力经过制动踏板、真空助力泵和液压油路放大以后，传到盘式或者鼓式制动器上面，使制动器产生作用，对轮盘产生制动摩擦力，产生制动效果，以达到减速或者驻车的目的。如图5-4所示，当踩下制动踏板时，在踏板处通过杠杆原理把制动力放大了三倍，再通过液压机构驱动活塞把制动力又放大了三倍，放大以后的制动力推动活塞移动，活塞推动蹄片带动制动卡钳紧紧地夹住制动盘，由蹄片与制动盘产生的强大摩擦力，使

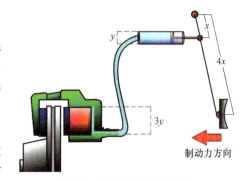

图 5-4　简单制动系统模型

车辆减速，这就是简单的制动模型。

1. 摩擦力的作用

车辆制动系统是利用摩擦进行制动的，摩擦片与制动盘之间的摩擦力、轮胎与路面的摩擦力使机动车减速或停止。影响摩擦力的因素主要有：

（1）两接触物体之间的压力　一定压力下大缸径卡钳输出的压力大，可提高和制动盘之间的摩擦力。

（2）摩擦系数　摩擦材料和制动盘之间的摩擦系数要选择合适，过大会使制动盘抱死，出现侧滑，过小就必须要求有很大的压力才能达到制动效果。

（3）散热　根据能量守恒定律，制动时动能会转换为热能，摩擦产生的热量若不能及时散发到周围的空气中，将使制动器摩擦材料表面变硬，摩擦系数减小。

注意：设计中制动盘尽可能要有散热孔或槽；摩擦片设计要求有散热槽，其接触面积尽可能大。

2. 轮胎与地面附着力

汽车在制动过程中人为地使汽车受到一个与其行驶方向相反的外力，汽车在这一外力作用下迅速地降低车速直至停车。地面制动力大小取决因素：制动摩擦片与制动鼓（盘）间的摩擦力及轮胎与地面间的附着力，如图5-5所示。

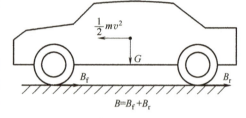

图 5-5　轮胎制动力与地面附着系数

制动力的最大值取决于轮胎与路面的摩擦力，其公式为

$$B_{max} = \mu G = \mu mg \tag{1}$$
$$1/2 Mv^2 = \mu mgS \tag{2}$$
$$S_{min} = v^2 / (2\mu g) \tag{3}$$

式中　B——制动力（kgf）；

　　　G——车辆重量（kg）（$G = mg$）；

　　　m——质量（kg）；

　　　S——制动距离（m）；

　　　v——制动初速（m/s）；

　　　μ——轮胎与路面之间的摩擦系数；

　　　g——重力加速度（m/s^2）。

最小制动距离与车辆质量无关，只要制动系统具有使轮胎抱死的制动力，车辆最小制动距离取决于轮胎与路面之间的摩擦系数。

汽车的地面制动力首先取决于制动器制动力，同时又受地面附着条件的限制，只有制动器制动力足够，同时地面附着力较高时，才能获得较高的地面制动力。轮胎与地面的附着系数影响因素有道路的类型、路况，汽车运动速度，轮胎结构、花纹、材料等。

四、制动摩擦材料

制动摩擦材料（图5-6）一般由黏结剂、增强纤维、摩擦性能调节剂和填料组成。黏结剂是摩擦材料中的一个最重要的组元，它可以影响材料的热衰退性能、恢复性能、磨损性能和力学性能。汽车摩擦材料一般采用的是热固化型黏结剂，具体应用有酚醛树脂、三聚氰胺树脂、环氧树脂、硅树脂、聚酰胺树脂等。

汽车用摩擦材料主要是用于制造制动摩擦片和离合器片，这些摩擦材料要求有足够高的而且稳定的摩擦系数和较好的耐磨性。早期的制动摩擦材料主要采用石棉基，随着对环保和安全的要求越来越高，石棉基摩擦材料已经被半金属型摩擦材料、复合纤维摩擦材料、陶瓷纤维摩擦材料等取代。

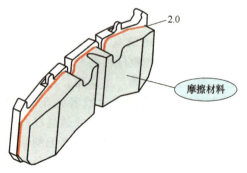

图 5-6　制动摩擦材料

制动摩擦材料的特点是具有良好的摩擦系数和耐磨损性能，同时具有一定的耐热性和机械强度，能满足车辆制动的性能要求。

五、制动力分配

汽车制动时，作用在车轮上的制动力随着踏板力的增大而增大，但最大制动力受到轮胎与路面附着力的限制，制动力不能超过附着力，否则车轮将被抱死。无论前轮先抱死还是后轮抱死都会严重影响汽车行驶的安全性，并加剧轮胎的磨损。

行车制动时，由于汽车惯性力的作用，前轮载荷增加，后轮载荷减少，导致理想的制动力矩变化，即汽车前后轮制动力矩的比值应该随车轮载荷变化。要让汽车既能得到尽可能大的制动力，又能保持行驶方向的稳定性，就必须使其前后轮同时达到抱死的边缘。

在确定制动器形式的条件下，汽车制动力矩的大小取决于制动管路的压力。为使前后轮获得理想的制动力，现代汽车上采用了各种制动力调节装置，用于调节前后车轮制动管路的工作压力。传统或非受控制动系统常用的调节装置有限压阀、比例阀、液压感载比例阀和惯性阀。

1. 限压阀

限压阀串联在制动主缸与后轮制动器的管路之间，其作用是当前、后制动管路压力 p_1 和 p_2 由零同步增长到一定值后，自动将后轮制动器管路中的液压限定在该值不变，防止后轮抱死，其结构及特性曲线如图5-7所示。

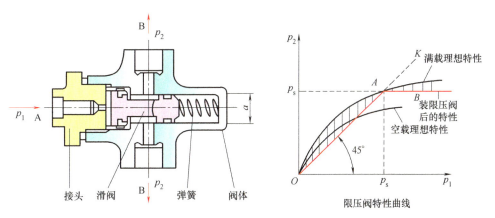

图 5-7　限压阀及其特性曲线
A—通制动主缸　B—通轮缸

2. 比例阀

比例阀也串联在制动主缸与后轮制动器的管路之间，其作用是当前、后制动管路压力 p_1 和 p_2 由零同步增长到限压值 p_s 后，自动对 p_2 增长加以限制，使 p_2 的增量小于 p_1 的增量。

图5-8所示为比例阀的结构与特性曲线。

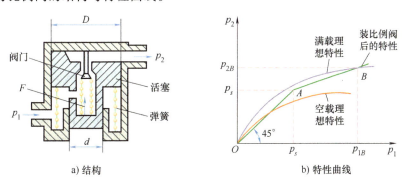

a) 结构　　　　　　　　b) 特性曲线

图 5-8　比例阀的结构与特性曲线

3. 液压感载比例阀

由于汽车满载和空载的理想促动管路的压力分配特性不一致，限压阀和比例阀的特性不能同时符合空载和满载的要求，这将使后轮制动力远小于后轮附着力，即附着力的利用率太低，不能满足制动力尽可能大的要求，影响空载和满载的制动特性。为克服上述缺点，需要采用随汽车实际装载质量变化而改变的感载比例阀，使汽车前、后轮的附着力能充分利用，以获得更好的制动性能。

液压感载比例阀的安装位置同限压阀，只是多装置了车身和车桥相对位置变化时的感载连接件，如图 5-9 所示。阀体安装在车身上，其中的活塞为两端承压面积不等的差径结构，其右部空腔内有阀门。

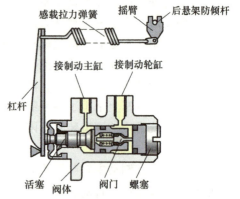

图 5-9 液压感载比例阀

六、制动液

汽车制动液是用于在汽车液压制动系统中传递压力，使车轮制动器实现制动作用的一种功能性液体，其制动工作压力一般为 2MPa，高的可达 4~5MPa。

汽车发动机技术水平的不断提高、道路交通条件的改善、高速公路的发展以及汽车制动系统结构的改进，对制动液的性能要求越来越高。因此，必须按照车辆技术性能要求，选择使用相应质量等级的制动液产品。

1. 制动液的性能要求

对制动液的性能要求如下：

1）高温抗气阻性，较低的蒸发损失。

2）适宜的高、低温黏度，良好的低温流动性和润滑性。

3）良好的相溶性和橡胶适应性。

4）良好的热安定性、水解安定性和化学稳定性。

5）良好的润滑性和耐蚀性。

6）良好的抗氧化性。

2. 制动液的标准

我国现行的制动液标准为 GB 12981—2012《机动车辆制动液》。

它对制动液产品的各项性能指标都进行了明确的规定，标准将我国机动车制动液按产品使用工况温度和黏度要求的不同分为 HZY3、HZY4、HZY5、HZY6 四种级别，分别对应国际标准 ISO 4925：2005 中 Class3、Class4、Class5.1、Class6，其中，HZY3、HZY4、HZY5 对应于美国交通运输部制动液类型的 DOT3、DOT4、DOT5.1。

3. 制动液的选用

现在机动车的设计时速越来越高，结构设计越来越紧凑，这就使制动液的工作温度很高而散热通风条件较差，因此对制动液的性能要求越来越高。目前，世界各国使用的一般都是合成制动液。制动液的选择首先根据机动车生产厂家使用说明书推荐的质量等级、品牌和型号等，选择时可参考以下几点：

1）选用的制动液产品质量等级要等同或高于车辆制造商规定的制动液质量等级。

2）选用的制动液产品类型应与车辆制造商规定使用的制动液类型一致。

3）在可能的情况下，应选用世界知名厂商生产的性能稳定、质量有保证的产品。

在选用时，不可加注或混用不同品牌、不同型号和不同生产厂家的制动液，必须选用汽车使用说明书上规定型号的制动液。

我国国产车辆通常使用 HZY3 级制动液，合资生产车辆有的使用 HZY3 级制动液，有的使用 HZY4 级制动液。

七、制动管路的形式

目前，国家标准《机动车运行安全技术条件》要求汽车液压、气压制动系统均必须采用双回路制动管路形式，双回路制动系统可以保障其中一条管路失效时，另一条完好的管路仍能提供制动力进行制动。

1. 无 ABS 的液压制动系统管路形式

如果制动管线破裂、制动油缸泄漏，制动器就不再工作，导致制动失效。为此，现代汽车制动液压系统将制动管路分隔成两个系统的管线，无 ABS 的液压制动系统管路的布置形式有以下五种，如图 5-10 所示。

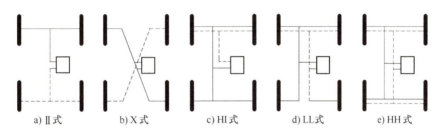

a) Ⅱ式   b) X式   c) HI式   d) LL式   e) HH式

图 5-10 双回路制动系统的管路布置形式

Ⅱ式布置（图 5-10a）：管路布置最为简单，成本较低，多用于货车上。前、后轴布置的液压制动系统由双腔主缸通过两套独立管路分别控制车轮制动器，当一套管路失效时，另一套管路仍能保持一定的制动效能。

X式布置（图 5-10b）：管路布置简单。双腔制动主缸前、后腔通过各自的管路分别控制前后桥对角车轮的制动器。这种布置一般用于对前轮制动力依赖性较大的发动机前置前轮驱动的汽车。当任一管路失效时，前、后轴制动力分配比值保持不变，所以剩余的总制动力能保持在正常总制动力的 50%。

HI式（图 5-10c）、LL式（图 5-10d）、HH式（图 5-10e）布置：这几种布置方式只适用于一个制动器具有两个轮缸的汽车上，其制动主缸前、后腔通过各自的管路分别控制各个车轮制动器中的一个制动轮缸。当一套管路失效时，另一套管路仍能使前、后制动器保持一定的制动效能，制动效能为正常时的 50%。

2. ABS 液压制动系统的管路形式

ABS 液压制动系统的管路形式可分为四通道管路系统、三通道管路系统、双通道管路系统和单通道管路系统。

（1）四通道管路系统　四通道管路系统的 ABS 有两种结构形式，如图 5-11 所示。由于四通道 ABS 可以保证最大限度地利用每个车轮的最大附着力进行制动，汽车不仅具有良好的方向稳定性和转向操纵能力，而且能够获得最短制动距离。但是，如果两侧车轮的附着力相差太大时，制动过程中两侧车轮的制动力就相差较大，由此产生的横摆力矩会严重地影响汽车的方向稳定性。使用四通道控制方式的常见车型有奥迪（前轮驱动）、红旗轿车、广州本田（X型）。

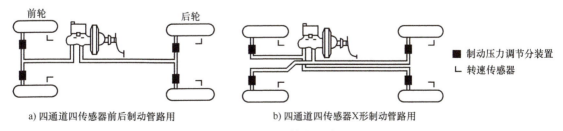

前轮　　　　后轮

■ 制动压力调节分装置
└ 转速传感器

a) 四通道四传感器前后制动管路用　　　b) 四通道四传感器X形制动管路用

图 5-11 四通道管路系统 ABS

（2）三通道管路系统　三通道管路系统的 ABS 是对两个前轮进行独立控制，对后轮按低选原则或高选原则进行控制，但大多数汽车一般对后轮均按低选原则进行一同控制，各种三通道管路系统 ABS 如图 5-12 所示，使用三通道控制方式的常见车型有桑塔纳 2000GSi、北京切诺基等。

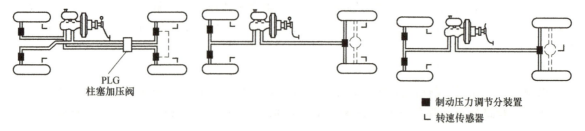

PLG
柱塞加压阀

■ 制动压力调节分装置
└ 转速传感器

a) 三通道四传感器带加压泵X形制动管路用　　b) 三通道三传感器前后制动管路用　　c) 三通道四传感器前后制动管路用

图 5-12　三通道管路系统 ABS

（3）双通道管路系统　双通道管路系统可减少制动压力调节装置的数量，降低系统的成本，如图 5-13 所示。由于双通道管路系统 ABS 难以在方向稳定性、转向操纵能力和制动距离各方面得到兼顾，所以双通道系统目前很少被采用。

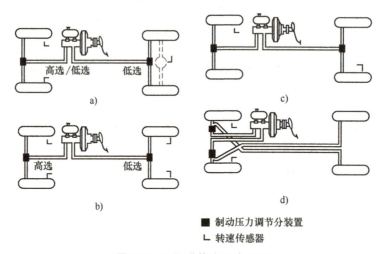

高选/低选　　低选

a)

高选　　低选

b)

c)

d)

■ 制动压力调节分装置
└ 转速传感器

图 5-13　双通道管路系统 ABS

八、制动液的更换

制动液是汽车制动系统中的重要部分，制动液具有吸水特性，长时间不更换会导致制动液腐蚀，性能下降，给行车带来隐患。若制动液不足，会有空气进入制动管路，气体在制动液中会被压缩，导致制动不灵敏，造成制动不足甚至失效。建议最好每月都检查一次制动液，制动液一般两年或者 4 万 km 必须强制性更换一次，或严格按照维修手册要求检查维护。

1. 制动液的检查

（1）液位检查　位于制动主缸上方的储液罐外壁上有最低液位（MIN）和最高液位（MAX）的标记，如图 5-14 所示。正常的液位应该在两标记之间，如液位低于最低液位标记时，应及时添加与原制动液相同生产厂家和牌号的制动液。

（2）制动液品质检查

1）目视检查。制动液的外观应清澈透明或呈琥珀色、无杂质、无沉淀和悬浮物，如果制动液变黑、混浊或有沉淀物等现象时，在征得顾客同意后及时更换。

2）用检测仪检查。目前，用于检测制动液品质的检测仪主要

最高

最低

图 5-14　制动液液位的检查

有定性分析制动液含水量的快速探测笔、定量分析制动液含水量的检测仪和测试制动液沸点的安全检测仪三种。

2. 制动液的更换

制动液的更换通常有人工更换或用机器更换两种方法。人工更换需要两人协作完成，用机器更换则一人单独按照设备操作使用说明即可完成。

人工更换制动液需要两人默契配合，在作业开始之前，两人协商确定好各自分工以及配合作业时口令。下面是人工更换的过程，如图 5-15 所示。

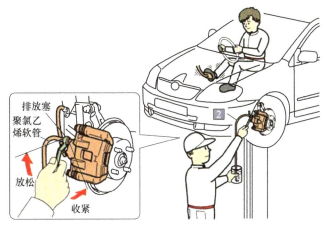

排放塞
聚氯乙烯软管
放松
收紧

图 5-15　人工更换制动液

1）清理制动储液罐盖及周边部位。

2）拆卸制动储液罐盖。

3）用吸管清除储液罐中的残留制动液，如图 5-16 所示。

4）将制动储液罐重新加注清洁的制动液至合适的液面。

5）升起并适当支承车辆。

6）将透明软管一端连接到右后轮排气螺塞上，另一端放入装有制动液的容器，以便接放出的制动液，如图 5-17 所示。

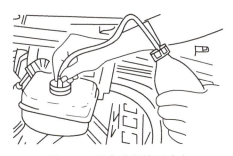

图 1-16　吸出残留的制动液

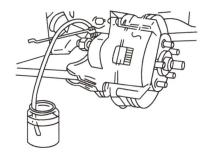

图 5-17　排放制动液

7）一人进入驾驶室踩下制动踏板，同时另外一人用梅花扳手缓慢旋开制动轮缸排气螺塞，使制动液通过排气螺塞从透明软管流出。

8）连续踩制动踏板，直至看到有新鲜清洁制动液流出为止，关闭排气阀并紧固。

9）按照右后—左后—右前—左前车轮的顺序，在剩下其他的车轮上重复6）~8）的操作。在这过程中要注意向储液罐补充制动液，以确保制动液处在适当液位。

3. 制动系统排空

对于大多数装备前/后双管路系统的车辆，要从距主缸最远的车轮开始排空，然后再排空距主缸最近的车轮。对于装备对角双管路系统或装备 ABS 的车辆，要按照车辆维修手册规定的步骤对制动系统进行排空。

制动系统排空需两人配合，步骤如下：

1）一人坐在驾驶人座椅上，举升起汽车到适宜高度。

2）另一人将在车下部用一根软管将车轮制动器制动轮缸的排气螺塞连接到储液罐中，并给车内发出指令，告知准备工作已完成。

3）坐于驾驶室内的人连续快速踩下制动踏板，直到踏板高度上升后，踩住制动踏板保持不动。

4）另一人将排气螺塞拧松约1/4圈，进行排气。此时，制动液连同空气一起从软管喷入瓶中，然后，尽快将排气螺塞拧紧，并通知车内的人再次踩制动踏板。

5）在排出制动液的同时，踏板高度会逐渐降低，在未拧紧排气螺塞之前，切不可将踏板抬起，以免空气再次侵入。

6）每个轮缸应反复排气数次，直至将空气完全排出（制动液中无气泡）为止。并按照由近到远的顺序（或遵照维修手册的规定），逐个将各车轮制动器管路中的空气排放完毕。

7）在排放空气过程中，应及时向储液罐内添加制动液，保持液面的规定高度，并调整好踏板自由行程。

 **思考题**

1. 描述制动系统的基本原理。

2. 印在制动衬片和制动片边缘的摩擦代码字母是什么意思？

3. 哪种制动摩擦材料运用最广？为什么？

4. 为什么需要对制动系统的制动力进行分配？

5. 为什么要对制动系统进行排空？

测试题

测试题

学习模块二　制动系统主要零部件与检修

情景导入

一辆奥迪 A6L 轿车，行程已超过了 8 万 km，驾驶过程中发现仪表显示制动块故障，该车车主很担心该车的行驶安全，打电话咨询 4S 店师傅是否能继续驾驶该车辆？该如何处理？假如你是维修技师，回答客户提出的问题。

知识提升

一、鼓式制动器

1. 制动器的基本工作原理

制动器是指产生阻碍车辆运动或运动趋势的力的部件，其中，也包括辅助制动系统中的缓速装置。制动器主要由旋转部分、固定部分、张开机构和调整机构组成，旋转元件与车轮相连接，固定元件与车桥相连接。制动器按照结构可分为鼓式制动器和盘式制动器，按安装位置可分为车轮制动器和中央制动器。

制动器的工作原理是利用旋转元件和固定元件之间的摩擦，产生制动器制动力。当制动摩擦块或制动蹄摩擦片压紧旋转的制动盘或制动鼓时，两者接触面之间产生摩擦，通过摩擦将汽车的动能转变为热能，并将热量散发到空气中，最终使车辆减速，以致停车。

2. 鼓式制动器的特点

鼓式制动器可靠性好，能产生强大的制动力，现在仍广泛运用于各种车辆中。

（1）鼓式制动器的优点　鼓式制动器的优点有造价便宜，制动摩擦面积大，制动效能高，制动时有摩擦助势的作用，制动器的耐用程度高，获得相同制动力矩的情况下，鼓式制动器直径小。

（2）鼓式制动器的缺点　鼓式制动器的缺点是散热效果差，热膨胀明显，制动时易高温而产生热衰退现象，需要有较大的制动踏板自由行程，构造复杂零件多，制动间隙须做调整。

3. 鼓式制动器的类型

鼓式制动器有内张型和外束型两种。外束型应用较少，目前汽车使用多为内张双蹄式鼓式制动器，按促动装置的形式可分为轮缸式、凸轮式和楔块式，如图5-18所示。

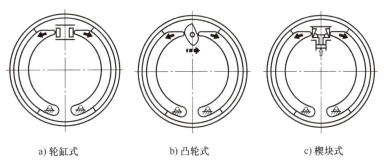

a) 轮缸式　　　　　b) 凸轮式　　　　　c) 楔块式

图5-18　按促动装置形式鼓式制动器的类型

根据制动过程中两制动蹄产生制动力矩的不同，轮缸式制动器可分为领从蹄式、单向双领蹄式、双向双领蹄式、双从蹄式、单向自增力式和双向自增力式等几种形式。

（1）领从蹄式制动器　制动过程中制动轮缸产生的促动力 F_S 使制动蹄压向制动鼓产生摩擦力 F_{T1} 和 F_{T2}，F_{T1} 有使制动蹄进一步压紧制动鼓的趋势，而 F_{T2} 有使制动蹄离开制动鼓的趋势，如图5-19所示。其结果两个制动蹄产生的制动力不相同，产生摩擦力大的蹄称为领蹄或助势蹄，产生摩擦力小的蹄称为从蹄或减势蹄。领蹄和从蹄所受的促动力相等，但所受制动鼓的法向反力 F_{N1} 和 F_{N2} 不相等，且 $F_{N1}>F_{N2}$，相应地 $F_{T1}>F_{T2}$。

由于领从蹄式制动器的制动鼓受到来自领、从蹄的法向反力 F_{N1} 和 F_{N2} 不平衡，则两蹄法向力之和只能由车轮轮毂轴承的反力来平衡，这就对轮毂轴承造成了附加径向载荷，使使用寿命缩短。凡制动鼓所受来自两蹄的法向力不能互相平衡的制动器称为非平衡式制动器。

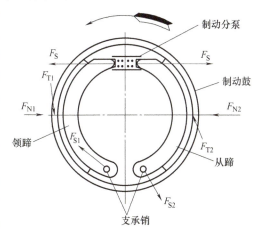

图5-19　领从蹄式制动器

领从蹄式制动器的结构特点：两蹄上端共用一个双活塞分泵，下端分别用偏心销轴支承。领蹄是促动力使制动蹄张开时旋转方向与制动鼓旋转方向相同的制动蹄。从蹄是促动力使制动蹄张开时旋转方向与制动鼓旋转方向相反的制动蹄。

工作特点：两蹄对制动鼓的压紧力，领蹄大于从蹄。领蹄磨损较严重，领蹄与从蹄使用寿命不同。

（2）平衡式制动器　单向双领蹄式制动器的两制动蹄各用一个单活塞轮缸促动，两套制动蹄、轮缸、支承销和调整凸轮等是中心对称布置的，如图5-20所示，前进制动时两个制动蹄均为领蹄，从而

使 $F_{T1}=F_{T2}$，$F_{N1}=F_{N2}$，这种制动器为平衡式制动器，避免了非平衡式制动器的缺点。但这种制动器在倒车制动时两个制动蹄都是从蹄，制动效能较低。

图 5-21 所示为双向双领蹄式制动器，其结构特点是：制动蹄、制动轮缸、回位弹簧均为成对地对称布置，两制动蹄的两端采用浮式支承，且支点在径向位置浮动，用回位弹簧拉紧。汽车前进或倒车中制动时，两个制动蹄均为"领蹄"，均有较强的增力，制动效果好，蹄片磨损均匀。

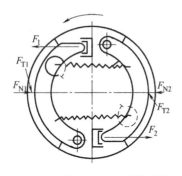

图 5-20　单向双领蹄式制动器

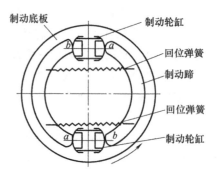

图 5-21　双向双领蹄式制动器

平衡式制动器中还有单向双从蹄式制动器，这种结构目前应用较少。

（3）自增力式制动器　图 5-22 所示为单向自增力式制动器，其结构特点是采用一个单活塞轮缸，两制动蹄上端贴靠在支承销上，下端分别支承在浮动顶杆的两端。不制动时，制动蹄上端均靠回位弹簧拉靠在支承销上。汽车前进制动时，单活塞式轮缸将促动力加于第一制动蹄，使其上端离开支承销，整个制动蹄绕顶杆左端支承点旋转，并压靠在制动鼓上。显然，第一制动蹄是领蹄，并且其上的促动力、法向合力、摩擦力通过顶杆传递给第二制动蹄，成为第二制动蹄的促动装置，其促动力 F_{S2} 与 F_1 大小相等、方向相反，故第二制动蹄也是领蹄。F_{S2} 大于 F_{S1}，自然第二制动蹄比第一制动蹄产生的摩擦力大，所以称为自增力式制动器。这种制动器在汽车倒车时，两个制动蹄均为从蹄，制动效果大大降低。

图 5-23 所示为双向自增力式制动器，其结构特点是采用一个双活塞轮缸，两制动蹄上端贴靠在一支承销上，下端分别浮支在浮动的顶杆两端。前进制动时，两制动蹄在促动力 F_S 的作用下，上端均离开支承销张开，压向制动鼓而产生摩擦力矩。旋转的制动鼓带动两蹄沿图 5-23 中箭头方向旋转一个不大的角度（因为顶杆是浮动的），直到后蹄又顶靠到支承销上为止。此时，前蹄为"领蹄"，后蹄则处于增力状态。汽车倒车制动时，后蹄为领蹄，前蹄则处于增力状态，所以将这个制动器称为双向自增力式制动器。

在制动过程中，自增力式制动器制动力矩的增长在某些情况下显得过于急速。双向自增力式制动器经常用于轿车后轮，便于兼作驻车制动。单向自增力式制动器常用于中、轻型汽车的前轮，因倒车制动时对前轮制动器效能的要求不高。

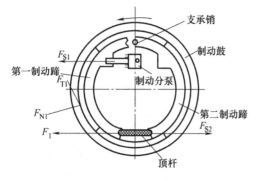

图 5-22　单向自增力式制动器

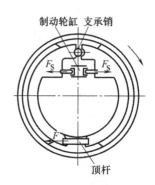

图 5-23　双向自增力式制动器

4. 鼓式制动器的结构

虽然鼓式制动器有多种形式，但基本结构是由制动底板、制动轮缸或凸轮、制动蹄、回位弹簧、制动间隙调节装置、驻车制动装置等组成的。

鼓式制动器的基本结构如图 5-24 所示。

限位螺钉　制动蹄片　制动分泵　制动鼓
回位弹簧
制动蹄片
回位弹簧
间隙调整

图 5-24　鼓式制动器的基本结构

（1）制动轮缸　制动轮缸有双活塞式和单活塞式两种，如图 5-25 所示。驾驶人施加在制动总泵制动液上的力通过制动管路传递到制动轮缸，迫使轮缸内的活塞向外移动。通过推杆或连杆装置，将运动作用于制动蹄，迫使制动蹄向外压住制动鼓。

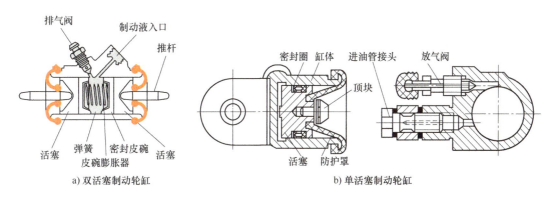

排气阀　制动液入口　推杆

活塞　弹簧　密封皮碗　活塞
　　　皮碗膨胀器
a) 双活塞制动轮缸

密封圈　缸体　进油管接头　放气阀
顶块
活塞　防护罩
b) 单活塞制动轮缸

图 5-25　制动轮缸

（2）制动蹄　制动蹄是用钢材焊制而成的，制动蹄的外面部分弯曲，以便与制动鼓的外形相匹配。制动摩擦片摩擦材料铆接或黏结在此表面上。制动蹄的里面部分叫作腹板，它与轮缸相接触；腹板上有制动蹄回位弹簧安装孔、固定装置、驻车制动的连杆装置、自行调节机械装置，如图 5-26 所示。

在许多鼓式制动摩擦组件中，两个制动蹄完全一样，可以互换。由于双向自增力式的制动副蹄摩擦片承担的摩擦力比制动主蹄的大，产生的热量多且磨损快，因此其摩擦片几乎布满整个基板，如图 5-27 所示。副蹄摩擦片材料通常摩擦系数也较大，以便产生

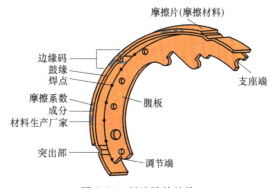

摩擦片(摩擦材料)
边缘码
鼓缘
焊点
摩擦系数
成分
材料生产厂家
突出部
支座端
腹板
调节端

图 5-26　制动蹄的结构

更多的制动力。主蹄比副蹄的制动压力要小得多，其摩擦片也短得多，有时只有基板的一半长。

在大多数双伺服制动系统主蹄上，摩擦片位于基板正中。也有些摩擦片位于基板中心线之上或之下，这种高低错位摩擦片位置会提供良好的制动性能，还能减小噪声，如图 5-28 所示。

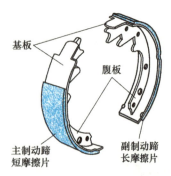

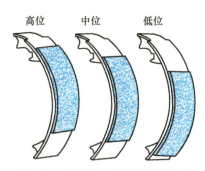

图 5-27　双向自增力式制动器主蹄和副蹄　　　　图 5-28　摩擦片在基板的不同位置

（3）制动鼓　在鼓式制动摩擦总成中，最后的主要部件就是制动鼓。制动鼓不与底板相连接，而是与车轮一起旋转。制动鼓安装在车轴或轮毂上，摩擦总成的其余部件都布置在制动鼓内部。制动鼓用铸铁或带铸铁摩擦片的铸铝制成，有的制动鼓在外边缘都有散热用的筋片。

5. 鼓式制动器间隙的调整方式

制动器在不工作的原始位置时，其摩擦片与制动鼓之间应有合适的间隙，即制动间隙。其间隙值由汽车制造厂规定，如果间隙过小，不能保证彻底解除制动，造成制动拖滞；如果间隙过大，将导致制动踏板自由行程过大、制动不灵敏或制动力不足。在制动器工作过程中，制动摩擦片的不断磨损必将导致制动间隙逐渐增大，因此，要求任何形式的制动器在结构上必须保证有检查、调整制动间隙的装置。制动间隙的调整有手动调整和自动调整两种方法。

（1）手动调整装置　能够手动调整制动间隙的制动器一般在制动鼓腹板外开有一个检查孔，以便用塞尺检查摩擦片与制动鼓之间的间隙是否符合规定值，否则要对其进行调整。

1）调整螺母调节制动间隙。将制动器轮缸两端的端盖制成调整螺母，调整时，用旋具拨动调整螺母的齿槽，使螺母转动，带动螺杆上的可调支座向内或向外轴向移动，使制动蹄上端靠近或远离制动鼓，制动间隙减小或增大，如图 5-29 所示。

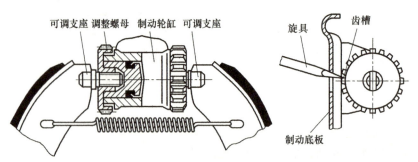

图 5-29　用调整螺母调节制动间隙

2）调整可调顶杆调节制动间隙。在自增力式制动器中，两制动蹄下端支承在可调顶杆上，其结构如图 5-30 所示。可调顶杆由顶杆体、调整螺钉和顶杆套组成。顶杆套一端具有带齿的凸缘，套内制有

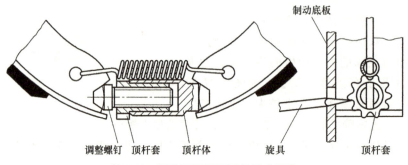

图 5-30　调整可调顶杆调节制动间隙

螺纹，调整螺钉借螺纹旋入顶杆套内。拨动顶杆套带齿的凸缘，可使调整螺钉沿轴向移动，从而改变可调顶杆的总长度，调节制动间隙。

3）调整凸轮与偏心销方式调节制动间隙。有的制动器采用转动调整凸轮和偏心轴支承销的调整方式调节制动间隙，图 5-31 所示。若发现制动间隙过大，可转动调节凸轮进行局部调整。当制动鼓磨损到一定程度时，需要重新加工修整其内圆面。在进行修理作业后重新装配制动器时，为保证制动蹄与鼓的正确接触状态和间隙值，应当进行全面调整。全面调整除靠转动调整凸轮外，还要转动制动蹄下端的支承销。支承销的轴径是偏心的，当转动时，制动蹄下端的间隙变小。

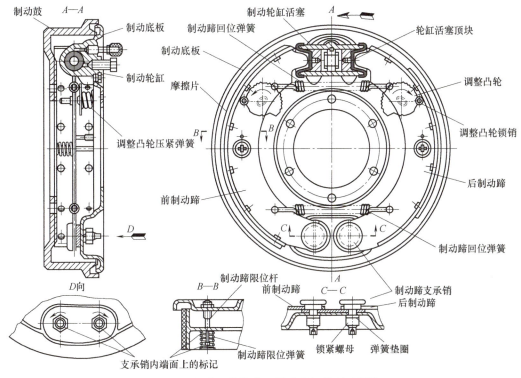

图 5-31　调整凸轮与偏心销方式调节制动间隙

（2）自动调整装置　所有新式制动器都安装有制动间隙自动调整装置，它可以保证制动间隙始终处于最佳状态，不必经常人工检查和调整。

1）摩擦限位式间隙自动调整装置。该自动调整装置的结构如图 5-32 所示，限位摩擦环是一个有切口的弹性金属环，用以限定不制动时制动蹄内极限位置的限位摩擦环装在轮缸活塞内端。

制动时，轮缸活塞外移，若制动器间隙由各种原因增大到超过设定值，则活塞外移到限位环上仍不能实现完全制动，活塞将在油压的作用下，克服制动环和缸壁间的摩擦力继续向外移动，轮缸将活塞连同摩擦环继续推出，直到实现完全制动。在解除制动时，制动器回位弹簧不能带动摩擦环回位，即活塞的回位受到限制，制动间隙减小，实现制动间隙自动调整。这种经过一次完全制动就可以自动调整间隙到设定值的装置，称为一次调准式间隙调整装置。

2）阶跃式间隙自动调整装置。当前，鼓式制动器多采用阶跃式的自动调整装置，图 5-33 所示为双向自增力式制动器阶跃式自动调整装置。该装置钢丝绳组件上端经连接环固定于制动蹄支承销上，由钢丝绳操纵的调整杠杆以中部的弯舌支承于制动蹄的腹板上，其另一弯舌嵌入调整螺钉的星形轮的齿间。倒车制动时，调整杠杆的支点随制动蹄下移，而其下臂的弯舌沿星形轮齿的齿廓上升。当过量间隙值累积到一定时，弯舌即嵌入星形轮的下一个齿间，并在解除制动过程中转动调整螺钉，从而恢复设定间隙。这类结构多设计成只在倒车制动时才起调整作用，以尽量避免制动时热膨胀的影响。

阶跃式自动调整装置必须在制动蹄与制动鼓间隙达到一定值后才起调整作用，而不允许随时微调以补偿随时产生的微小的过量间隙。另外，在制动器装车后必须经过多次制动，方可自动调整到设定间隙。

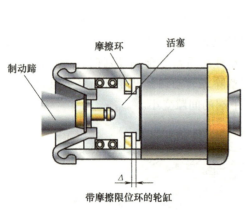

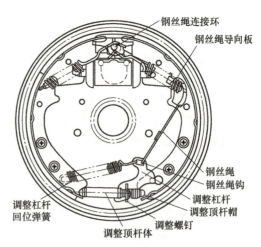

图 5-32　摩擦限位式间隙自动调整装置的结构（Δ-制动间隙）　　图 5-33　双向自增力式制动器阶跃式自动调整装置

二、盘式制动器

盘式制动器的结构如图 5-34 所示，其基本原理是通过液压系统把压力施加到制动钳上，使制动摩擦片与制动盘发生摩擦，从而达到制动的目的。盘式制动器抗衰退性能、灵敏度和维护性等方面均优于鼓式制动器，已广泛应用于轿车制动系统。

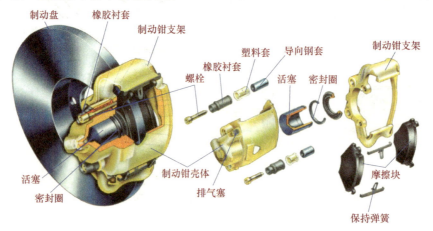

图 5-34　盘式制动器的结构

1. 盘式制动器的优缺点

盘式制动器的优点有散热性好，连续制动情况下抗热衰退性强；排水性强，可以降低因为水或泥沙造成制动不良的情形；制动平顺性好；反应速度快，可做高频率的制动动作，符合 ABS 的需求；构造简单，且容易维修。

盘式制动器的缺点有制动摩擦面积小，制动效能较低；不易安装驻车制动系统；制动块磨损较快，更换频率较高。

2. 盘式制动器的结构类型

盘式制动器主要分为钳盘式制动器和全盘式制动器两类，钳盘式制动器又可分为定钳盘式和浮钳盘式两种。全盘式制动器制动盘的全部工作面可同时与摩擦片接触，主要用于重型汽车，钳盘式制动器多用于轿车。

（1）定钳盘式制动器　定钳盘式制动器的工作原理图如图 5-35 所示，制动盘固定在轮毂上，与车轮一起旋转。制动钳固定在车桥上，既不能旋转，也不能沿制动盘轴线方向移动。制动钳内装有两个制动轮缸活塞，分别压住制动盘两侧的制动块。当驾驶人踩下制动踏板使汽车制动时，制动轮缸的液压上升，活塞被微量顶出，制动块夹紧制动盘产生制动。定钳盘式制动器现已很少用于轿车。

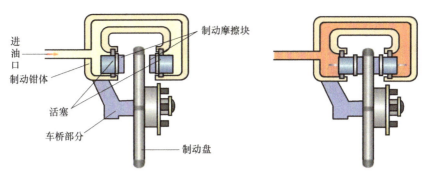

a) 定钳盘式制动器不制动时　　　　　　　　b) 定钳盘式制动器制动时

图 5-35　定钳盘式制动器的工作原理图

（2）浮钳盘式制动器　浮钳盘式制动器，如图 5-36 所示。制动钳可以相对于制动盘轴向移动，在制动盘的内侧设有液压缸，外侧的制动块附着在钳体上。制动时，在液体压力的作用下，推动活塞及制动块向右移动，并压到制动盘上，于是制动盘给活塞一个向左的反作用力，使活塞连同制动钳体整体沿导向销向左移动，直到制动盘右侧的制动块也压到制动盘上。这时，两侧制动块都压在制动盘上，夹住制动盘产生制动作用。

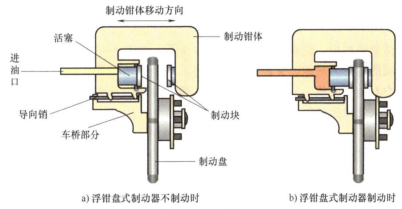

a) 浮钳盘式制动器不制动时　　　　　　　　b) 浮钳盘式制动器制动时

图 5-36　浮钳盘式制动器的工作原理图

3. 制动盘

制动盘为制动衬块提供了与其摩擦的表面，其结构主要有实心制动盘和通风式制动盘两种基本类型，如图 5-37 所示。通风式制动盘有浇铸在摩擦表面之间的风道，在行驶中通过风道处空气对流，以达到散热的目的，比实心式制动盘散热效果要好许多。大部分轿车都是前轮驱动，前轮制动盘磨损较大，所以采用通风式制动盘，后轮制动盘采用实心制动盘。

制动盘作为盘式制动器最大和最重的部件，通常采用具有优良的摩擦和磨损特性的铸铁制作。现代部分轿车的制动盘采用陶瓷复合材料制造，具有重量轻，较低的热传导率，很低的热衰减性，良好的耐磨性，稳定的摩擦系数等优点，如图 5-38 所示。

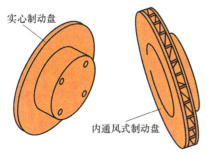

图 5-37　制动盘

图 5-38　陶瓷复合材料制动盘

4. 制动钳

制动钳是安装制动轮缸活塞、制动块的基础部件，通过支承架固定在车桥上，其结构如图5-39所示。制动钳相对制动盘可以轴向滑动，制动块附装在制动钳体上，只在内侧设置液压缸，分泵的活塞受油管输送来的液压作用，推动摩擦片压向制动盘发生摩擦制动，迫使制动盘停止转动。

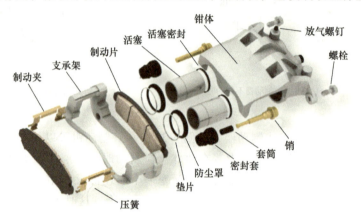

图 5-39　制动钳的结构

5. 制动块

制动块组件包括制动衬块、金属底板和磨损指示器等，如图5-40所示。制动衬块与旋转的制动盘接触产生摩擦，由动能转化为热能，从而使车辆减速。每个制动钳均有两块制动衬块，分别置于制动盘两边。所有衬块均有金属底板，上面粘接或铆接着摩擦材料。有些衬块装有机械的或电子的磨损指示器，以便提示驾驶人及时更换制动块。

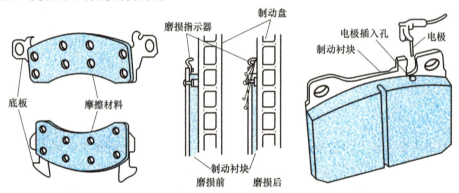

图 5-40　制动块及其磨损报警

6. 钳盘式制动器的调整

钳盘式制动器的间隙都是自动调节的，而且其自调方式都属于一次调准式。最常见的钳盘式制动器的间隙自调装置就是图5-41所示的活塞密封圈，它能兼作活塞回位弹簧和一次调准式间隙自调装置的作用。这种利用密封圈的弹性和定量变形使活塞回位和自动调整间隙的方法，可使制动器结构简单，成本低，但对密封圈的要求较高。

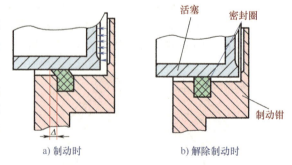

a) 制动时　　　　　b) 解除制动时

图 5-41　钳盘式制动器的间隙调整

三、制动主缸

制动主缸是汽车液压制动传动系统的心脏，当制动踏板被踩下时，制动力通过制动主缸活塞移动转换成制动液的压力，经油管压入制动轮缸中，将制动蹄或制动块推向制动鼓或制动盘，产生制动，

图 5-42 所示为上海桑塔纳轿车液压制动系统示意图。主缸部件的损坏会引起制动管路液压的异常，由此导致汽车的制动性能下降。

1. 制动主缸的结构

制动主缸有单缸式与串联式两种类型，其由于单活塞制动主缸对应的单管路制动系统安全性差，因此国家标准要求在用汽车必须配置双管路制动系统，以提高汽车行驶的安全性。双管路制动系统中常用串联式双活塞制动主缸，如图 5-43 所示。缸体呈筒形，内有两个活塞，2 号活塞位于缸筒的中间位置，将主缸分成左右两个工作腔，每个工作腔分别通过补偿孔和回油孔与储油罐相通。

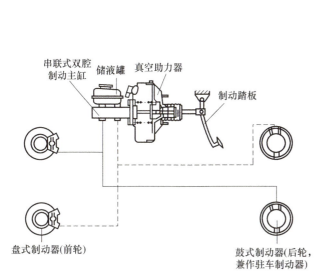

图 5-42　上海桑塔纳轿车液压制动系统示意图

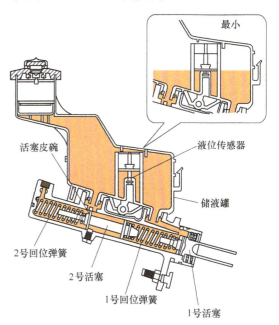

图 5-43　串联式双活塞制动主缸的结构

2. 制动主缸的工作过程

（1）不踩制动踏板时　不踩制动踏板时，制动主缸的活塞皮碗处于旁通孔与补偿孔之间，如图 5-44 所示。压力腔和供油腔通过这两个孔相连，主缸没有油压输出。

（2）踩下制动踏板时　当踩下制动踏板时，活塞向前移动旁通孔被关闭，如图 5-45 所示。随着推杆的前移，活塞皮碗前端封闭的工作腔液压升高。活塞的后端通过补偿孔填充制动液，避免活塞的后部形成真空，如图 5-46 所示。2 号活塞在 1 号活塞的压力下向

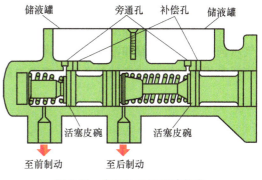

图 5-44　主缸处于不制动状态

前移动。如果由于某种原因，如发生泄漏，1 号活塞将不能产生压力，1 号活塞前端的机械联动机构将与 2 号活塞接触，将其往前推进并产生液压，保证存在部分的制动力。

（3）松开制动踏板时　松开制动踏板时，推杆和制动主缸活塞上的压力被解除，制动踏板联动机构上的回位弹簧使踏板回到正常的静止状态。主缸前端的弹簧张开，将活塞往后推，同时整个制动系统压力释放，释放压力的制动液传到主缸活塞上，使它们向后移动。在活塞向后移时，向前卷曲的皮碗使制动液流往活塞前，如图 5-47 所示，有些活塞上有一些小孔能使制动液流动更加迅速。一旦活塞皮碗越过旁通孔，剩余的制动液流回储液罐，如图 5-48 所示。

（4）反复踩下制动踏板时　当制动踏板释放时，主缸活塞向后移动。制动液的一部分通过补偿孔向上回流，但大多数的制动液流过活塞皮碗到达前方。因此，当驾驶人在上下反复踩制动踏板时，由于制动液的补充，活塞皮碗前面工作腔的制动液会相应增加，制动力增大。

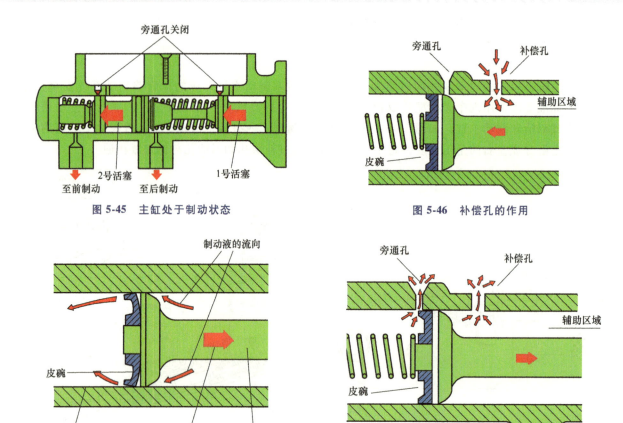

图 5-45　主缸处于制动状态

图 5-46　补偿孔的作用

图 5-47　制动液的补充

图 5-48　制动液回流

四、真空助力器

汽车制动系统通常配置有制动助力装置，其作用是将踩制动踏板的力放大，产生更大的汽车制动力，减轻驾驶人的操作强度，提高驾驶的舒适性和行车安全性。制动助力装置按伺服能量不同可以分为气压伺服、真空伺服和液压伺服。真空伺服制动系统又分为真空增压式与真空助力式两类，现代汽车广泛采用真空助力式制动装置，真空助力器安装在制动踏板与主缸之间，如图 5-49 所示。

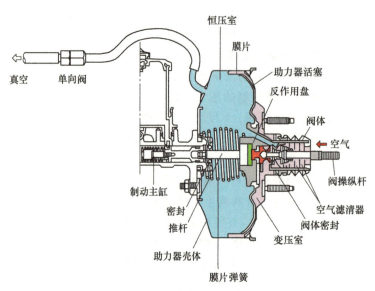

图 5-49　真空助力式制动装置

1. 真空助力器的结构

真空助力器壳体由螺栓固定在车身前围板上，通过制动踏板推杆与制动踏板相连。壳体内有动力活塞，密封依靠橡胶膜片，将空间分成前后两腔；两腔的通断由真空阀控制，如图5-50所示。

2. 真空助力器的工作原理

（1）不制动阶段 如图5-51所示，在阀圈弹簧和腹片回位弹簧的共同作用下，真空阀口A处于开启状态，真空助力器的前、后腔相通，膜片两侧真空度相同，弹簧将膜片推至最后端，此时空气阀口B处于关闭状态。

（2）制动加力阶段 踩下制动踏板，踏板推杆推

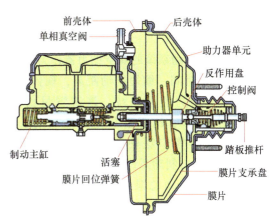

图 5-50 真空助力器的结构

动操纵杆向前运动，在弹簧作用下真空阀口A关闭，使前后腔通道断开，如图5-52所示。继续踩踏板，空气阀口B打开，大气流入后腔，由此产生的前后腔压差推动膜片、膜板带着活塞外壳向前运动，此时，装配在推杆组件里的反馈板同时受到止动底座和活塞外壳的推力作用，再通过推杆组件施加在主缸第一活塞上，主缸内产生的油压一方面传递给制动轮缸，另一方面又作为反作用力经由助力器传递回制动踏板，使驾驶人产生踏板感。

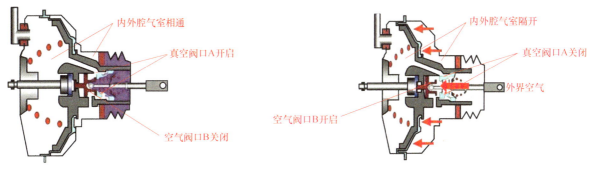

图 5-51 真空助力器处于不制动阶段　　　　图 5-52 真空助力器处于制动加力阶段

（3）制动保持阶段 如果制动踏板力保持不变，在经由反馈板传递的主缸向后的反作用力和膜片、膜板、活塞外壳、阀碗、膜片回位弹簧、阀圈等向前运动趋势的共同作用下，空气阀口B封闭，达到平衡状态，如图5-53所示。此时，任何踏板力的增长都将破坏这种平衡，使空气阀口B重新开启，再进入一定量的空气，动力活塞前进一步，制动力增大一定量。真空助力器的工作过程是一个动平衡的过程。

（4）制动释放阶段 如图5-54所示，松开踏板，在阀圈弹簧的作用下，操纵杆带动止动底座向后运动，首先关闭空气阀口B，继续运动将开启真空阀口A，真空助力器前、后腔连通，真空重新建立。与此同时，在回位弹簧的作用下，推动膜片、膜板、活塞组件后移回到初始位置，制动解除。

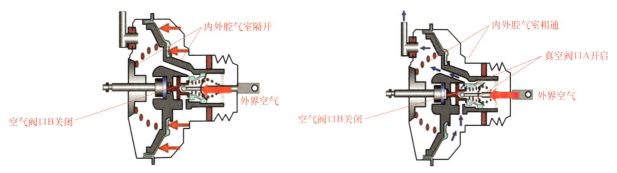

图 5-53 真空助力器处于制动保持阶段　　　　图 5-54 真空助力器处于制动释放阶段

五、电液助力器

传统汽车制动系统的真空助力器作为辅助动力源要受到发动机真空度的限制，为了降低发动机负载，减少制动时间，缩短制动距离，现代许多汽车采用电液助力器，如博世（BOSCH）公司推出的iBooster 电子助力制动系统，该装置目前在凯迪拉克CT6、保时捷 918、比亚迪 E6、特斯拉全系车型、大众全部新能源车等广泛使用，其结构如图 5-55 所示。iBooster 电子助力制动系统剔除了真空助力器，助力源改为电动机，将制动总泵与踏板行程传感器、电动机、ECU 等集成在一起，使其整体体积很小，因此安装方便，同时还能节省空间和减轻重量。

iBooster 电子助力制动系统的构造如图 5-56 所示，驾驶人踩制动踏板，踏板行程传感器探测到输入推杆的位移，将该位移信号发送 ECU，ECU 控制器计算出电动机应产生的转矩要求，再由二级齿轮传动装置将该转矩转化为助力器阀体的伺服制动力。伺服制动力、踏板踩踏力在制动主缸内共同转化为制动液压力。

图 5-55　iBooster 电子助力制动系统

为了保证在制动系统机械结构正常的前提下，当制动电子助力器失效时，驾驶人踩制动踏板，制动系统仍然能工作，iBooster 电子助力制动系统设置了以下三道安全失效模式：

1）第一道安全失效模式：如果车载电源不能满负载运行，那么 iBooster 则开启节能模式，以避免给车辆电气系统增加不必要的负荷，同时防止车载电源发生故障。

2）第二道安全失效模式：万一 iBooster 系统发生故障，ESP 会接管并提供制动助力。

3）第三道安全失效模式：如果车载电源失效，即断电模式下，则可作为机械推动力式备用：驾驶人可以通过无制动助力的纯液压模式对所有四个车轮施加制动，使车辆安全停止。

图 5-56　iBooster 电子助力制动系统的构造

六、制动踏板

制动踏板主要由踏板、踏板支架、制动灯开关、轴套、回位弹簧和减振板等组成，如图 5-57所示。

1. 制动踏板高度的检查与调整

制动踏板高度是指制动踏板在自由状态下，车内地板到制动踏板之间的距离，如图 5-58 所示。制动踏板高度应符合要求，否则会影响汽车制动性能，如不符合标准，则应按维修手册调节制动踏板高度。制动踏板高度的检查与调整如下：

将钢直尺支承在驾驶室地板上，检查制动踏板与地板之间的距离，如果制动踏板高度不符合标准，先分离制动灯开关插接器。拧松制动灯开关螺母，把制动灯开关移至不与制动踏板臂接触的位置，旋转推杆上的调整螺母，调节踏板的高度。然后转动制动灯开关直到与制动踏板止动块接触，继续转动制动灯开关 1/2～1 圈，然后拧紧锁紧螺母，连接制动灯开关插接器。检查制动灯，在踏板放松的状态下，制动灯应不亮；踏下制动踏板 5～15mm，制动灯应亮起。

注意：检查时钢直尺与驾驶室地板必须垂直。

2. 制动踏板自由行程的检查与调整

制动踏板自由行程是指制动踏板踩下时，推杆接触到制动主缸活塞的过程中，踏板移动的距离，它是制动主缸推杆与主缸活塞之间的间隙在踏板上的反映，如图 5-59 所示。制动踏板自由行程的检查与调整如下：

1）在发动机熄火后反复踩下制动踏板数次，解除制动助力。

2）用手向下推动制动踏板至刚好遇到阻力。

3）检查制动踏板自由行程是否在标准值内。

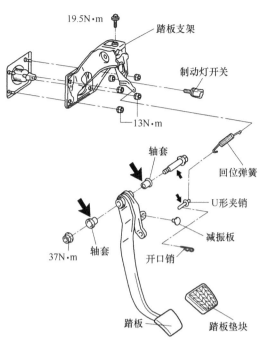

图 5-57 制动踏板的结构

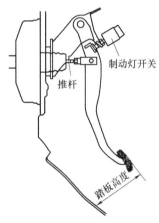

图 5-58 制动踏板的高度

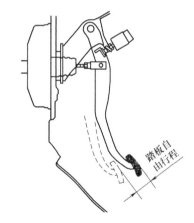

图 5-59 制动踏板的自由行程

4）如果间隙小于标准值，检查制动灯开关外壳与制动踏板之间的间隙是否在标准值内；如果此间隙超过标准值，说明 U 形夹销与制动踏板臂之间的间隙超过规定，调整推杆螺母至合适间隙。

5）检查间隙是否过大，按需更换故障零件。

6）起动发动机。

7）踩下制动踏板，检查制动效果。

七、机械式驻车制动系统

国家标准《机动车运行安全技术条件》中规定，驻车制动应能使机动车在没有驾驶人的情况下，能停在上、下坡道上，驾驶人必须在座位上就能实现驻车制动。机械式驻车制动通过纯机械装置把工作部件锁止，使车辆制动。常见机械式驻车制动一般为手动驻车制动，即手刹，一般置于驾驶人右手下垂位置，便于使用。

机械式驻车制动系统主要由驻车制动操纵杆、制动拉索及后轮制动器中的驻车制动器等组成，如

图 5-60 所示。其功用是：防止车辆停驶后滑溜，使车辆在坡道上能顺利起步，行车制动系统失效后临时使用或配合行车制动器进行紧急制动。

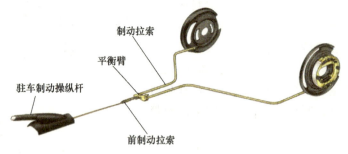

制动拉索

平衡臂

驻车制动操纵杆

前制动拉索

图 5-60 机械式驻车制动系统

1. 机械式驻车制动的操纵形式

机械式驻车制动系统的传动装置一般采用人力机械式，通过钢索或杠杆来驱动。其操纵形式有踏板式和手拉式，如图 5-61 所示。

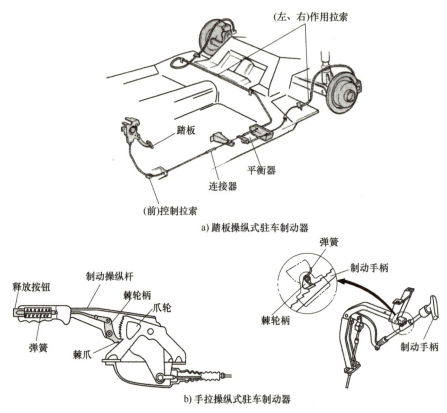

(左、右)作用拉索

踏板

平衡器

连接器

(前)控制拉索

a) 踏板操纵式驻车制动器

弹簧

制动手柄

释放按钮

制动操纵杆

棘轮柄

爪轮

棘轮柄

弹簧

棘爪

制动手柄

b) 手拉操纵式驻车制动器

图 5-61 机械式驻车制动的操纵形式

2. 后轮盘式辅助鼓式驻车制动器

后轮盘式行车制动器通常在制动盘的轮毂内配有鼓式驻车制动器，如图 5-62 所示。在制动鼓里面是一个小鼓式制动器摩擦装置，作为驻车制动器。制动盘防溅板或一个特殊的安装支架为摩擦装置提供了安装底板。驻车制动器除了没有轮缸以及采用机械式操纵外，和行车鼓式制动器的结构与工作原理基本一致。

3. 盘式驻车制动器

图 5-63 所示为盘式驻车制动器的结构，在制动钳中组装操作机构，机械地推压活塞，使摩擦片与制动盘产生摩擦力制动。利用软线牵引拉杆，轴被推压向箭头方向，经由套管压出活塞，使摩擦片压住制动盘，进行车辆的制动。

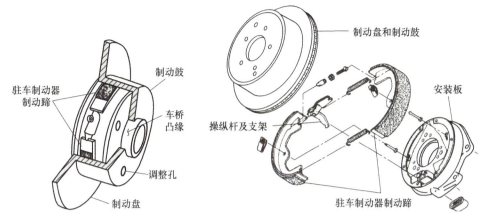

图 5-62 后轮盘式辅助鼓式驻车制动器的结构

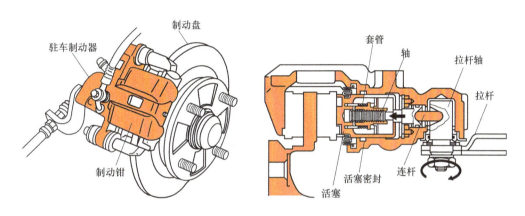

图 5-63 盘式驻车制动器的结构

八、电子驻车制动系统

电子驻车制动系统（Electrical Park Brake，EPB）是指将行车过程中的临时性制动和停车后制动功能整合在一起，并由电子控制方式实现停车制动的技术。电子驻车制动系统驻车制动效果好，提高了驾驶与操纵的舒适性与方便性，可以在发动机熄火后自动施加驻车制动，具有自我诊断功能。

1. 电子驻车制动系统的结构

电子驻车制动系统就是将传统驻车制动器制动的手拉变为电动，如图 5-64 所示。

常见的电子驻车制动系统有拉索式（图 5-65）和卡钳式（图 5-66）两种。

图 5-64 电子驻车制动开关

图 5-65 拉索式电子驻车制动系统

2. 卡钳式电子驻车制动系统的工作原理

如图 5-67 所示，电子驻车制动系统由离合器位置传感器、驻车制动开关、Auto Hold 开关、电子机械式驻车制动控制单元、ABS 控制单元、带行星减速机构的左后轮驻车制动电动机、带行星减速机构的右后轮驻车制动电动机、电子机械驻车制动警告灯、制动系统警告灯、电子机械驻车制动系统故障警告灯、AUTOHOLD 警告灯等组成。

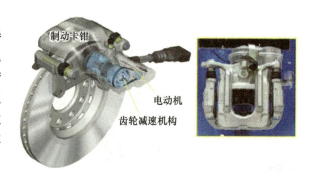

图 5-66　卡钳式电子驻车制动系统

电子驻车制动的工作原理：当需要驻车制动时，电子驻车制动按钮被按下，按钮操作信号反馈给 ECU，该系统 ECU 与整车控制器局域网（CAN）通信，由 ECU 控制电动机和行星减速齿轮机构工作，对左右后制动钳实施制动。

图 5-67　电子驻车制动系统的组成

九、气压制动系统

气压制动系统是利用压缩空气作为动力源，并将压力转变为机械推力，使车轮产生制动。驾驶人通过控制踏板的行程，便可调整气体压力的大小，来获得不同的制动力，得到不同的制动强度。

气压制动系统的特点是操纵轻便，制动力较大，但需消耗发动机的动力，结构复杂，制动不如液压式柔和，一般只用于中、重型汽车上。

下面以解放 CA1092 型汽车为例介绍双回路气压制动系统的结构及工作原理，如图 5-68 所示。空气压缩机由发动机驱动，其中的压缩空气经单向阀流入湿储气筒。压缩空气在湿储气筒内冷却，在油水分离之后，分别经两个单向阀进入储气筒的前、后腔。储气筒前腔与串联双腔式制动阀的上腔相连，可向后制动气室充气；储气筒后腔与制动阀的下腔相连，可向前制动气室充气。

储气筒两腔的气压经三通管与气压表相连，气压表为双指针式，上指针表示储气筒前腔气压，下指针表示储气筒后腔气压。储气筒后腔通过气管与单向阀相连，当该储气筒后腔气压增大到规定值时，单向阀便使空气压缩机空转而停止向储气筒供气。

当踩下制动踏板，通过拉杆机构拉动控制阀使之工作，前、后桥储气筒的压缩空气便通过制动控制阀的右腔和左腔进入前、后轮制动气室，使前、后轮制动。同时，通过前、后制动回路之间并联的双通单向阀接挂车制动控制阀，将湿储气筒与通向挂车的通路切断，使挂车进行放气制动。

十、制动系统常见故障

仅以轿车常用的液压制动系统故障进行分析说明，见表 5-2。

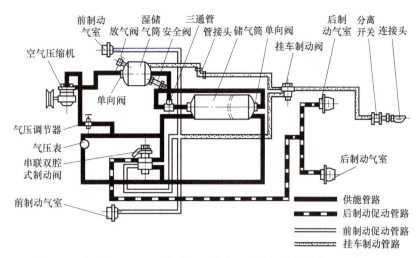

图 5-68 解放 CA1092 型汽车双回路气压制动系统的结构及工作原理

表 5-2 制动系统常见故障、现象、原因及排除方法

常见故障	故障现象	故障可能的原因	故障的排除方法
制动失效	踩下制动踏板,车辆不减速	1)制动踏板至制动主缸的连接松脱 2)制动储液室无制动液或严重缺制动液 3)制动管路断裂漏油 4)制动主缸皮碗破裂	1)检修制动踏板至制动主缸的连接情况 2)检查、加注制动液 3)检修制动管路 4)检修制动主缸
制动不灵敏	汽车紧急制动时,制动效果不好或制动距离太长	1)制动踏板自由行程过大 2)液压系统漏油、渗油或油量不足 3)制动管路内进入空气 4)制动主缸故障 5)制动器故障	1)按规定调整自由行程,使其符合要求 2)检修制动液压系统油量、油管漏油情况 3)排除制动系统空气 4)检修制动主缸 5)检修制动器
制动跑偏	汽车行驶制动时,行驶方向发生偏斜或甩尾	1)左右车轮轮胎气压、花纹或磨损程度不一致 2)左右车轮制动蹄摩擦片与制动鼓的接触面积、制动间隙不一致 3)某侧制动轮缸内有空气或轮缸泄漏 4)某侧摩擦衬片油污、水湿、硬化或铆钉外露 5)左右轮制动蹄回位弹簧弹力不等	1)检修左右车轮轮胎气压、花纹与磨损 2)检查、调整左右车轮制动蹄摩擦片 3)检修制动轮缸漏油,排除制动系统空气 4)检修摩擦衬片油污、水湿、硬化或铆钉外露情况 5)更换制动蹄回位弹簧
制动拖滞	抬起制动踏板后,不能立即完全解除制动	1)制动踏板无自由行程,制动踏板拉杆系统不能回位 2)制动主缸故障 3)制动主缸故障 4)制动盘变形 5)鼓式制动器制动蹄回位弹簧折断或过软 6)鼓式制动器制动蹄摩擦片故障	1)检查调整制动踏板无自由行程 2)检修制动主缸故障 3)检修制动主缸故障 4)检修制动盘 5)更换制动蹄回位弹簧 6)检修鼓式制动器制动蹄摩擦片
驻车制动不良	拉紧驻车制动器,汽车不能停止或发生溜车现象	1)驻车操纵杆的自由行程过大 2)驻车操纵杆系或绳索断裂或松脱、发卡 3)驻车制动器间隙过大 4)驻车制动器摩擦片磨损过甚或有油污 5)驻车制动鼓磨损过甚、失圆或有沟槽	1)调整驻车操纵杆的自由行程 2)检修驻车操纵系统绳索断裂或松脱 3)调整驻车制动器间隙 4)检修驻车制动器摩擦片 5)检修驻车制动鼓

1. 列出鼓式制动器和盘式制动器的区别。
2. 描述盘式制动器制动块的检查与更换。
3. 描述制动主缸的工作原理。
4. 描述电液制动助力器的结构与工作原理。
5. 描述制动踏板高度与自由行程的检查与调整。
6. 描述制动失灵的故障诊断与排除。

测试题

学习模块三　制动控制模块

情景导入

一辆行驶里程约 4 万 km，装配 2.4L LE5 发动机、6T40E 手自一体变速器和 EPB 一键式电子驻车制动系统的 2011 年别克新君威轿车，该车主反映车辆行驶过程中 ABS 故障灯亮，车主不仅要求检修车辆，还希望维修技师解释 ABS 和电子驻车制动系统的结构原理以及常见故障。假如你是维修技师，需要完成检修任务，并回答客户提出的问题。

知识提升

一、制动控制模块的发展和功能

为提高汽车的制动安全性能，越来越多的汽车装备上了制动安全电子控制系统，目前广泛采用的 ABS 一定程度上提高了汽车制动的安全性能。为了保障汽车的行驶安全和操控稳定性，当前的制动控制模块已经不仅是 ABS，而是向功能综合化方向发展，往往将 ABS 与电子制动力分配（EBD）系统、驱动防滑（ASR）系统、牵引力控制系统（TCS）、车身稳定控制（ESP）系统、紧急制动辅助（EBA）系统等综合在一起，组成车辆动态管理系统。

随着技术的发展，现在又出现了一种全新的制动理念，它是集成了电子控制系统和电液制动力增压器的一种新型汽车制动技术，即电子感应制动系统（SBC）。电子感应制动系统最早是由德国博世公司提出并研制的，目标是研究一种反应速度更快、制动效果更显著的制动系统，它是世界上第一套完全线控的制动系统（Brake-by-Wire），首先装载于高档车奔驰 SL500，在最新迈巴赫 62（Maybach62）中也装备了电子感应制动系统。

在电子感应制动系统中，电子元件替代当前制动系统中大量使用的机械元件，把制动踏板和执行机构分离开，大大减少了中间元件，大幅提高了反应速度。电子感应制动系统的制动力是由 ECU 控制的电动机来实现的，电动机带动高压蓄能器，使制动液以很高的压力进入制动系统，快速而准确地完成汽车制动。为了让驾驶人能够有真实的制动感觉，电子感应制动系统还带有一个踏板行程模拟器，它连接在制动主缸上，用弹簧力和液压力来推动制动踏板运动。

二、制动控制模块的总成和工作原理

1. 制动控制模块的总成

为了提高车辆在各行驶状态下的主动安全性和舒适性，装备在汽车上的制动安全电子控制系统越

来越多。为了使这些系统能够进行协同控制，在汽车相关电控系统中专门设置有综合管理的控制模块总成，即车辆动态管理系统，如丰田公司开发的综合处理车辆行驶状态的软件控制系统（Vehicle Dynamics Integrated Management，VDIM）。该控制模块总成可实现对发动机、转向系统和制动系统三者之间的协调控制，通过对发动机输出的力矩控制和制动性能控制，结合转向协同控制，在车辆发生纵向和横向侧滑，车辆姿态出现不稳定之前，进行预调节，及时消除车辆不稳定状态，从而提高车辆在各行驶状态下的主动安全性和舒适性。

车辆动态管理系统一般包括转向协同控制（EPS 和 VGRS）、ABS、电子制动力分配、制动辅助系统（BAS）、牵引力控制（TRC）、车辆稳定控制（VSC）、斜坡起步辅助控制（HAC）、紧急制动灯控制等。其传感器及控制系统在汽车上的布置如图 5-69 所示。

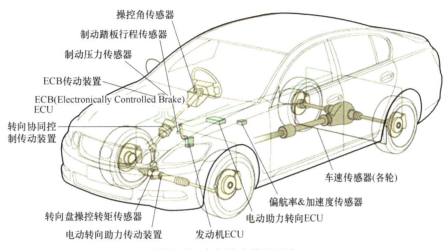

图 5-69 车辆动态管理系统

车辆动态管理系统各传感器及控制系统的功能见表 5-3。

表 5-3 车辆动态管理系统各传感器及控制系统的功能

零部件	功能
防滑控制蜂鸣器	车辆稳定控制系统运行期间,发出警告声,斜坡起步辅助控制工作或结束时,发出警告
制动灯控制 ECU	斜坡起步辅助控制时,制动灯亮起
转向角传感器	检测转向盘转动的方向和角度
横摆率和加速度传感器	检测车辆纵向及横向加速度和减速度,检测车辆横摆率
轮速(车速)传感器	检测四个车轮转速
制动开头	检测制动踏板的操作状况
制动踏板感载开关	检测制动踏板的状态
驻车开关	检测驻车制动踏板的状态
车辆稳定控制系统 OFF 开关	使驾驶人选择正常模式,TRC OFF 模式或车辆稳定控制系统 OFF 模式
ECM	将节气门位置信号、加速踏板信号、发动机转速信号等发送给防滑控制 ECU,根据接收来自防滑控制 ECU 的请求信号控制发动机输出转矩
主车身 ECU	通过 CAN 总线通信,将驻车制动信号发给防滑控制 ECU
动力转向 ECU 总成	根据接收来自防滑控制 ECU 的请求信号控制转向辅助转矩
转向控制 ECU(VGRS)	根据接收来自防滑控制 ECU 的请求信号控制转向角

2. 制动控制模块的工作原理

制动控制模块总成的工作原理图如图 5-70 所示，其系统工作过程可分为感应、计算、电控执行三个步骤。当驾驶人踩下制动踏板时，踏板行程模拟器感应驾驶人施加在踏板上制动力的速度及强度，以获得驾驶人的制动意图；控制模块总成 ECU 接收到制动踏板发出的信号，以及其他电子辅助系统（如 ABS、ESP 等）的传感器信号，如车轮速度、转向角度、偏转率、横向加速度和车辆行驶状态等，精确计算出各车轮所需的制动力；液压执行单元根据 ECU 输出的控制指令，控制电动机通过高压蓄能器分别向各车轮精确施加所需的制动力，使车辆快速、稳定地制动或减速，从而保证最佳的减速度和行驶稳定性。

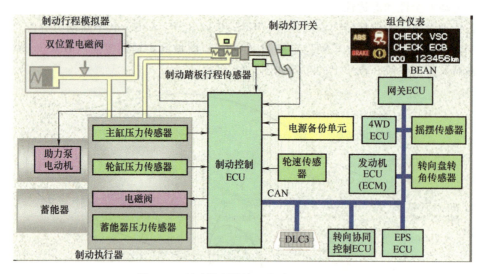

图 5-70　制动控制模块总成的工作原理图

三、制动控制模块的相关传感器

1. 轮速传感器

轮速传感器是在汽车行驶过程中将车轮转速以电信号的形式传给 ECU，通过计算处理后决定是否需要进行制动控制。轮速传感器主要有磁感应式、霍尔效应式和光电式等类型。下面以霍尔效应式轮速传感器为例介绍其结构与工作原理。

霍尔效应式轮速传感器的结构由霍尔元件和齿圈组成，其齿圈的结构及安装方式与磁感应式轮速传感器的齿圈相同，传感头由永磁体、霍尔元件和电子电路等组成。其工作原理图如图 5-71 所示，永磁体的磁力线穿过霍尔元件通向齿圈，齿圈相当于一个集磁器。当齿圈位于图 5-71a 所示位置时，穿过霍尔元件的磁力线分散，磁场相对较弱；而当齿圈位于图 5-71b 所示位置时，穿过霍尔元件的磁力线集中，磁场相对较强。齿圈转动时，使穿过霍尔元件的磁力线密度发生变化，因而引起霍尔元件电压的变化，霍尔元件输出的交变电压可作为传感器的输出信号，传感器内部的集成电路将上述霍尔电压的变化转变为方波，即可作为传感器的输出信号。信号轮每转一圈，传感器输出信号的数量等于信号轮上缺口的数量，单位时间内输出信号的数量即可反映信号轮及车轮的转速。

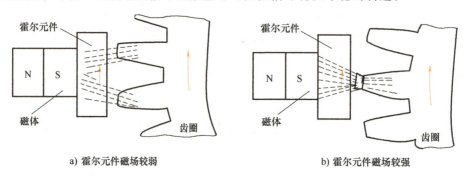

a) 霍尔元件磁场较弱　　　　　　　　　　b) 霍尔元件磁场较强

图 5-71　霍尔效应式轮速传感器的工作原理图

霍尔效应式轮速传感器克服了磁感应式轮速传感器的缺点，其输出信号电压幅值不受转速的影响，频率响应高，抗电磁波干扰能力强。因而，霍尔效应式轮速传感器在ABS中应用越来越广泛。

2. 横向/纵向加速度传感器

横向/纵向加速度传感器使用微机械式加速度传感器，用以检测车辆沿垂直轴线发生转动的情况，并给控制单元提供转动速率信号。当车辆绕垂直方向轴线偏转时，传感器内的输出信号发生变化，ECU据此计算横向加速度和车辆的实际状态。纵向加速度传感器是测量汽车前进方向的加速度传感器，横向/纵向加速度传感器的工作原理基本相同，只是呈90°夹角安装。

横向/纵向加速度传感器是由霍尔传感器、永磁铁、减振板和片簧等组成的，如图5-72所示。当横向/纵向加速度作用在车辆上时，减振板随传感器机体及车辆一起摆动，永久磁铁因惯性摆动慢于减振板。减振板在振动中将产生一个与永久磁铁方向相反的磁场。在两个叠加磁场的作用下，霍尔元件中产生一个变化的电压，该电压的大小与横向加速度的大小成比例。减振板与磁铁之间的运动幅度越大，霍尔传感器电压变化得越明显，如果没有横向/纵向加速度，霍尔传感器电压保持恒定。

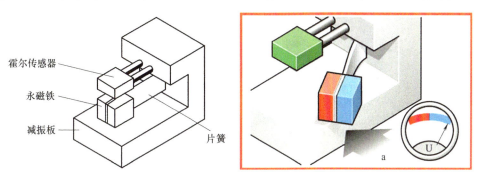

图 5-72　横向加速度传感器原理图

3. 横向偏转率传感器

横向偏转率传感器用于检测汽车纵向轴线摆动的角速度，该偏转的大小代表汽车的稳定程度。如果偏转角速度达到一个阈值，说明汽车将发生侧滑或甩尾的危险工况。横向偏转率传感器的基本部分是一个空心圆筒，圆筒下部装着八个压电元件，其中，四个使空心圆筒处于谐振状态，另外四个压电元件将圆筒谐振波节的变化情况转变成电压信号输送给ECU，其外形如图5-73所示，工作原理图如图5-74所示。圆筒谐振波节的变化情况与圆筒受到的外来转矩有关，即与圆筒的偏转率有关，ECU由此算出偏转程度。横向偏转率传感器和横向加速度传感器的安装位置基本相同，输出都是0～5V的模拟量，且由于汽车颠簸造成的信号波动特性一致，所以有些车型将它们封装在同一模块中，可用诊断仪或万用表对横向偏转率传感器和横向加速度传感器进行诊断。

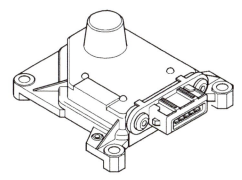

图 5-73　横向偏转率传感器的外形

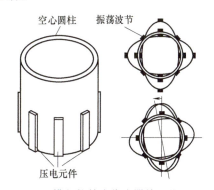

图 5-74　横向偏转率传感器的工作原理图

4. 制动压力传感器

制动压力传感器的作用是向发动机控制单元提供制动管路内的实际压力信号，发动机控制单元根据这个压力信号计算出车轮制动力及作用在车上的纵向力。该传感器安装在制动调节液压泵上，其结构如图 5-75 所示。

制动压力传感器的核心部件是压电元件，当制动液的压力作用到压电元件上，该元件上的电荷就会改变，产生电压。这个电压由传感器电子元件电路放大，作为信号传给 ECU，电压的高低就是制动压力大小的直接反映。

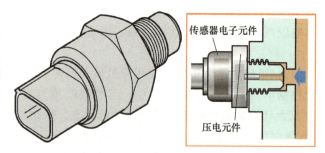

图 5-75　制动压力传感器的结构

5. 制动踏板行程传感器

制动踏板行程传感器用于检测制动踏板的行程，然后将位移信号转化成电信号传给 ECU，实现踏板行程和制动力按比例进行调控，如图 5-76 所示。制动踏板行程传感器主要由行程采集模块、相位鉴别模块、信号处理模块和数据发送模块组成。

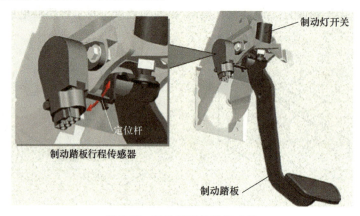

图 5-76　制动踏板行程传感器

四、防抱死制动系统（ABS）

ABS 是一种主动安全装置，是在汽车原有制动系统的基础上，增设了一套电子控制装置，其功用是在汽车制动过程中，自动调节车轮的制动力，防止车轮抱死，从而获得最佳制动性能，减少交通事故。

1. ABS 的组成

ABS 由基本制动系统和制动力调节系统组成，确保汽车制动过程中车轮始终不抱死，车轮滑移率处于合理范围内。ABS 主要由车轮轮速传感器、ABS ECU、制动压力调节器、ABS 警告灯等组成，如图 5-77 所示。

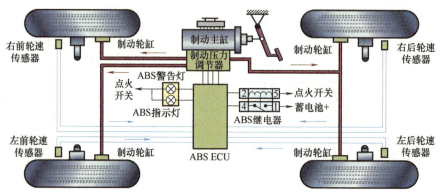

图 5-77　ABS 的组成

2. ABS 的作用

由于 ABS 能够使被控制的车轮获得较大的纵向和横向的附着力，因此可以大大提高汽车的行驶性能，具体有以下几个方面的作用：

1）改善汽车制动时的转向操纵性。

2）增加汽车制动时的方向稳定性。

3）缩短制动距离。制动距离可以明显缩短，一般为10%～20%。

4）减少轮胎磨损。延长轮胎使用寿命，一般延长6%～10%。

3. ABS 的控制原理

试验研究表明，汽车制动不是在车轮抱死时制动效果最好，而是滑移率在17%～20%时获取最大的纵向附着系数和较大的横向附着系数，是最理想的控制效果（图5-78）。滑移率为

$$S=(v-\omega r)/v\times100\%$$

式中　S——车轮的滑移率；

　　　r——车轮的自由滚动半径（m）；

　　　ω——车轮的转动角速度（rad/s）；

　　　ωr——轮速（m/s）；

　　　v——车速（车轮中心的纵向速度）（m/s）。

当车轮进行纯滚动时，车速与轮速相等，即$S=0$。当车轮被抱死时，轮速$\omega r=0$，$S=100\%$时，车轮

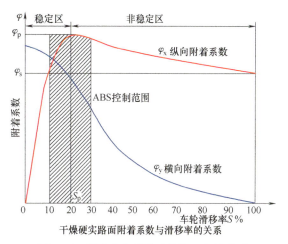

图 5-78　滑移率和附着系数的一般性关系

进行纯滑动。当车轮既有滚动又有滑动时，滑移率在0～100%，范围内，车轮制动时的关系及制动时地面印痕见表5-4。

表 5-4　车轮制动时的关系及制动时地面印痕

车速与轮速的关系	车轮运动状态	滑移率	制动时轮胎的地面印痕
$\omega r=v$（轮速＝车速）	纯滚动	$S=0$	
$\omega r=0$（轮速＝0）	纯滑动（车轮完全抱死滑移）	$S=100\%$	
$\omega r<v$（轮速＜车速）	既滚动又滑动	$0<S<100\%$	

如图5-79所示，ABS ECU通过接收轮速传感器、减速度传感器等输入的信号，计算汽车的轮速、车速、加减速度和滑移率，并输出控制指令控制制动压力调节器中电磁阀等执行元件工作，防止汽车制动时车轮抱死，并把车轮的滑移率控制在20%左右的范围内，以保证车轮与地面有良好的纵向、横向附着力，有效防止制动时汽车侧滑、甩尾和失去转向等现象发生，提高了制动稳定性；同时，将制动力保持在最佳的范围内，缩短了制动距离。

在制动过程中，ABS只在车速超过一定值时才起作用。ABS具有自诊断功能，并能确保系统出现故障时，常规制动系统仍能正常工作。

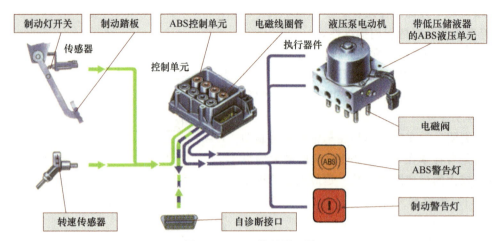

图 5-79　ABS 控制原理图

4. 制动压力调节器

ABS 控制车轮滑移率的执行机构是制动压力调节器，制动压力调节器的布置方式可分为两类：一类是独立于制动主缸、助力器的分离式布置形式，具有布置灵活、成本低，但管路复杂的特点；另一类是制动压力调节器与主缸、助力器制成一体，为整体式布置方式，其结构紧凑、管路少、安全可靠程度高。

不同厂家的制动压力调节器结构不同，但主要都由供能装置（液压泵、储液器等）、电磁阀和回油液压泵等组成，其通过电磁阀和液压泵产生的液压控制制动力，如图 5-80 所示。

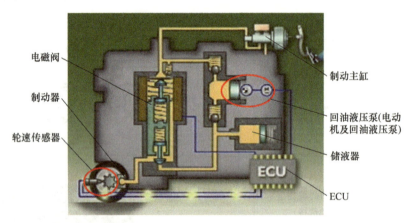

图 5-80　制动压力调节器

5. ABS 典型的制动压力调节方式

ABS 典型的制动压力调节方式有循环调压式和变容积调压式两大类。循环调压式是通过电磁阀直接控制轮缸制动压力，主要应用于配备德国博世 ABS 的车型、丰田车型等。变容积调压式是通过电磁阀间接控制轮缸制动压力，主要应用于本田车型。

（1）循环式制动压力调节方式　循环式制动压力调节方式如图 5-81 所示，它是在制动总缸与轮缸之间串联一个电磁阀，直接控制轮缸的制动压力，其特点是制动压力油路和 ABS 控制压力油路相通。

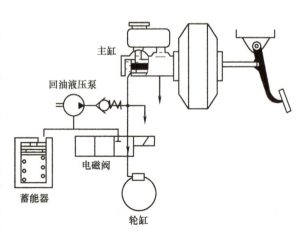

图 5-81　循环式制动压力调节方式

循环式制动压力调节方式的工作过程如下：

1）升压（常规制动），如图 5-82 所示。踩下制动踏板，由于常开电磁阀的开启，常闭电磁阀关闭，各电磁阀将制动主缸与各制动轮缸之间的通路接通，制动主缸中的制动液将通过各电磁阀的常闭电磁阀进入各制动轮缸，各制动轮缸的制动液压力将随着制动主缸输出制动液压力的升高而升高，即升压。

2）保压。当某车轮制动中，滑移率接近于 20% 时，ECU 输出指令，控制电磁阀线圈通过较小电流（约为 2A），使常开电磁阀关闭（常闭电磁阀仍关闭），保证该控制通道中的制动。轮缸制动压力保持不变，即保压，如图 5-83 所示。

3）减压。当某车轮制动中，滑移率大于 20% 时，ECU 输出指令，控制电磁阀线圈通过较大电流（约为 5A），使常开电磁阀关闭，常闭电磁阀开启，制动轮缸中的制动液将通过回液阀流入储液器，使制动压力减小，即减压，如图 5-84 所示。与此同时，ECU 控制电动泵通电运转，将流入储液器的制动液泵回制动主缸出液口。

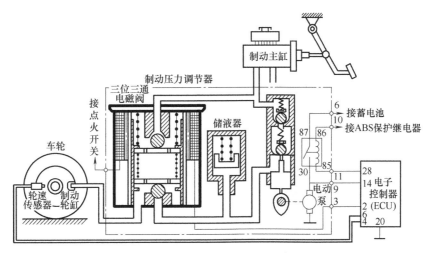

图 5-82 制动压力调节原理（压力增大）

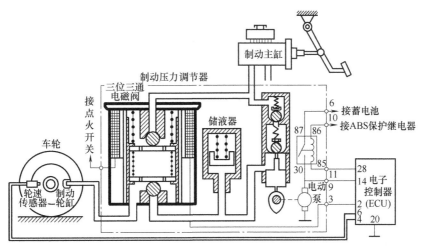

图 5-83 制动压力调节原理（压力保持）

（2）变容积式制动压力调节方式 变容积式制动压力调节方式是在汽车原有制动管路上增加一套液压控制装置，用它控制制动管路中制动液容积的增减，从而控制制动压力的变化。也就是说，变容积式制动压力调节器是电磁阀间接控制制动压力的制动压力调节器。如图 5-85 所示，这种压力调节系统的特点是制动压力油路和 ABS 控制压力油路是相互隔开的。变容积式制动压力调节方式的特征是 ABS 作用时制动踏板无抖动感，活塞的往复运动可由滚动丝杠或高压蓄能器推动。

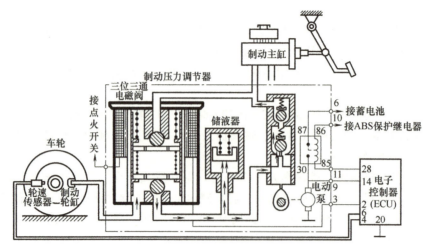

图 5-84　制动压力调节原理（压力减小）

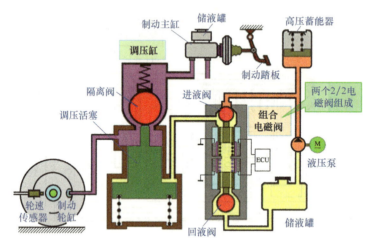

图 5-85　变容积式制动压力调节方式

五、电子制动力分配（EBD/EBC）系统

电子制动力分配（Electric Brake-force Distribution，EBD）系统能够根据车辆载荷（空载、满载）、道路附着条件和制动强度等因素的变化情况，自动调节前、后轴的制动力分配比例，提高制动效能，并配合 ABS 提高制动稳定性和安全性。EBD 实际上是 ABS 的辅助功能，它可以提高 ABS 的功效，所以在安全指标上，汽车的性能又多了"ABS+EBD"。

当紧急制动车轮抱死的情况下，EBD 在 ABS 动作之前就已经平衡了每一个轮的有效地面抓地力，防止出现甩尾和侧移，并缩短汽车制动距离。前后车轮有无 EBD 时制动力的比较如图 5-86 所示。

1. EBD 系统的组成及工作原理

（1）EBD 系统的组成　现在汽车上装备的 EBD 系统，能利用 ABS 的功能与装置，不另外布置其他元件，即可实现汽车制动力分配的控制。

EBD 系统与 ABS 都属于制动系统的范畴，这两个系统是独立的，不会同时投入工作，在汽车制动时起作用，EBD 起作用的时刻早于 ABS 起作用的时刻，ABS 投入工作，EBD 系统即刻退出工作。如在减速制动时，ABS 不投入工作，但 EBD 系统会投入工作。

（2）EBD 系统的工作原理　ECU 根据轮速传感器信号计算出汽车参考车速、车轮的转速及前后轮的滑移率之差，并按一定的控制规律向液压执行器中的电磁阀发出信号，对车轮实行保压、减压和加压的循环控制，使前、后轮趋于同步抱死。在制动结束后，制动踏板松开，制动主缸内的制动压力为零。此时，再次打开常闭阀，低压蓄能器中的制动液经常闭阀、常开阀返回制动主缸，低压蓄能器排

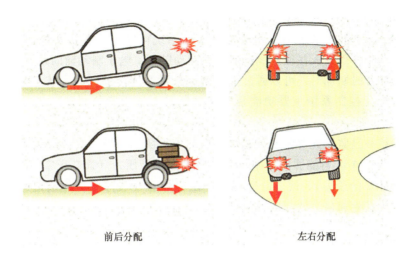

前后分配　　　　　　　　　　　　　左右分配

图 5-86　前后车轮有无 EBD 时制动力的比较

空，为下一次电子制动力分配调节做好准备。

2. 发动机制动控制（EBC）系统

发动机制动控制（Engine Braking Control，EBC）系统是有些车型 ABS 的功能扩展，主要防止汽车行驶时突然减速的情况下，发动机产生的阻力转矩使驱动轮抱死。其系统 ECU 需要与整车 ECU、发动机 ECU 及 ABS ECU 进行实时通信，因此装有 EBC 系统的车辆均会配置高速 CAN 网络系统，其工作原理与 ASR 系统控制发动机的输出转矩原理一致。

六、制动辅助（EBA/BAS/BA）系统

制动辅助系统一般称为 EBA 或 BAS/BA 系统，可分为机械和电子两类。制动辅助功能是监控驾驶人踩制动踏板的频率和力量，在紧急的时刻辅助驾驶人对车辆施加更大的制动力，从而缩短制动距离，确保车辆安全，防止交通事故的发生。

1. 机械式制动辅助系统

机械式制动辅助（Brake Assistant 或 Baker Aid，BAS/BA）系统是 EBA 电子紧急制动辅助装置的前身。机械式制动辅助系统实际上是在普通制动系统的基础上稍加改进而成的，能判断驾驶人制动动作，在紧急制动时增加制动力，缩短制动距离。它根据驾驶人踩下踏板的力度及速度，将制动力适时加大，从而提供一个有效、可靠、安全的制动。

2. 电子制动辅助系统

电子制动辅助系统（Electronic Control Brake Assistant System，EBA 或 BAS/BA）利用制动踏板传感器感应驾驶人对制动踏板踩踏的力度与速度大小，然后通过计算机判断驾驶人此次制动意图。如果属于非常紧急的制动，电子制动辅助系统就会指示制动系统产生更高的油压使 ABS 发挥作用，从而使制动力增大，缩短制动距离；而对于正常情况制动，电子制动辅助系统则通过判断不予启动 ABS。

（1）电子制动辅助系统的组成　如图 5-87 所示，电子制动辅助系统由车速传感器（测速雷达）、轮速传感器、制动控制 ECU 和执行机构、制动踏板行程传感器和制动压力传感器组成。

电子制动辅助系统是在 ABS 的基础上，增设一只制动踏板行程传感器和制动压力传感器，并在 ABS ECU 中增设制动力调节软件程序而构成。该系统利用传感器感应驾驶人对制动踏板踩踏的力度与速度大小，然后通过 ECU 判断驾

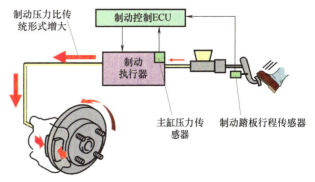

图 5-87　电子制动辅助系统的组成

驶人此次制动意图。

（2）电子制动辅助系统的工作原理　电子制动辅助系统可以感应驾驶人对制动踏板的需求程度。在一些非常紧急的事件中，驾驶人往往不能迅速地踩制动踏板，电子制动辅助系统就是为此而设计的。在驾驶人紧急情况不能及时制动时，可以通过电子制动辅助系统协助制动，减小车辆的制动距离。电子制动辅助系统中的电子控制系统主要功能是能够判断是否属于紧急制动，并向液压制动系统发出信号。

电子制动辅助系统一旦监测到驾驶人踩制动踏板的速度陡增，而且在继续大力踩制动踏板，就会认知为紧急制动，释放出 ABS 蓄能器内储存的 18MPa 的制动液压力（而在正常情况下常规制动只能使主缸制动液产生 2~8MPa 的压力），使之通过蓄能器在 ABS 泄压程序的工作通道进入主缸的两个工作腔，在几毫秒的时间内建立起最大的制动力量，可有效防止在停停走走的交通路况中发生追尾事故。

七、驱动防滑控制系统

牵引力控制系统（Traction Control System，TCS，日本称为 TRC 或 TRAC）是继 ABS 之后应用于车轮防滑的电子控制系统，其功用是防止汽车在起步、加速时和在滑溜路面行驶时的驱动轮滑转。因此，有些汽车公司也将该技术称为驱动防滑（Acceleration Slip Regulation，ASR）系统。

1. 驱动防滑的控制基本理论

汽车驱动时，驱动轮会有横向滑移趋势，横向稳定性与横向附着系数 μ_y 有关。影响附着系数的主要因素与轮胎与路面之间的相对运动关系有关。

驱动时车轮在路面上的运动形式为滑转，表示车轮滑转的程度，用滑转率来表示为

$$S = (\omega r - v)/\omega r \times 100\%（符号含义见滑移率公式的符号标注）$$

当车轮进行纯滚动时，车速与轮速相等，即 $S = 0$。当车轮原地空转时，车速 $v = 0$，$S = 100\%$，车轮进行纯滑转。当车轮既有滚动又有滑转时，滑转率在 0~100% 范围内。

在实际进行驱动轮的控制进程中，由于各部分装置都有一定的延迟和滞后，不能精确地控制滑转率（20% 左右）在最佳制动点，同时防止车轮因滑转率过大而磨损过快，通常都将车轮的滑转率控制在 15%~25% 范围内。

2. 驱动防滑的控制方法

防止驱动轮滑转的控制方法主要有控制发动机的输出转矩、控制变速器的传动比、控制驱动轮的制动力以及控制防滑转差速器的锁止程度等模式。这些控制方法的最终目的都是调节驱动轮上的驱动力，并将驱动轮的滑转率控制在最佳范围内。

（1）控制发动机的输出转矩　通过调节发动机的输出转矩来调节驱动轮的驱动力，这种控制系统能够保证发动机输出转矩与地面提供的驱动转矩达到匹配，因此可以改善燃油经济性，减少轮胎磨损。在电控燃油喷射系统的汽车上，ASR ECU 根据驱动轮滑转率的大小，通过控制节气门开度和燃油喷射量等即可调节发动机的输出转矩。当驱动轮滑转率超出规定值范围时，ASR ECU 便向执行器发出控制指令，减小节气门的开度、缩短喷油器的喷射时间或中断个别喷油器喷油，可迅速降低发动机的输出转矩，从而防止驱动轮滑转。

（2）控制变速器的传动比　对于装备自动变速器的汽车，在驱动轮发生滑转时，可由驱动防滑电子控制装置与变速器电子控制装置进行通信，修正其换档规律，保证在发动机输出转矩不增大的情况下，使作用于驱动轮的驱动力矩有所减小，从而控制驱动轮的滑转。

（3）控制驱动轮的制动力　如果一侧车轮打滑，通过控制打滑驱动轮的制动力使轮速降至最佳的滑转率范围内，这种方式的防滑控制迅速，在驱动轮加速、滑转率增大超过限制值时，便施加制动力，使驱动轮轮速下降。

（4）防滑差速控制　当驱动轮单边滑转时，控制器输出控制信号，使差速锁和制动压力调节器动作，对滑转车轮施以制动力，使车轮的滑转率控制在目标范围内。这时，非滑转车轮仍有正常的驱动

力，从而提高了汽车在滑溜路面上的起步和加速能力及行驶方向的稳定性。防滑差速控制能对差速器锁止装置进行控制，使锁止范围控制在 0～100% 范围内，如图 5-88 所示。

以上介绍了汽车 ASR 系统的主要控制模式，但各种控制模式都有各自优缺点，一般采用组合控制模式。例如，丰田汽车的 TRC 采取的是发动机节气门开度调节和驱动轮制动力控制相结合的控制方式，这是目前国外广泛采用的一种组合控制模式。

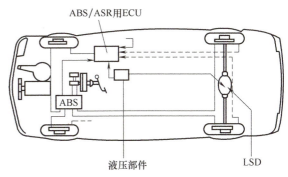

图 5-88　带防滑差速器（LSD）的 ASR 系统

3. ASR 系统的结构

典型的 ASR 系统由防滑控制 ECU、传感器、ASR 系统的执行机构（如减速阀、保持阀等）组成，如图 5-89 所示。

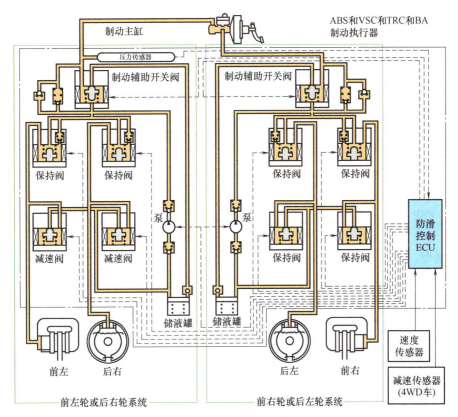

图 5-89　典型 ASR 系统的结构

4. ASR 系统的工作原理

ASR 系统各部分的工作流程如图 5-90 所示。车轮转速传感器将驱动轮和非驱动轮转速转变为电信号，输入给控制器，控制器根据这些信号计算出驱动轮的滑转率，当滑转率超出设定范围时，电子控制器便依据节气门开度信号。

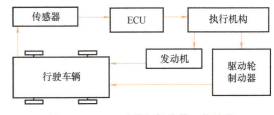

图 5-90　ASR 系统各部分的工作流程

发动机转速信号、转向盘转向信号等选定控制方式，然后向各执行器发出控制指令，最终将驱动轮的滑转率控制在目标范围内。当 ASR 出现故障时，以警告灯告知驾驶人，发动机和制动系统正常工作不受影响。

八、电子车身稳定程序（ESP/ESC/DSC）

电子车身稳定程序（Electronic Stability Program，ESP）集成了 ABS、TRC 等系统的功能，在各种情况下都能提高汽车行驶的稳定性，属于汽车主动安全系统。车型不同，ESP 技术的缩写形式也有所不同，但其工作原理和作用基本相同。常见车型车身稳定控制系统的应用见表 5-5。

表 5-5 常见车型车身稳定控制系统的应用

名称	应用品牌
ESP	奥迪、大众、铃木、菲亚特、克莱斯勒、奔驰、标致、雪铁龙、福特（国产）等
VSA	本田、讴歌
VDC	日产、英菲尼迪、斯巴鲁
DSC	宝马、捷豹、路虎、马自达、MINI 等
VSC	丰田锐志
VDIM	丰田（皇冠）、雷克萨斯
ESC	通用（国产车型）
StabiliTrak	通用（进口车型）
ADVANceTrac	福特锐界

1. ESP 的作用

（1）实时监控　每时每刻都在处理监控驾驶人的操控、路面反应、汽车运动状态，并不断向发动机和制动系统发出指令。

（2）主动干预　主动调控发动机的转速并可调整每个车轮的驱动力和制动力，在紧急躲避障碍物或转弯时以修正汽车的过度转向和转向不足。

（3）预警　ESP 还有一个实时警示功能，当驾驶人操作不当和路面异常时，它会用警告灯警示驾驶人。

2. ESP 的类型

（1）四通道或四轮系统　四通道或四轮系统能自动地向四个车轮独立施加制动力。

（2）三通道系统　三通道系统对两个前轮独立施加制动力，对后轮一同施加制动力。

（3）两通道系统　两通道系统只能对两个前轮独立施加制动力。

3. ESP 的组成及控制原理

（1）ESP 的组成　ESP 可大致分为四个部分：用于检测汽车状态和驾驶人操作的传感器部分，用于估算汽车侧滑状态和计算恢复到安全状态所需的转动量和减速度的 ECU 部分，用于根据计算结果来控制每个车轮制动力和发动机输出功率的执行器部分，用于告知驾驶人汽车失稳的信号输入部分。ESP 系统的结构流程如图 5-91 所示。

ESP 传感器是在 ABS/ASR 的基础上增加了转角传感器、偏转率传感器、纵向及横向加速度传感器等。转角传感器用于检测转向盘的转角信号（包括转角的大小

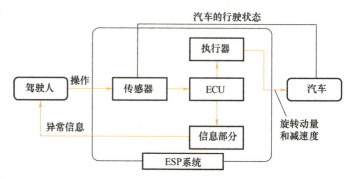

图 5-91　ESP 系统的结构流程

和转动速率），这一信号反映了驾驶人的操作意图。偏转率传感器（也叫作横摆角速度传感器）用于检测汽车翻转的信号，监测汽车的准确姿态，并记录下汽车每个可能的翻转运动。加速度传感器有沿汽车前进方向的纵向加速度传感器（用于四轮驱动车辆）和垂直于前进方向的横向加速度传感器，基本原理相同，只是成 90°夹角安装。图 5-92 所示为奥迪 A4L ESP 系统的组成及安装位置。

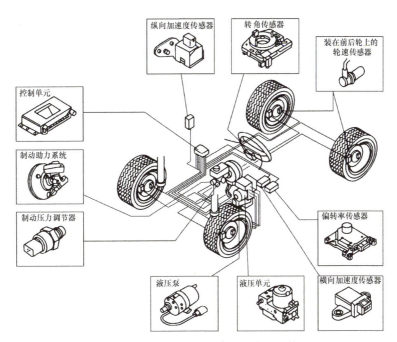

图 5-92 奥迪 A4L ESP 系统的组成及安装位置

ESP 的 ECU 一般与 ABS/ASR 系统共用，它是将 ABS/ASR 系统 ECU 的功能进行扩展后再进行 ABS/ASR/ESP 控制。ESP 系统的执行器是在 ABS/ASR 系统执行器的基础上，改进了通往各车轮的液压通道，增加了 ESP 警告灯和 ESP 蜂鸣器等。

（2）ESP 的控制原理　ESP 通过各种传感器实时地检测驾驶人的行驶意图和车辆的实际行驶情况，ECU 根据各传感器的信号计算出车辆的实际运动轨迹，如果实际运动轨迹与理论运动轨迹（驾驶人意图）有偏差，或者检测出某个车轮打滑（丧失抓地能力），ECU 就会首先通知执行元件（副节气门控制机构或电子节气门）减小开度，同时通过制动系统对某个车轮进行制动，来修正运动轨迹。ESP 的控制过程示意图如图 5-93 所示。当实际运动轨迹与理论运动轨迹相一致时，ESP 自动解除控制。

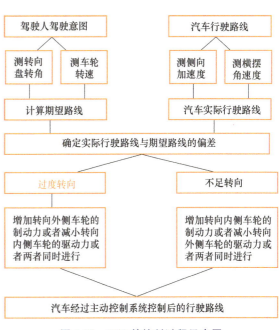

图 5-93 ESP 的控制过程示意图

九、制动能量回收系统

再生制动能量回收是指汽车在制动时，通过制动装置将汽车制动或减速时的一部分机械能（动能）经再生系统转换为其他形式的能量（旋转动能、液压能、化学能等），储存在动力蓄电池、超级电容器等储能设备，供驱动时使用，以达到延长电动汽车续驶里程的目的，同时还可起到减少制动器工作强度、延长机械制动系统使用寿命的作用。制动能量回收技术已成为混合动力汽车、纯电动汽车和燃料电池汽车等新能源汽车节能减排的主要技术之一。

1. 制动能量回收方法

根据储能机理不同，汽车制动能量回收的方法主要有三种，即飞轮储能、液压储能和电化学储能。电化学储能主要由发电动机、电动机和蓄电池或超级电容器组成，一般在电动汽车上使用；飞轮储能主要由飞轮和无级变速器构成，一般在公交汽车上使用；液压储能主要由液压泵/液压电动机和蓄能器组成，一般在工程机械或大型车辆上使用。

图 5-94 所示为电化学储能式制动能量回收系统示意图。电动汽车的制动能量回收系统是利用电动机的可逆性原理，减速或者滑行时由车轮拖动电动机发电并产生反向制动力矩，其本质是电动机转子的转动频率超过电动机的电源频率，电动机工作于发电状态，将机械能转化为电能并通过逆变器的反向续流二极管给蓄电池充电。在行驶工况变化比较频繁的路段，采用制动能量回收系统可增加续驶里程约 20%。

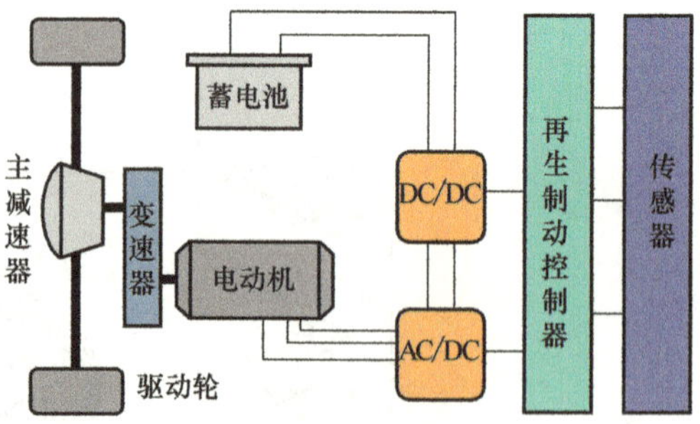

图 5-94　电化学储能式制动能量回收系统示意图

2. 制动能量回收系统的应用举例

丰田普锐斯是丰田汽车公司研制的一款混合动力汽车，它的制动系统包括能量回收制动和液压制动，能量回收制动由整车 ECU 控制，液压制动由制动控制器控制，液压制动系统的结构如图 5-95 所示。

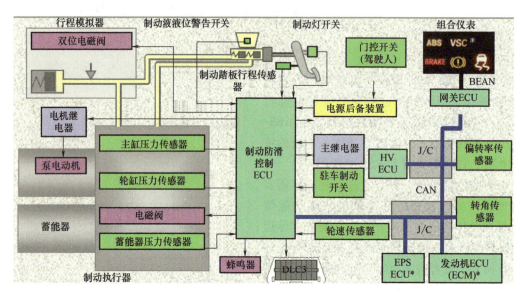

图 5-95　丰田普锐斯液压制动系统的结构

十、制动控制模块系统常见故障

制动控制模块系统常见故障、现象原因及排除方法见表 5-6。

表 5-6　制动控制模块系统常见故障、现象、原因及排除方法

常见故障	故障现象	故障可能的原因	故障的排除方法
制动控制模块系统传感器故障	制动距离长，制动故障灯点亮	1)制动模块控制系统电路故障 2)制动模块控制系统传感器故障 3)制动模块控制系统电源电路故障 4)压力调节器电磁阀故障	1)检修制动模块控制系统电路故障 2)检修制动模块控制系统传感器故障 3)检修制动模块控制系统电源电路故障 4)连接故障诊断仪，读取故障码
制动控制模块故障	仪表盘上制动控制模块故障灯点亮	1)蓄电池电压过低 2)蓄电池电压过高 3)控制模块 ECU 故障	1)检修蓄电池电压 2)检修制动控制模块电源电路 3)检修或更换控制模块 ECU

（续）

常见故障	故障现象	故障可能的原因	故障的排除方法
电子驻车制动不能解除或不起作用	电子驻车制动系统故障警告灯点亮	1）电子驻车制动系统被锁止 2）电子驻车制动系统开关故障 3）电子驻车制动系统开关电路故障 4）电子驻车制动模块 ECU 故障	1）重置电子驻车制动系统 2）检修电子驻车制动系统开关故障 3）检修电子驻车制动系统开关电路故障 4）检修电子驻车制动模块 ECU 故障

思考题 •

1. 解释 ABS 装置如何实现防止车轮抱死。
2. 描述制动压力调节器总成的工作过程。
3. 描述制动辅助系统的类型与工作原理。
4. 描述 ESP 系统的控制原理。
5. 在加速过程中，牵引力控制系统执行什么动作来帮助驱动轮保持牵引力？
6. 描述当驾驶人首先松开加速踏板，在配备有再生制动的混合动力汽车上制动时发生的情况。

测试题

测试题 •

参 考 文 献

［1］　蔡兴旺. 汽车构造与原理：下册底盘、车身［M］. 3版. 北京：机械工业出版社，2016.
［2］　李春明. 汽车底盘电控技术［M］. 4版. 北京：机械工业出版社，2019.
［3］　蔡兴旺，付晓光. 汽车构造与原理实训［M］. 4版. 北京：机械工业出版社，2019.
［4］　杜晓辉，李臣华. 汽车底盘构造与检修［M］. 北京：北京理工大学出版社，2021.
［5］　鲁民巧. 汽车构造与拆装［M］. 3版. 北京：高等教育出版社，2019.
［6］　李春明. 汽车构造［M］. 3版. 北京：北京理工大学出版社，2024.